JN438011

미래사회와 창의적 사고

미래사회를 위한 창의성과 문제해결역량을 기르기 위한 대학생 교양 교과

김현우 지음

지식터

머리말

"요즘 세상은 스펙보다 아이디어가 더 중요하다."

많이 들어본 말일 것이다. 그런데 막상 "그럼, 네 아이디어는 뭐야?"라고 질문을 받으면 머릿속이 하얘지지 않는가. 이 교재와 수업은 바로 그 지점에서 출발한다.

1. 왜 지금, 왜 '창의적 사고'인가

우리가 살아갈 미래사회는 한마디로 예측 불가능한 시대이다. 어제까지 잘 돌아가던 비즈니스가 하루아침에 사라지고, 존재하지 않던 직업이 어느 날 갑자기 "꿈의 직업"이 된다. AI가 기사를 쓰고, 그림을 그리고, 음악을 작곡하는 세상에서 "인간만이 할 수 있는 일"은 점점 더 추상적인 영역으로 밀려난다. 그때 마지막까지 남는 힘이 바로 창의성이다. 창의성은 천재 몇 명이 가지고 노는 신비한 재능이 아니다. 문제를 새롭게 바라보고, 여러 가능성을 상상하고, 그중에서 현실에서 통할 만한 해법을 골라 실행하는 능력이다.

미래사회와 창의적 사고는 여러분이 앞으로 어떤 전공을 선택하든, 어떤 진로를 걷게 되든, 최소한 다음과 같은 질문에 스스로 답할 수 있도록 돕기 위해 설계되었다.

"내가 지금 보고 있는 문제를, 다르게 정의한다면 뭐라고 부를 수 있을까?"

"이 상황에서 완전히 새로운 조합을 만든다면 어떤 그림이 나올까?"

"내 아이디어가 실제 사람들에게 도움이 되려면 무엇을 더 채워 넣어야 할까?"

2. 교재의 내용

이 책은 거창한 이론으로 여러분을 압도하려 하지 않는다. 대신, 현실에서 바로 써먹을 수 있는 생각 도구들을 하나씩 소개하고, 그 도구들을 팀 프로젝트와 일상 속에서 직접 써보게 한다.

창의성의 기본 개념:

- "창의성 = 새로움 + 유용성 (+ 실현가능성)"이라는 기준을 다양한 예시와 함께 익힌다.
- 단순히 '특이한 것'과 실제로 쓰일 수 있는 '창의적인 것'을 구분하는 눈을 기른다.

다양한 사고 기법:

- 브레인스토밍, 브레인라이팅, 스캠퍼, 디자인 씽킹, 육색사고모자, 스토리텔링 등
- 수많은 워크숍에서 검증된 기법들을 "실제 사례 + 활동"과 함께 배운다.

팀별 프로젝트:

- 여러분의 캠퍼스, 동아리, 아르바이트, 일상에서 발견한 불편을 팀별 프로젝트로 끌어와 직접 해결 시나리오를 설계한다.
- 아이디어에서 끝나지 않고, "누가·언제·어디서·어떻게 쓸 것인지"까지 구체적으로 그려 본다.

에듀테크와 AI 활용:

- 수업에서는 단순히 이론만 다루지 않고, 챗봇, 협업 도구, 보드 형식의 아이디어 툴 등 다양한 디지털 도구를 함께 사용한다.
- AI를 "나 대신 답을 주는 존재"가 아니라, 아이디어 생성과 정교화를 도와주는 파트너로 활용하는 방법을 연습한다.

3. 이 수업은 여러분에게 무엇을 기대하는가

이 교과목에서 완벽한 답은 그리 중요하지 않다. 대신 다음과 같은 태도를 보여주는 학생을 높이 평가한다.

많이 시도하는 사람

- "이건 좀 이상한데?" 싶은 생각도 일단 꺼내보는 용기,
- 실패해도 한 번 더 변형해서 시도해 보는 끈기.

함께 만드는 사람

- 팀 프로젝트에서 조용히 구경만 하는 사람이 아니라,
- 다른 팀원의 아이디어를 결합하고 보완하는 사람이 된다.

일상을 의심하는 사람

- "원래 다 이렇게 하는 거잖아?"라는 말에
- "꼭 그래야 할까?"라고 한 번 더 물어보는 태도.

여러분의 하루, 강의실, 카페, 지하철, SNS가 모두 문제발견의 현장이 된다.

4. "창의적인 사람"은 특별한 사람이 아니다

많은 학생들이 "저는 원래 아이디어가 별로 없어서요", "그냥 시키는 것만 잘하는 타입이에요"라고 말한다. 하지만 창의성 연구는 반복해서 말해 준다. 창의성은 타고나는 것도 맞지만, 훈련으로 키울 수 있는 부분이 훨씬 많다. 이 교재와 수업은 여러분에게 이렇게 말하고 싶다.

“천재가 아니어도 괜찮다. 대신 문제를 볼 줄 아는 사람이 되자.”

“화려한 발상 하나보다, 작은 개선을 꾸준히 만드는 힘이 더 중요하다.”

“혼자 번뜩이는 영감보다, 함께 만드는 과정에서 나오는 아이디어가 더 멀리 간다.”

이 책을 덮을 즈음, 여러분이 스스로에게 이렇게 말할 수 있기를 바란다.

“이제는 막연히 ‘창의적인 사람이 되고 싶다’가 아니라, 내가 어떻게 생각을 확장하고, 어떻게 아이디어를 고르고, 어떻게 현실에서 실험할지 조금은 알 것 같다.”

5. 마지막으로

이 수업은 여러분 인생 전체에서 보면 짧은 한 학기일 뿐이다. 하지만 이 시간을 통해 “세상을 바라보는 눈”이 조금만 달라져도, 앞으로 마주하게 될 수많은 선택과 문제 앞에서 여러분은 전보다 훨씬 더 유연하고, 주도적이고, 창의적인 선택을 할 수 있을 것이다.

이 책을 펴 든 지금 이 순간이, 여러분 각자의 창의적 여정의 시작점이 되기를 바란다. 여러분의 아이디어가 바꾸어 갈 미래를 기대하며, 오늘도 새로운 질문을 던지는 모든 대학생, 당신이 바로 창의적 인재라는 것을 명심하길 바란다.

2025년 12월

김현우

차례

Unit 7. 스토리텔링과 창의성 • 157

Unit 8. 사고의 전환과 문제해결 • 173

Unit 9. 일상생활과 창의성 • 193

Unit 10. 조직 창의성 • 213

Unit 11. 창의성 향상시키기 • 229

Unit 12. 창의적 사고 기법 • 247

참 고 문 헌 • 265

Unit 1.

창의성의 이해

Quiz. **다음 중 창의성의 정의에 가장 부합하는 것은?**

① 새롭기만 하면 창의적이다.
② 유용하면 창의적이다.
③ 모방은 창의성과 무관하다.
④ 새로움과 유용성이 함께 충족되어야 창의적이다.

'담배꽁초 투표함' 사례는 행동 설계의 핵심 원리를 간명하게 보여준다. 보행자에게 "최고의 축구 선수는?" 같은 질문을 부착한 투표형 쓰레기통을 설치하자, 사람들은 자신이 지지하는 선택지에 꽁초를 투표하듯 넣었다. 버리는 행위에 재미(게임화)와 피드백(시각적 결과)이 결합되면서 투기량이 감소하고, 적치가 개선되었다. 메시지는 분명하다. 행동은 설계될 수 있으며, 적절한 유인과 즉각적인 피드백은 문제 행동을 바람직한 행동으로 전환한다.

01 창의성의 기본

창의성 = 새로움 + 유용성

창의성은 새로움(novelty)과 유용성(usefulness)을 동시에 충족하는 아이디어, 산출물, 행동을 생성하는 능력이다. 새롭지만 현실적 가치가 없거나, 유용하지만 기존과 다르지 않은 결과는 창의적이라 보기 어렵다. 따라서 창의적 사고는 이 두 축을 균형 있게 추구한다.

새로움은 단순히 '처음 보는' 차별성만을 뜻하지 않는다. 기존 맥락을 재구성하거나, 이종 영역의 원리를 전이해도 충분히 새로울 수 있다. 유용성은 실천적 적용 가능성과 맥락 적합성을 포함한다. 아이디어를 평가할 때 다음 질문을 습관화한다.

① 무엇이 새롭거나 다르게 보이는가?(차별 포인트)

② 누구에게 어떻게 유용한가?(이익과 비용)

③ 현재 자원과 제약 안에서 구현 가능한가?(실행 가능성)

④ 부작용이나 윤리적 위험은 없는가?(안전·윤리)

창의성의 작동 방식

새로움은 기존과의 차별을 의미하며, 완전히 새로운 것이 아니어도 된다. 기존 요소의 재조합, 전이, 재구성을 통해서도 새로움은 창출된다. 유용성은 맥락에 맞는 실질적 가치를 뜻하며, 간호 맥락에서는 환자 안전, 업무 효율, 환자·보호자 경험, 윤리·안전 기준 준수 등의 지표로 드러난다.

1) 평가 루브릭 예시(수업 전반 공통 기준)

- 새로움: 0점(기존과 동일) / 1점(부분 변형) / 2점(명확한 차별)

- 유용성: 0점(맥락 부적합) / 1점(잠재적 효용) / 2점(구체 효용+근거)
- 설명 가능성(선택): 0–2점(근거·데이터·사례 제시 정도)

2) 간단 적용 예

"외래 대기 스트레스 감소" 아이디어가 새롭더라도 환자 안내 시스템과 연동되지 않으면 유용성이 낮다. 반대로, 대기 화면 글꼴만 확대하는 조치는 유용할 수 있지만 새로움이 낮다. 두 기준을 동시에 만족시키려면 예측 알림 + 대기 중 교육 콘텐츠와 같은 결합을 시도해야 한다.

창의성의 4요소

1) **독창성:** 기존과 다른 발상이나 해결책을 산출하는 정도. 이는 문제 재정의나 관점 전환에서도 나타난다. 새로운 예술 양식 창출, 기존 방식을 완전히 뒤집는 아이디어 등.
2) **유창성:** 제한된 시간 안에 다수의 아이디어를 생성하는 능력. 예: '벽돌의 새로운 용도를 10가지 이상 말해보라.'
3) **융통성:** 다양한 범주로 사고의 틀을 전환하는 능력. 관점 스위칭이나 문제를 다양한 차원에서 바라보는 훈련을 통해 강화된다.
4) **정교성:** 아이디어를 실행 가능하도록 구체화·보강하는 능력. 체크리스트, 프로토타입, 테스트 등이 중요하다.

창의성에 관한 대표적 오해

[오해 1: "천재만 창의적이다."]

창의성은 타고난 소수의 전유물이 아니다. 창의성은 지식, 사고 전략, 동기의 상호작용으로 설명되며, 다양한 도구와 훈련을 통해 누구나 향상될 수 있다. 반복 훈련과 피드백, 실패의 학습화가 누적되면 창의적 성취의 빈도와 질이 증가한다.

[오해 2: "많이 알면 고정관념에 갇힌다."]

지식은 창의의 원재료다. 문제는 지식 그 자체가 아니라 지식을 고정된 틀로만 사용하는 습관이다. 추상화(핵심 원리로 끌어올리기)와 재구성(이종 맥락으로 내려보내기)을 통해 지식을 유연하게 다루면, 풍부한 배경지식은 오히려 강력한 촉매가 된다.

[오해 3: "영감은 우연히 온다."]

통찰은 우연히만 오지 않는다. 준비-부화-조명-검증이라는 과정을 성실히 거듭할수록, 즉 충분히 몰입하고, 잠시 놓아주며, 떠오른 순간을 포착하고, 검증으로 다듬을수록 인사이트의 '빈도'와 '정확도'가 높아진다. 멍때리기나 산책이 도움이 되는 이유도 부화 단계에서 무의식이 작동하기 때문이다.

02 창의성의 개념과 정의

창의성의 개념은 매우 다양하며, 이에 따른 정의 역시 학자마다 다르게 제시된다. 이는 학자가 속한 국가와 문화가 상이하고, 창의성에 접근하는 방법 또한 서로 다르기 때문이다. 1950년 미국심리학회 회장이었던 길포드(Guilford)가 취임 연설에서 창의성의 중요성을 강조한 이후, 심리학과 교육학 분야를 중심으로 창의성에 대한 연구가 본격적으로 이루어지기 시작하였다.

창의성의 정의를 위해 가장 널리 사용되는 접근 방식은 로즈(Rhodes)에 의해 제안된 것으로, 현재까지도 창의성 연구에서 많이 활용되고 있다. 로즈(1961)는 창의성에 대한 정의를 수집해 본 결과, 총 56개 가운데 40개는 창의성의 정의였고, 16개는 상상력에 대한 정의였다. 그는 이를 비교·분석하여 다음의 네 가지 요소로 구분하였는데, 이는 고전적인 창의성 이론으로 널리 알려진 '4P(process, product, person, press)' 개념이다.

즉,

첫째, 창의적인 과정(The creative process),

둘째, 창의적인 산출물(The creative product),

셋째, 창의적인 사람(The creative person),

넷째, 창의적인 환경 또는 장소(The creative place, press, environment)이 그것이다.

창의적인 과정(creative process)

Torrance(1988)는 창의성을 '창의적인 과정'으로 정의했다. 그는 창의적인 과정이란 문제와 정보에 있어서의 결핍 요소와 오류를 지적하고, 이에 대한 가설을 설정한 후, 그 가설을 평가하고 검증하며, 가능하다면 이를 다시 수정하고 재검증하여 최종적인 결과를 도출하는 전체 과정을 포괄한다고 보았다.

Wallas(1926)는 창의적인 사고의 단계를 제시하면서, 창의적인 과정이란 "문제를 인식하고, 자료를 수집하는 준비기를 거쳐 마음속에서 문제를 곰곰이 생각하는 부화기, 순간적으로 새로운 아이디어가 떠오르는 조명기, 그리고 최종 아이디어를 검증하는 검증기에 이르는 일련의 단계"라고 정의하였다.

창의성이 모든 사람에게 존재한다고 믿는 학자들은, 이러한 창의적인 과정을 훈련시킬 수 있으며 그에 따라 창의성이 계발된다고 본다. Osborn, Torrance, Taylor, Schank, Langley & Jones 등이 이러한 입장을 취한다. 4P 개념을 창안한 Rhodes(1961) 역시 창의성은 누구에게나 존재하며, 창의적인 과정은 가르치고 배울 수 있는 것이라고 주장했다.

창조적 산출물(creative product)

창의적인 산출물이란 유형과 무형의 결과물을 모두 포함한다. 예를 들어, 단순한 물건뿐 아니라 삶의 방식이 변화하거나, 대인관계가 개선되는 등 비물질적인 결과도 창의적인 산출물로 본다. 중요한 것은 산출물이 반드시 존재해야 하며, 그것이 오직 한 사람에게라도 가치 있고 도움이 된다면 창의적인 산출물로 인정된다는 점이다. 예를 들어, 고부 갈등이 해소되거나, 과거와는 전혀 다른 삶의 형태를 시도해 보는 것 또한 산출물이라고 볼 수 있다.

Rhodes(1961)는 산출물이란 "다른 사람과 소통하기 위해 사용하는 언어, 그림, 점토, 옷감 등과 같은 물질이 독창적인 형태로 창조된 것"이라고 정의하였다. '유형'이란 형체가 있는 것으로, 예를 들면 건물, 그림, 조각, 공예품, 책, 옛 문서 등이 포함된다. 반면 '무형'이란 형상이나 형체가 없는 것으로, 연극, 무용, 음악, 기술과 같이 형체는 없지만 사람의 능력으로 존재하는 것을 말한다. 무형재산으로는 저작권, 특허권 등이 있으며, 이는 현대사회에서 중요하게 여겨지며 21세기에는 그 중요성이 더욱 강조될 것으로 보인다.

무형의 산출물에는 '유행하는 독창적인 디자인이나 헤어스타일', 사람들의 의식을 변화시키기 위한 '캠페인 문구', '역사상 위대한 사상', 이름 없는 사람들이 만든 속담이나 격언 등도 포함된다. 이처럼 창의성은 유형이든 무형이든 어떤 형태로든 산출물 또는 결과물로 나타난다. Taylor(1988)는 창의적인 산출물이란 아인슈타인의 상대성 이론 같은 혁신적인 과학 이론, 공학 기술뿐 아니라, 한 장의 그림, 한 편의 시, 교향곡, 발명품, 그리고 창의적인 리더십이나 교육 분위기 등 무형의 성과까지 포함한다고 하였다. 즉, 창의적인 산출물이란 창의적인 과정의 결과로 나타나는 모든 행동, 아이디어, 물건, 표현 수단 등을 총칭하는 것이다.

창의적 사람(creative person)

Guilford(1950)는 미국심리학회 연설에서 창의적인 사람의 성격(personality) 연구가 필요함을 강조하며, 개인의 성격을 "비교적 지속적으로 나타나는 개인 고유의 특성"으로 정의했다. 그는 특히 어떤 성취를 할 때 드러나는 행동 특성에 관심을 두었으며, 행동 특성이란 적성, 흥미, 태도, 기질적 요소와 관련이 있다고 하였다.

Guilford(1960)는 창의성과 정적 상관이 있는 성격 특성 9가지를 다음과 같이 제시하였다:

- 사고의 유창성(Ideational fluency)
- 표현의 유창성(Expressive fluency)
- 독창성(Originality)
- 자발적 융통성(Spontaneous flexibility)
- 자유에 대한 욕구(Need for freedom)
- 다양성에 대한 욕구(Need for variety)
- 충동성(Impulsiveness)
- 모험심(Need for adventure)
- 심미적 표현에 대한 관심(Interest in aesthetic expression)

Barron과 Harrington(1981)은 15년에 걸친 연구를 바탕으로, 창의적인 성취를 한 사람들의 특성으로 높은 에너지, 폭넓은 관심사, 복잡한 것에 대한 선호, 모순된 특성 간의 조화 능력, 그리고 자기 효능감에 대한 신념 등을 들었다.

Woodman과 Schoenfeldt(1989)는 아동을 대상으로 한 연구에서, 창의적인 아동은 놀기를 좋아하고, 독립적이며, 몰두하는 것을 즐기고, 기꺼이 도전하며, 세부적인 것에 관심이 많다고 하였다.

Drevdahl(1956)은 창의적인 사람은 내향적이고 조용하지만 말재주가 뛰어나다고 보았으며, Drevdahl과 Cattell(1958)은 지능이 높고 자아가 강하며, 모험적이고 정서적으로 민감하며, 자유분방하고 집단 활동을 꺼리는 경향이 있다고 했다.

Taylor(1961)는 창의적인 사람은 자율성, 자기 충족, 독립적 판단, 비전통적인 삶에 대한 관심, 풍부한 감수성과 유머감각, 과격함과 자제력의 공존 등 다차원적이고 복합적인 특성을 가진다고 하였다.

창의적인 사람은 그 특성상 대인관계에서 소외되거나 기이한 사람으로 여겨질 수 있다. 그러나 이것이 윤리나 도덕을 무시하는 행동을 의미하는 것은 아니다. 창의적인 사람은 기존의 틀을 깨고 독특한 시각으로 문제를 바라보며, 새로운 해결 방식을 제시할 수 있는 능력을 지닌 이들이다.

창의적인 환경(Creative Place / Environment)

창의적인 환경이란 단순히 가정, 학교, 사회문화적 요소뿐 아니라 지식의 상태, 아이디어 자극 기회, 교수 매체, 감정적 분위기, 사회적 분위기 등을 포함하는 총체적인 창의성 촉진 환경을 말한다.

1) 세 가지 환경 요소

① 물질적 환경

Cranz(1998)는 이상적인 창의 환경으로, 모차르트의 바이올린 협주곡이 흘러나오고, 구두를 벗을 수 있는 친밀한 공간, 자연광이 드는 널찍한 사무실, 천연 모직 카펫, 적절한 온도와 향기, 발코니, 화장실 등의 요소를 제안하였다. 아동의 경우에는 책, 장난감,

교재 등 다양한 자극 요소가 풍부할수록 창의적 아이디어가 더 많이 나온다고 하였다.

Ward(1969)의 연구에 따르면, 물건이 많은 환경에서 발산적 사고가 더 유창하게 이루어졌다고 하며, Osche(1990)는 창의적인 사람들은 성장기부터 더 많은 지적 자극을 받는 환경에서 자랐다고 밝혔다.

② 심리적 환경

심리적 환경은 아이디어를 지속적으로 만들어 낼 수 있는 심리적 상태와 분위기를 말한다. 심리적 안전감, 자유로움, 도전정신, 모험심 등이 이를 구성한다.

③ 자원

창의성 발현에 필요한 자원으로는 사람, 기술, 자료, 장비, 정보, 자금 등이 있으며, 특히 정서적·인지적으로 지지해 줄 수 있는 동료나 후원자의 존재가 중요하다고 한다 (Amabile, 1989, 1996; Hucker, 1995; Yong, 1995).

03 창의성의 필요성과 유형

창의성의 필요성

현대 사회는 급격한 기술 발전과 복잡한 문제들을 해결해야 하는 상황에 직면해 있다. 이러한 환경에서 창의성은 개인과 조직, 더 나아가 국가의 경쟁력을 결정짓는 중요한 역량이다.

1) 기술 발전과 창의성

4차 산업혁명 시대에는 AI, 빅데이터, 사물인터넷 등 첨단 기술이 빠르게 발전하고 있다. 이러한 변화 속에서 기존의 방식만으로는 문제를 해결하기 어렵기 때문에, 창의성은 새로운 기술을 활용하거나 기술적 한계를 돌파하는 데 필수적이다.

예시: 인공지능(AI)을 활용한 맞춤형 교육 서비스 개발은 창의적인 기술 응용의 대표적인 사례다.

2) 기후 위기와 창의성

기후 변화는 인류가 직면한 가장 큰 위기 중 하나다. 기존 방식만으로는 해결할 수 없는 환경 문제에 창의적인 아이디어로 접근해야 한다.

예시 도시의 대기오염 문제 해결을 위해 개발된 친환경 건축물은 환경 보호와 인간의 생활 편의를 동시에 고려한 창의적 해결책이다.

3) 경쟁력의 핵심 요소로서 창의성

창의성은 단순한 개인의 능력을 넘어, 기업과 국가의 성패를 좌우하는 핵심 요소이다. 창의적 사고를 통해 새로운 제품과 서비스를 창출함으로써 경쟁력을 유지하고 발전시킬 수 있다.

예시 구글은 검색 엔진의 알고리즘을 개선하여 단순 검색을 넘어 맞춤형 정보 제공 서비스로 확장하며, 창의성을 통해 경쟁력을 확보했다.

사례 **창의적 문제 해결**

창의성은 실질적인 문제를 해결하는 데 매우 강력한 도구가 된다. 영국의 한 공무원이 개발한 '담배꽁초 투표함'은 그 좋은 예다. '메시 vs 호날두, 당신의 선택은?'과 같은 재미있는 질문이 적힌 투표형 쓰레기통을 설치해, 사람들이 꽁초를 무단 투기하지 않고 투표하듯 버리도록 유도한 것이다. 그 결과, 담배꽁초 무단 투기가 80% 이상 감소하였다. 이 사례는 기존의 단속이나 벌금 방식이 아닌 창의적인 접근이 문제 해결에 얼마나 효과적인지를 보여준다.

창의성은 단순히 예술이나 과학에만 국한된 것이 아니다. 이는 우리가 일상에서 마주하는 문제를 해결하고, 더 나아가 사회적, 국가적 차원의 변화를 이끌어내는 핵심 역량이다. 현대 사회의 빠른 변화와 복잡성 속에서, 창의성은 우리 모두가 반드시 갖추어야 할 필수적인 도구라고 할 수 있다.

창의성의 유형

창의성은 매우 다양한 형태로 나타나며, 이를 분류하면 개인의 성격, 사회적 영향, 창의적 발상의 정도, 과정의 방식 등 여러 기준에 따라 나눌 수 있다. 아래에서는 창의성을 세부적으로 분류하고, 각 유형의 특징을 살펴본다.

1) 개인적 창의성과 사회적 창의성

개인적 창의성은 개인의 독창적인 생각이나 아이디어에서 비롯된다. 이는 일상에서 접할 수 있는 소소한 창의적 행동과 발상을 포함하며, 반드시 사회적으로 큰 영향을 미치거나 인정받지 않아도 된다. 예를 들어, 새로운 요리법을 개발하거나 기존 제품의 활용 방식을 새롭게 바꾸는 아이디어도 개인적 창의성의 좋은 사례다. 개인적 창의성은 종종 문제를 해결하기 위한 개인적인 노력에서 나타난다.

반면, 사회적 창의성은 특정 개인의 창의적 아이디어나 산출물이 사회적으로 인정받고 널리 활용되는 경우를 말한다. 이러한 창의성은 역사적으로 큰 영향을 미치며, 대개 사회 발전에 기여하는 혁신적인 업적으로 이어진다. 대표적인 예로 노벨상 수상과 같은 과학적 발견이나 문화적 업적이 있다. 예를 들어, 인터넷의 발명은 현대 사회를 완전히 변화시킨 사회적 창의성의 대표적인 사례다.

2) 점진적 창의성과 급진적 창의성

점진적 창의성은 기존의 틀과 규칙 안에서 개선이나 발전을 이루는 방식이다. 이는 작은 변화와 개선을 통해 점차적으로 발전하는 형태로, 일상적인 문제 해결이나 업무 효율성 향상에 자주 활용된다.

예를 들어, 스마트폰의 기존 기능에 새로운 소프트웨어 업데이트를 추가해 사용자 경험을 개선하는 방식이 점진적 창의성에 해당한다.

반면, 급진적 창의성은 기존의 틀을 완전히 깨고 새로운 방식을 도입하는 형태의 창의성이다. 이 유형은 파격적이고 혁신적인 변화를 동반하며, 사회적·기술적 패러다임의 근본적 전환을 이끈다.

예를 들어, 자동차의 발명은 기존의 이동 수단 방식을 완전히 대체한 급진적 창의성의 사례다. 이러한 창의성은 기존 질서를 흔들기 때문에 초기에는 저항을 받기도 하지만, 장기적으로는 큰 변화를 가져오는 힘이 된다.

3) 창의적 과정

창의적 과정은 아이디어를 생성하는 방식에 따라 다음과 같이 조합적 창의성, 탐구적 창의성, 변혁적 창의성의 세 가지로 나눌 수 있다.

① 조합적 창의성

조합적 창의성은 기존의 아이디어나 개념을 조합하여 새로운 결과물을 만들어내는 방식이다. 이미 존재하는 것들을 새로운 방식으로 연결하거나 결합함으로써 이루어진다.

예를 들어, 말과 뿔을 결합해 유니콘이라는 상상의 동물을 만들어내는 것이 조합적 창의성의 사례다. 또한, 원자 구조를 태양계의 개념에 빗대어 설명하는 방식도 이에 해당한다. 조합적 창의성은 주로 일상적인 창의적 활동에서 많이 나타난다.

② 탐구적 창의성

탐구적 창의성은 기존의 규칙과 개념 안에서 새로운 것을 발견하거나 창출하는 방식이다. 주어진 틀 안에서 가능한 아이디어를 탐색하고, 숨겨진 가능성을 찾아내는 데 초점이 맞춰진다. 예를 들어, 수학 문제를 기존의 공식을 활용해 독창적인 방식으로 푸는 것이 탐구적 창의성이다. 과학 연구에서 새로운 이론을 발견하거나 법칙을 정립하는 데 자주 나타난다.

③ 변혁적 창의성

변혁적 창의성은 기존의 틀 자체를 변화시키는 창의성이다. 기존의 개념, 규칙, 사고방식을 뛰어넘어 전혀 새로운 접근을 시도하는 과정을 포함한다. 예를 들어, 천동설을 지동설로 대체한 코페르니쿠스의 발견은 기존 패러다임을 뒤집은 변혁적 창의성의 대표 사례다. 이러한 창의성은 사회와 학문의 근본적인 변화를 이끈다.

창의성은 그 형태와 발현 방식이 매우 다양하다. 개인적인 아이디어에서부터 사회적 혁신에 이르기까지, 점진적인 개선에서 급진적인 전환에 이르기까지, 모든 유형의 창의성은 서로 다른 방식으로 우리의 삶과 세상을 변화시킨다.

조합적, 탐구적, 변혁적 창의성은 아이디어가 어떻게 생성되고 발전하는지를 설명해주며, 이를 통해 우리는 창의성이 단순한 생각의 산물이 아니라 실질적인 결과를 이끌어내는 복합적인 과정임을 이해할 수 있다. 각 유형의 창의성을 이해함으로써 우리는 더 나은 문제 해결과 혁신을 위한 도구를 손에 쥘 수 있다.

04 창의성 사례

창의성은 단순히 새로운 아이디어를 떠올리는 데 그치지 않고, 그 아이디어를 실질적으로 적용하고 실행했을 때 비로소 진정한 가치를 가진다. 성공적인 창의적 사례는 우리의 삶에 긍정적인 영향을 미치지만, 실패한 사례는 창의적 아이디어가 현실적인 실행 가능성과 맥락 적합성을 갖추는 것이 얼마나 중요한지를 일깨워 준다.

아이디어와 실행

아이디어는 실행 가능성과 적합성을 갖출 때 비로소 가치를 얻는다.

아무리 독창적인 창의적 아이디어라도 실현 불가능하거나 환경에 적합하지 않다면, 단순한 상상력에 그치고 만다. 창의성의 핵심은 아이디어가 실행 가능한 형태로 구체화되어, 실제 문제 해결에 도움이 되는 데 있다.

1) 플레이펌프

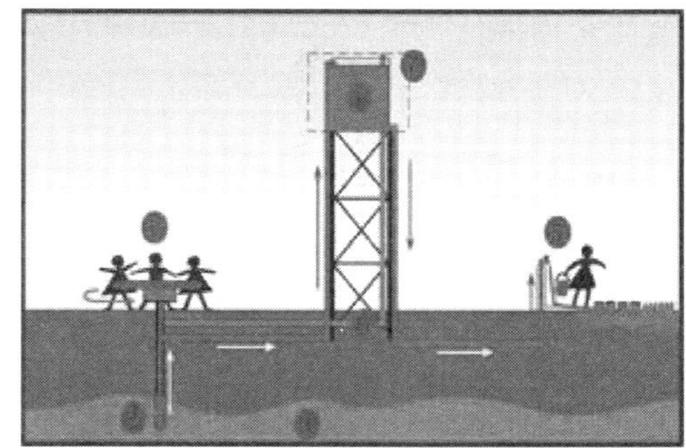

아프리카의 물 부족 문제를 해결하겠다는 의도에서 출발한 놀이형 펌프가 있다. 아이들이 놀이터의 회전 놀이기구를 돌리면 지하수가 퍼올려지고, 이 물이 마을의 수조에 저

장되어 사용되도록 설계되었다. 발상 자체는 신선했다. '놀이'와 '물 공급'을 연결하여, 아이들의 놀이가 공동체의 자원이 되도록 하려는 구상이었다. 많은 후원과 주목을 받으며 여러 지역에 설치되었다.

그러나 실제 운영 과정에서는 여러 문제가 나타났다. 펌프는 정기적인 유지보수가 필요했지만, 부품 수급과 기술 지원이 원활하지 않았다. 또한, 아이들이 충분한 시간 동안 놀이기구를 돌려야 수요를 맞출 수 있었기 때문에, 이는 아동의 노동과 피로 문제로 이어졌다. 설치 장소마다 수위·수질의 편차가 있었고, 계절 변화에 따른 물 공급의 신뢰성 문제도 제기되었다. 결과적으로 이 발상은 '새롭지만 유용하지 않은' 해결책으로 평가되었으며, 여러 지역에서 실제 사용이 중단되거나 대체되었다.

2) 실현가능성과 적합성

이 사례는 실현 가능성과 적합성의 중요성을 명확히 보여준다.

- 실현 가능성(Feasibility): 설치 후 지속적으로 운용이 가능한가? 부품 공급과 수리 체계는 갖추어져 있는가? 비용과 인력은 감당 가능한 수준인가? 유지보수의 책임은 누구에게 있는가?
- 적합성(Fit): 사용자, 문화, 환경과 잘 맞는가? 아이들은 언제, 얼마나, 어떤 목적으로 놀이기구를 사용하는가? 가뭄이나 우기와 같은 계절 변화에 따라 사용 패턴은 어떻게 달라지는가? 지역사회는 이 장치를 어떻게 인식하고 있는가?

새로운 아이디어가 성공하려면, 새로움(novelty)과 유용성(usefulness)이라는 창의성의 두 축을 충족해야 할 뿐만 아니라, 그 유용성이 현장의 제약 안에서 실제로 구현될 수 있어야 한다. 즉, 유용성은 추상적인 이익이 아니라, 구체적이고 맥락에 맞는 유용성이어야 한다.

3) 교훈 — “누가·언제·어디서·어떻게”를 먼저 묻는다

아이디어가 번쩍일 때일수록 다음 네 가지를 먼저 확인해야 한다.

① **누가** 사용할 것인가(사용자·이해관계자).

② **언제** 사용할 것인가(시간·주기·상황).

③ **어디서** 사용할 것인가(공간·환경·자원).

④ **어떻게** 사용할 것인가(절차·도구·역할).

이 네 질문은 아이디어의 모양을 바꾸고, 필요하다면 초기에 상상했던 해법의 **형태 자체를 바꾸도록** 요구한다.

4) 혁신적인 접근

성공적인 창의적 사례는 실행 가능성과 적합성을 갖추었을 뿐만 아니라, 문제 해결 과정에서 새로운 관점을 제시한다. 혁신적인 접근이란 일상적인 문제를 색다르게 바라보고, 해결 방법을 새롭게 디자인하는 것이다. 창의적 아이디어는 실행 가능성과 적합성을 갖추었을 때 비로소 진정한 가치를 가진다.

실패 사례인 플레이 펌프(PlayPump)는 이러한 요소를 무시했을 때 어떤 결과가 나타나는지를 보여준다. 반면, 성공 사례인 담배꽁초 투표함은 창의적인 접근법이 실제로 사람들의 행동을 변화시키고 문제를 해결할 수 있음을 증명했다.

이 두 사례는, 창의성이 단순한 상상이 아니라 실질적이고 효과적인 결과로 이어지기 위해서는 반드시 실행 가능성과 적합성을 고려해야 한다는 점을 분명히 보여준다.

창의성의 심리학 #1

당신의 애인이 요즘 따라 수상하다. 바람 피는 것 같다는 심증은 있지만 물증이 없다. 애인이 스스로 고백하길 바란다면 언제 물어봐야 할까?

A. 오전
B. 오후

어린 시절 우리는 대부분 거짓말이 나쁘다는 가르침을 받아왔지만, 사회생활에서는 원만한 관계를 유지하기 위해 가끔 '하얀 거짓말'을 하기도 한다. 예를 들어, "연락 못 해서 미안! 휴대폰을 두고 나왔어" 같은 가벼운 거짓말이 이에 해당한다. 하지만 거짓말의 빈도는 상황이나 시간에 따라 달라질 수 있다.

미국 하버드대학교의 마리암 코우차키와 유타대학교의 아이작 스미스는 327명의 학생을 대상으로 이 현상을 탐구하는 실험을 진행했다. 학생들은 수학 문제를 풀고, 정답을 맞힌 개수에 따라 금전적 보상을 받는 방식이었다. 핵심은 학생들이 스스로 답을 채점하게 했다는 점이다.

실험은 오전(8시~12시)과 오후(12시~6시)로 나누어 진행되었다. 그 결과, 오전에는 정직하게 채점한 학생이 많았지만, 오후에는 거짓말을 통해 더 많은 문제를 맞혔다고 주장한 학생의 비율이 약 20% 증가했다. 연구진은 이 현상을 '아침 도덕 효과(Morning Morality Effect)'라고 명명했다.

오후에 거짓말이 늘어나는 이유는 신체적 피로와 심리적 고갈 때문이다. 시간이 지날수록 몸과 마음이 지치면서 자기 통제가 어려워지고, 자연스럽게 도덕적 기준을 벗어난 행동을 하기가 쉬워진다는 설명이다. 따라서 도덕성과 윤리성이 중요한 일은 오전 중에 진행하는 것이 바람직하다. 예를 들어, 중요한 계약 협상이나 솔직한 대화가 필요할 때는 오후보다는 오전에 일정을 잡는 것이 효과적일 수 있다.

물론, 오전이라고 해서 모두가 정직해지는 것은 아니다. 실험에서도 시간과 관계없이 거짓말을 한 사람도 있었다. 하지만 '아침 도덕 효과'는 인간의 심리적 경향을 이해하고 이를 실생활에 활용할 수 있는 유용한 지침이 될 수 있다.

활동 목표

창의성은 교육과 훈련을 통해 후천적으로 계발할 수 있을 것이라는 견해가 널리 받아들여지고 있다. 이 검사는 대학생의 일상적 창의성 수준을 측정하여 독창성, 유연성, 대안적 해결력, 모험적 자유 추구, 이타적 자아 확신, 관계적 개방성, 개성적 독립성, 탐구적 몰입의 요인을 평가한다. 검사결과는 토대로 일상적 창의성을 계발할 때 활용할 수 있다.

활동 방법

일상적 창의성 검사는 대학생의 일상적 창의성 수준을 평가하기 위한 검사입니다. 다음 문항을 잘 읽고, 각 문항이 자신을 얼마나 설명하고 있는지를 1점(전혀 아니다)부터 5점(매우 그렇다) 사이에서 골라 ○표 해 주세요.

일상창의성 검사 문항

번호	문항 내용	전혀 아니다	아닌 편이다	보통 이다	그런 편이다	매우 그렇다
1	나는 한 가지 일을 여러 가지 각도에서 생각해 보고 실행한다.	1	2	3	4	5
2	TV 토론 프로그램을 볼 때 고와 관련된 여러 가지 생각이 떠오른다.	1	2	3	4	5
3	일상생활에서 흔히 볼 수 있는 것들을 사용해 특별한 것을 만든다.	1	2	3	4	5
4	처음 보는 새로운 기능과 디자인의 제품을 보면 사고 싶어진다.	1	2	3	4	5
5	내가 좋아하는 일은 시간 가는 줄 모르고 한다.	1	2	3	4	5
6	나는 남에게 얽매이는 것을 싫어한다.	1	2	3	4	5
7	나는 가까운 주변 사람들에게 즐거움을 줄 때가 있다.	1	2	3	4	5
8	언젠가는 내가 하고 싶은 일을 할 수 있을 것이다.	1	2	3	4	5
9	해결하기 어려운 일에 도전해 여러 가지 대안을 생각해 본다.	1	2	3	4	5
10	사소한 것이라도 나만의 방법으로 참신하게 변화시킨다.	1	2	3	4	5
11	나는 남들이 당연하다고 생각하는 것에 의문을 갖는다.	1	2	3	4	5
12	나는 간섭이나 구속받는 것을 싫어한다.	1	2	3	4	5
13	다른 사람들이 나에 대해 알게 되는 것이 싫다.(R)	1	2	3	4	5
14	친구들은 나에게 도움을 청할 때가 있다.	1	2	3	4	5
15	나는 자신의 잠재력에 대한 믿음이 강한 편이다.	1	2	3	4	5
16	나는 하나의 지식을 얻으면 응용하여 다른 데 적용해 보곤 한다.	1	2	3	4	5
17	나는 똑같은 재료를 가지고도 여러 가지 다양한 방식으로 표현하고 노력한다.	1	2	3	4	5

번호	문항 내용	전혀 아니다	아닌 편이다	보통 이다	그런 편이다	매우 그렇다
18	나는 전혀 어울릴 것 같지 않은 것들을 결합해 새로운 시도를 하곤 한다.	1	2	3	4	5
19	직접 무언가 일상생활에 도움이 되는 것들을 만들어 보는 것을 좋아한다.	1	2	3	4	5
20	흥미 있는 일은 다른 일을 제쳐두고라도 꼭 해 내곤 한다.	1	2	3	4	5
21	나는 자유롭게 여행을 하거나 혼자만의 시간을 갖는 것이 두렵다.(R)	1	2	3	4	5
22	나는 여러 가지 다양한 경험을 해보려고 노력한다.	1	2	3	4	5
23	나로 인해 다른 사람들에게 행복하게 되는 것을 삶의 큰 기쁨으로 여긴다.	1	2	3	4	5
24	나는 틀에 얽매이지 않고 자유스럽게 사고한다.	1	2	3	4	5
25	나는 살면서 새로운 시도를 많이 한다.	1	2	3	4	5
26	나는 남들과 똑같은 방식과 행동을 싫어한다.	1	2	3	4	5
27	나와 다른 생각과 가치관을 가진 사람들과는 잘 어울리지 못한다.(R)	1	2	3	4	5
28	나는 이 세상에서 꼭 필요한 사람이라고 생각한다.	1	2	3	4	5
29	나는 매사를 긍정적으로 생각하고 받아들이려고 노력한다.	1	2	3	4	5
30	나는 사물을 본래의 용도와 다르게 사용할 수 있는 방법을 찾아보곤 한다.	1	2	3	4	5
31	나는 하나의 사건이나 사물을 보고 여러 가지 상상을	1	2	3	4	5
32	나는 남들이 생각해 내지 못하는 기발하고 특이한 발상을 할 때가 있다.	1	2	3	4	5
33	내가 좋아하는 행사나 모임이 있으면 적극적으로 참여한다.	1	2	3	4	5
34	나는 자유로운 분위기를 좋아한다.	1	2	3	4	5
35	더 나은 생각과 아이디어만 내 생각과 다르더라도 받아들인다.	1	2	3	4	5
36	여러 사람과 함께 하는 일이 있을 때 사람들과 어울리고 협조하려고 노력한다.	1	2	3	4	5

분석 지시문(원문 그대로)

- 각 문항에 응답하고 하위 요인별로 합산하기. 역채점 문항(13번, 27번)은 역계열하기(1↔5, 2↔4, 3=3)
- 하위 요인별 평균점수(합산/문항 수) 산출하고 그래프 그리기
- 자신의 점수가 대학생 평균보다 높을수록: 독창적 유연성, 대안적 해결력, 모험적 자유 추구, 이타적 자아 확신, 관계적 개방성, 개성적 독립성, 탐구적 몰입의 높음을 의미함.

일상적 창의성 하위 요인별 정의 및 점수표

일상적 창의성 하위 요인	문항번호	문항 수	내 점수 합산	내 평균	대학생 평균
독창적 유연성	3, 16, 17, 18, 19, 30, 31, 32	8			3.24
대안적 해결력	1, 2, 9, 15	4			3.59
모험적 자유 추구	6, 11, 12, 20, 21	5			3.30
이타적 자아 확신	7, 13, 22	3			3.89
관계적 개방성	10, 14, 23, 27	4			3.78
개성적 독립성	24, 25, 26	3			3.80
탐구적 몰입	4, 5, 8, 28	4			3.87

일상적 창의성 그래프

5							
4							
3							
2							
1							
	독창적 유연성	대안적 해결력	모험적 자유 추구	이타적 자아 확신	관계적 개방성	개성적 독립성	탐구적 몰입

요인별 정의

요인	개념적 정의	조작적 정의
독창적 유연성	융통성 있는 사고를 바탕으로 일상생활을 유지하는 데 필요한 참신하고 독특한 아이디어를 생성하는 능력	- 주변에 있는 것들을 사용해 특별한 것을 만든다. - 전혀 어울릴 것 같지 않은 것들을 결합해 뭔가를 만든다. - 하나의 지식을 얻으면 응용하여 다른 데 적용해 본다. - 사물을 본래의 용도와 다르게 사용할 수 있는 방법을 찾아본다. - 남들이 생각해 내지 못하는 기발하고 특이한 발상을 많이 한다.
대안적 해결력	문제에 직면했을 때 여러 가지 실현 가능한 대안을 생각하고 적절히 해결하는 능력	- 해결하기 어려운 일에 닥쳤을 때 여러 가지 대안을 생각해 본다. - 한 가지 일을 여러 각도에서 생각해 보고 실행한다.
모험적 자유 추구	다양한 경험과 자유를 추구하려는 경향	- 틀에 얽매이지 않고 자유스럽게 사고한다. - 자유로운 분위기를 좋아한다. - 여러 가지 다양한 경험을 해보려고 한다.
이타적 자아 확신	다른 사람을 이해하며 그들과 공존하는 범위 내에서 자신의 잠재력을 확신하는 경향	- 자신의 잠재력에 대한 믿음이 강하다. - 주변 사람들에게 즐거움을 준다. - 세상에 꼭 필요한 사람이라고 생각한다.
관계적 개방성	새로운 경험이나 생각을 기꺼이 수용하려는 경향	- 여러 명이 함께 하는 일이 있을 때 협조하려고 노력한다. - 더 나은 아이디어라면 내 생각과 다르더라도 받아들인다. - 나와 다른 가치관을 가진 사람들과도 잘 어울린다.
개성적 독립성	다른 사람의 생각이나 평가에 개의치 않고 혼자서 일을 하려는 경향	- 남에게 얽매이는 것이 싫다. - 남들과 똑같은 방식과 행동을 싫어한다.
탐구적 몰입	주변의 사물이나 현상에 대해 관심을 갖고 흥미 있는 일에 몰입하려는 경향	- 내가 좋아하는 일은 시간 가는 줄 모르고 한다. - 흥미 있는 일은 다른 일을 제쳐두고라도 꼭 해내고야 만다. - 새로운 기능의 물건에 대해 관심이 많다.

Unit 2.

창의성의 이론

01 창의성 발달

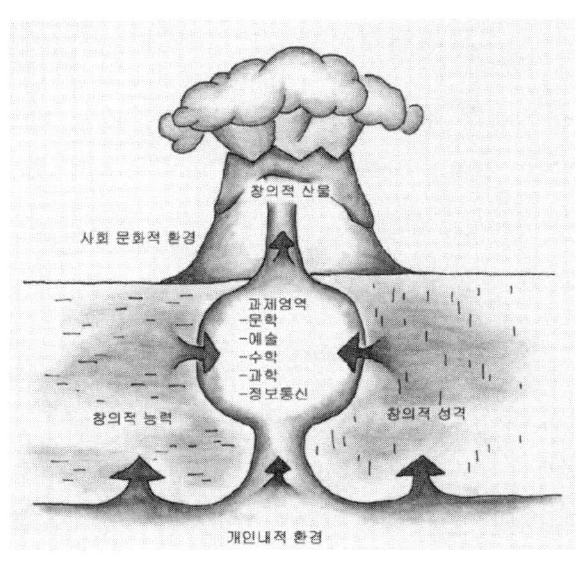

1950년대, 길포드(Guilford)가 창의성의 중요성을 역설한 이래, 창의성에 대한 다양한 관점들이 제시되어 왔다. 그러나 창의성의 발달을 이해하기 위해서는 다차원적인 접근을 통해 그 개념을 정의할 필요가 있다.

일반적으로 창의성을 한두 가지 요인으로 구성된 단일 차원의 사고 능력으로 규정짓기는 어렵다. 창의성이란 단순한 인지 능력뿐 아니라, 창의적 성격이나 동기, 문화적 맥락 등 개인의 정의적 특성과 환경적 특성의 상호작용을 통해 결정된다는 통합적 관점이 강조되고 있다.

이에 따라 창의성의 발달과 관련하여 이경화 등은, 창의적 산출을 얻기 위해서는 개인의 유전적 요인과 가정 환경 등 개인적 환경이 잠재적 기초가 되며, 발달된 지능, 사고력, 지각 등의 창의적 능력과 성격, 동기 등의 창의적 성격이 상호작용하면서 창의성이 발현된다고 보았다. 이들은 이러한 과정을 설명하기 위해 'Volcano 모형'을 제안하였다.

창의성 발달의 조건

창의성에 있어서 '발달'은 핵심적인 문제라 할 수 있다. 무엇보다도 창의적인 성취를 달성하는 과정에서, 산출물, 아이디어, 신념, 기술 등의 영역에서 변화를 유도할 수 있는 지식과 이해의 '유의미한 재조직'이라는 발달적 변화가 매우 중요하다.

스턴버그(Sternberg)와 루바르트(Lubart)는 창의성의 투자이론(investment theory of creativity)을 통해, 창의성의 발달 정도는 인지, 성격, 동기, 환경적 자원 등이 얼마나 적절하게 갖추어졌는가에 달려 있다고 보았다.

1) 인지(Cognitive Factors)

인지에는 문제의 발견과 정의, 확산적·수렴적 사고, 통찰 과정, 아이디어 평가, 지식 등이 포함된다. 즉, 어떤 분야에서 창의적인 성과를 이루기 위해서는 높은 수준의 인지적 기능이 필요하다. 새로운 문제 해결을 위해서는 확산적 사고를 활용하고, 비효과적인 대안을 제거하기 위해 다시 수렴적 사고를 사용하는 사고 전환 능력이 요구된다.

2) 성격(Personality Traits)

성격에는 혁신적인 사고방식, 모호함을 견디는 태도, 꾸준함, 지적 호기심, 확신에 찬 용기 등이 포함된다. 스턴버그와 루바르트는 인지적 요소들이 결실을 맺기 위해서는 성격 특성들이 촉매 역할을 한다고 보았다. 창의적인 산출을 이루기 위해서는 모호하고 불확실한 상태를 인내하며, 과제에 집착할 수 있는 성향이 요구된다.

3) 동기(Motivation)

여기서의 동기는 외적 동기보다는 과제 중심의 내적 동기를 말한다. 이는 목적보다 과제 자체에 몰입하는 태도를 의미한다. 예를 들어, 창의성이 높은 유아는 성인에 비해 지식이나 지능은 낮을 수 있지만, 호기심이 많고 매사에 적극적인 태도를 보인다.

4) 환경(Environmental Factors)

환경은 이러한 자원들이 허용되고 발휘될 수 있는 조건과 분위기를 의미한다. 따라서 아동의 지적 호기심과 개성을 존중하고, 창의적 잠재력을 조기에 발견하여 학교 교육 외에도 유익한 경험을 제공하거나, 훌륭한 교사로부터 배울 수 있는 기회를 마련하는 것은 창의성 발달에 매우 유익하다.

02 창의적 과정

창의적 과정의 4단계

창의성의 고전적 이론에 따르면, 창의적 과정은 네 단계로 구성된다. Wallas는 창의성이 문제 해결 과정에서 어떻게 발휘되는지를 밝히기 위한 연구를 통해, 창의적 사고 과정을 준비 → 숙고 → 통찰 → 확인의 순차적 단계로 제시하였다. 그러나 이후 연구에서는 이러한 창의적 과정이 단순히 순차적이고 선형적으로 진행되기보다는, 각 단계가 상호작용하며 반복적으로 일어날 수 있다고 지적하였다.

1) 준비 단계(Preparation)

이 단계에서 개인은 문제를 명확하게 정의하고, 관련 정보를 수집하며, 필요한 지식과 기술을 습득한다. 또한 유용한 자료를 검토하고, 해결해야 할 요구 사항을 점검함으로써 이후 창의적 행동을 위한 기반을 마련한다. 따라서 창의적인 사람들은 지식과 경험을 풍부히 하기 위해 끊임없이 노력하는 특징을 가진다고 한다.

2) 숙고 단계(Incubation)

숙고는 문제 해결자가 문제와 직접 관련 없는 활동—예를 들어, 조깅, TV 시청, 골프, 산책 등을 하는 동안에 발생하는 것으로, 의식하지 못하는 상태에서 문제를 곱씹는 무의식적 혹은 전의식적인 과정이라 할 수 있다. Guilford는 이 숙고 과정이 반성적 사고를 하거나 휴식을 취하는 시간 동안 일어난다고 하였다.

3) 통찰 단계(Illumination)

통찰은 숙고 단계의 절정에서 나타나며, 문제 해결 아이디어가 섬광처럼 떠오르는 순간을 의미한다. 갑자기 "바로 이거야!" 혹은 "아하!" 하고 외치게 되는 순간처럼, 해결책이 직관적으로 떠오르는 경험이다.

4) 확인 단계(Verification)

이 단계는 떠오른 아이디어나 해결책을 점검하고 정교화하며 실행 가능성을 검토하는 과정이다. 급진적인 발명, 산출물 완성, 수정 및 교정 활동이 포함된다. 비록 통찰이 갑작스럽게 찾아오는 흥미로운 순간일지라도, 확인 단계를 통해 검증을 거쳐야 비로소 실질적인 결과로 이어질 수 있다.

각 단계의 순서는 고정적이지 않다. 즉, 일부 단계를 건너뛸 수도 있고, 현재 단계에서 이전 단계로 다시 돌아갈 수도 있다. 창의적 사고는 선형적인 과정이 아닌 유동적이고 반복적인 과정으로 이해해야 한다.

조합 - 탐구 - 변혁 단계

영국의 철학자 보든(Boden)은 새로운 아이디어가 탄생하는 방식을 조합(Combinational), 탐구(Exploratory), 변혁(Transformational)의 세 가지로 구분하였다. 이는 실제 수업 활동을 설계하고 결과물을 평가할 때 유용한 프레임이 된다.

1) 조합적 창의성: 재조합의 힘

조합적 창의성은 서로 다른 영역의 요소를 새롭게 결합하여 의미를 창출하는 방식이다. 예를 들어, '예측 알림'과 '건강 퀴즈'를 결합해, 알림이 뜰 때 30초 교육 콘텐츠가 자동 실행되도록 설계하는 것이 조합적 창의성의 사례이다.

장점: 빠르고 다양하게 시도할 수 있다.

단점: 독창성의 깊이가 다소 제한될 수 있다.

그러나 정교성이 뒷받침된다면, 충분히 높은 효과를 낼 수 있는 창의적 방식이다.

2) 탐구적 창의성: 규칙 안에서의 최적해 찾기

탐구적 창의성은 주어진 규칙이나 제약 내에서 최적의 해결책을 탐색하는 방식이다. 예를 들어, 동선 시뮬레이션을 통해 표지판 위치를 조정하거나, 안내 톤과 워딩을 테스트하며 최적 조합을 찾는 과정이 이에 해당한다.

장점: 실행 가능성이 높고 실용적이다.

단점: 규칙 밖의 혁신적인 해법을 놓칠 수 있다.

3) 변혁적 창의성: 규칙 자체를 바꾸는 사고

변혁적 창의성은 문제 해결의 틀을 근본적으로 바꾸는 방식이다. 예를 들어, 기존의 '대기'라는 개념을 없애고, '호출 전 알림 → 정시 도착'으로 시스템을 전환한다면, 문제 구조 자체가 변형된다.

장점: 질적인 도약이 가능하다.

단점: 높은 저항과 불확실성이 따른다.

따라서 변혁을 시도할 때는 작은 규모의 파일럿 테스트 → 증거 확보 → 점진적 확산이라는 전략이 필요하다.

이 세 가지 창의성 유형은 상황과 목표에 따라 적절히 조합하거나 선택할 수 있으며, 수업 설계, 조직 혁신, 정책 개발 등 다양한 분야에서 실질적인 적용이 가능하다.

창의적 구성요소와 훈련

창의적 산출은 한순간의 영감이 아니라, 여러 인지적 요소의 상호작용으로 이루어진다. 이 단원과 이후 실습에서는 다음의 네 가지 요소를 공동 언어로 사용한다.

- **독창성**(Originality): 기존과 구분되는 차별적 발상 또는 문제 재정의의 정도
- **유창성**(Fluency): 제한된 시간 내에 다량의 아이디어를 산출하는 능력
- **융통성**(Flexibility): 아이디어의 범주와 관점을 전환하는 능력(예 : 정보, 환경, 행동, 도구, 동선, 정서 등 다양한 차원에서 접근)
- **정교성**(Elaboration): 아이디어를 실행 가능한 수준으로 구체화하고 보강하는 능력

이 네 요소는 창의성 연구와 교육에서 가장 널리 활용되는 핵심 구성 요소로, 브레인스토밍, 브레인라이팅, 평가 매트릭스, 프로토타이핑 등의 기법과 결합되어 훈련된다. 브

레인스토밍의 기본 규칙인 비판 금지, 양을 우선시함, 아이디어 결합 환영, 시간 제한은 특히 유창성과 융통성 강화에 효과적이다. 수업에서는 이를 체화하기 위해 '4S 원칙(지원-유머러스함-속도-시너지)'를 운영 원칙으로 삼는다.

확산-수렴의 전환

창의적 과제는 한 방향으로만 흘러가지 않는다. 아이디어를 끝없이 늘리기만 해도, 반대로 처음부터 옥석 가리기만 해도 결과는 빈약해지기 쉽다. 그래서 창의적 작업에서는 보통 확산(divergent)과 수렴(convergent)이라는 두 단계가 리듬처럼 번갈아 나타난다.

확산은 가능한 한 넓고 멀리 사고를 확장하며 재료를 모으는 단계이고, 수렴은 그 재료들을 기준에 따라 선별하고 구조화하여 실행으로 이어지게 만드는 단계이다. 이 두 단계는 성격과 작동 방식, 규칙이 서로 다르기 때문에, 팀이 동일한 리듬을 타려면 각 단계 간 전환 시점을 명확히 하고, 전환 신호를 분명히 주고받는 것이 중요하다.

확산 단계의 규칙

확산 단계의 목적은 양질의 재료를 많이 확보하는 데 있다. 이때 가장 먼저 지켜야 할 원칙은 '비판 금지'다. 생각이 막 떠오르는 순간에 평가가 개입되면, 사람들은 스스로 검열을 시작하게 되고, 아이디어의 흐름은 급격히 줄어든다. 평범해 보이는 생각이라도 다른 사람의 아이디어와 결합되면 예상 밖의 가능성을 만들 수 있다. 따라서 판단은 뒤로 미루고 "일단 내본다"는 태도가 기본이 되어야 한다.

두 번째 원칙은 '양(量) 우선'이다. 초기에는 완성도보다 개수가 목표다. 완벽한 답 하나보다 미완성된 아이디어 스무 개가 더 가치 있다. 숫자가 많을수록 결합과 변형의 조합 가능성이 기하급수적으로 증가하기 때문이다. 실제로 팀 활동에서는 "1인당 10개씩"처럼 수량 목표를 명확히 제시하면, 사고가 훨씬 주저 없이 확장된다.

세 번째는 '결합 환영'이다. 남의 아이디어를 비틀고 덧붙이는 행동을 적극 장려한다.

아이디어는 고정된 소유물이 아니라, 서로 붙이고, 빼고, 섞는 재료라는 인식을 공유해야 한다. 예를 들어, "대기시간 예측 알림"과 "대기 중 교육 콘텐츠"는 각각은 흔한 아이디어일 수 있지만, 두 아이디어를 결합해 "예측 알림이 뜰 때 30초 교육 콘텐츠가 자동 재생"되도록 만들면, 전혀 다른 경험이 된다.

마지막은 '시간 제한'이다. 무한한 시간은 오히려 느슨함을 초래한다. "5분 × 3라운드"처럼 짧고 반복적인 시간 틀을 설정하면, 참여자들은 빠르게 쓰고 넘기고 확장하는 리듬을 탈 수 있다. 각 라운드 사이에는 약 30초 정도의 짧은 호흡 시간을 주어 시트를 교환하거나 관점을 전환하게 하면 더욱 효과적이다.

전환 신호

확산에서 수렴으로, 혹은 다시 수렴에서 확산으로 넘어갈 때는 팀 전체가 동시에 '모드 전환'을 인지해야 한다. 이때 가장 확실한 방법은 시각·청각·언어 신호를 함께 사용하는 것이다. 예를 들어, 슬라이드의 배경색을 파란색(확산)에서 주황색(수렴)으로 바꾸면, 누구나 한눈에 현재 모드를 파악할 수 있다.

타이머 알림음이나 짧은 배경음 전환도 전환 신호로서 유용하다. 여기에 교사가 "이제 판단 단계로 전환합니다. 기준은 새로움, 실행 가능성, 영향력입니다"와 같이 명확한 언어 신호를 제공하면 더욱 효과적이다. 이러한 신호는 단순하지만, "지금은 평가를 해도 된다 / 지금은 평가를 멈춘다"는 심리적 안전장치를 만들어준다.

전환이 모호하면, 일부는 계속 아이디어를 내고, 일부는 이미 평가를 시작해 활동의 에너지가 분산되기 쉽다. 따라서 전환 신호는 팀의 리듬을 하나로 맞추는 '메트로놈' 같은 역할을 하며, 창의적 협업에서 집중력과 몰입을 유지하는 핵심 장치가 된다.

수렴 단계의 기준

수렴 단계의 목표는, 확산 단계에서 발산해 둔 아이디어 재료를 의미 있는 구조로 줄이고 다듬는 것이다. 이때 가장 중요한 것은 명확한 평가 기준이다. 여기에서는 기본적으로 새로움(Novelty), 실행 가능성(Executability), 영향력(Impact)이라는 세 가지 축을 사용한다.

1) 새로움(Novelty)

기존 대비 차별성과 신선도를 평가한다.

단순히 포장을 바꾼 수준인지, 아니면 관점 자체를 전환해 새로운 해법 공간을 연 것인지를 구분해야 한다.

예를 들어, "안내판 글자 키우기"는 새로움이 낮고, "대기 불확실성을 줄이는 사전 예고 시스템"은 새로움이 높은 편이다.

2) 실행 가능성(Executability)

현재의 자원, 시간, 역할, 리스크 관점에서 실제로 실행 가능한지를 평가한다.

예를 들어, 비용이 거의 들지 않는 안내 문구 개선이나 배치 변경은 실행 가능성이 높지만, 전면적인 시스템 교체는 실행 가능성이 낮을 수 있다. 또한 윤리, 안전, 개인정보 이슈도 함께 고려해야 한다.

3) 영향력(Impact)

해결책이 핵심 지표에 미치는 실질적 효과를 뜻한다. 간호 맥락에서는 환자 안전, 감염 지표, 대기 시간, 환자·보호자 경험 등이 주요 평가 지표가 된다. 단, 영향력이 크더라도 실행 가능성이 지나치게 낮다면 우선순위에서는 밀릴 수 있다.

▶ 실습 도구: 두 가지 간단한 평가 방법: 가치-노력 매트릭스

- 세로축: 영향(가치), 가로축: 노력(리소스)
- 아이디어를 해당 위치에 배치하여 오른쪽 아래(가치 높고 노력 낮음)에 위치한 아이디어를 우선 실행 대상으로 선정한다.

▶ N·E·I 3점 척도

① 각 아이디어에 대해 새로움(N), 실행 가능성(E), 영향력(I)을 각각 0~2점으로 평가

② 총점을 비교하여 상위 3개 아이디어를 선정한다.

③ 단, 점수만 매기고 끝내지 않고, "왜 그렇게 판단했는지" 한 줄 근거를 함께 작성하면 팀 내 합의와 설명 가능성이 높아진다.

전환의 의의

전환은 단순한 단계 변화가 아니라, 사고의 질서를 바꾸는 사건이다. 확산 없이 수렴하면, 결국 늘 보던 익숙한 답으로 되돌아가기 쉽다. 처음 떠오른 해법을 정답으로 착각하고, 그 해법을 정교화하는 데만 시간을 쓰게 된다.

반대로, 수렴 없이 확산만 계속하면 실행으로 이어지지 못한다. 아이디어가 아무리 쌓여도 누구도 결정을 내리지 못하고, 결국 아무것도 바뀌지 않는다. 따라서 전환은 팀의 에너지를 '넓힘 → 도약 → 현실화'로 이동시키는 스위치가 된다.

이 리듬은 과제의 규모와 무관하게 적용된다. 10분짜리 미니 활동에서도, 한 학기 팀 프로젝트에서도 마찬가지다. 짧게는 '5분 확산–5분 수렴', 길게는 '한 주 확산–다음 주 수렴'의 페이스로 운영할 수 있다. 중요한 것은 팀이 다음의 세 가지를 공유하는 것이다.

- 같은 규칙을 따르고,
- 같은 신호에 반응하며,
- 같은 기준으로 판단하는 것.

이렇게 되면 토론은 감(感)이나 말재주가 아니라, 공유된 기준과 가시화된 근거에 따라 이루어지게 된다. 마지막으로, 전환은 심리적 안전과도 깊이 연결된다.

- 확산 단계에서는 "지금은 비판하지 않는다"는 점이 분명해야, 학생들이 과감한 생각을 시도할 수 있다.
- 수렴 단계에서는 "이 기준에 따라 판단한다"는 원칙이 분명해야, 아이디어를 낸 사람도 상처받지 않고 결과를 수용할 수 있다.

이러한 심리적 안전감이 축적될수록, 팀은 더 대담하게 확산하고, 더 엄정하게 수렴하는 건강한 창의적 리듬을 만들어 갈 수 있다.

03 창의성 이론

창의성 이론은 창의성을 어떤 관점에서 바라보느냐에 따라 학자들마다 다양하게 제시되고 있다. 여기에서는 창의성에 대한 다양한 견해 중에서 인지적 접근, 정의적 접근, 다원적 접근의 세 가지 관점에서 살펴보고자 한다.

창의성 이론의 인지적 접근

1) 창의성 이론: 인지적 접근의 대표적 견해

창의성 이론 중 가장 지배적인 견해는 '인지적 접근'이다. 이 관점에서는 창의성을 인지 능력, 문제 해결력, 연합, 인지 구조, 두뇌 기능의 분화 등 합리적인 정신 과정으로 본다. 창의성의 '과정'과 그 결과로서의 '산출물'을 강조하는 점이 특징이다. 대표 학자로는 Guilford, Gardner, Torrance, Sternberg 등이 있다.

(1) Gardner의 다중지능 이론

Howard Gardner는 기존의 지필 검사 중심의 지능 연구가 언어 능력과 논리-수학적 능력에 편중되어 있다고 비판했다. 그는, 만약 다른 지능을 측정할 수 있는 새로운 도구가 개발된다면, 지능에 대한 관점 역시 달라질 수 있다고 보았다.

이에 따라 Gardner는 기존 지능검사 도구를 사용하지 않고, 아동 발달 과정에 대한 관찰과 실제 생활 속 행동을 통해 여덟 가지 창의적 능력 영역을 제시하며 지능을 재정의하였다.

그에 따르면, 지능이란 문제 해결 능력, 문화적으로 가치 있는 산출물을 창출하는 능력, 그리고 지적 활동의 수행 및 결과를 모두 포함하는 재능이자 창의적 능력이다. 그는 "논리-수학적 지능이 음악적 지능보다 우월하다"는 주장은 문화적 편견이며, 한 사람은 특정 영역에서는 천재적이지만, 다른 영역에서는 열등할 수 있다고 강조했다.

표 1. Gardner가 제시한 8가지 지능

지능 유형	설명 및 관련 직업
언어 지능	언어의 소리, 의미, 구조에 민감. 작가, 연설가, 기자
논리-수학 지능	숫자 및 논리적 사고 능력. 수학자, 프로그래머
음악 지능	음의 구조를 이해·표현. 연주자, 지휘자
공간 지능	시각·공간 정보 처리 능력. 디자이너, 항해사, 건축가
신체-운동 지능	신체 조절과 표현 능력. 운동선수, 외과 의사
대인관계 지능	타인의 감정·동기 이해. 교사, 상담가, 정치인
개인 내면 지능	자기 이해와 자기 조절 능력. 철학자, 영적 지도자
자연탐구 지능	자연이나 사물의 분류·분석. 원예가, 수의사

이들 지능은 서로 독립적이면서도 상호작용하며, 이러한 상호작용 속에서 창의적 문제 해결이나 발명이 가능해진다.

(2) Guilford의 지능구조 모델(Structure of Intellect Model)

Guilford(1960)는 지능이 단일 구조가 아니라, 조작(Operation), 내용(Content), 산출(Product)의 세 차원에서 총 120가지의 지적 능력 요소로 구성된다고 보았다. 그는 창의성을 지능의 일부로 간주하였으며, 이 모델은 창의성 교육과 검사, 프로그램 개발의 이론적 기초를 제공했다.

① 조작(Operations) - 정신적 작용

항목	설명
인지	정보를 인식·이해하려는 능력
기억	정보를 저장·재활용하는 능력
발산적 사고	다양한 해결책을 창출하는 능력
수렴적 사고	정답 도출 중심의 사고
평가	기준에 따라 판단을 내리는 능력

② 내용(Content)

유형	설명
도형적(시각적)	시각·청각·촉각을 통한 인식(오감 활용)
상징적	문자, 숫자, 기호 등의 상징 인식
언어적	의미 있는 언어 표현(단어, 개념 등)
행동적	비언어적 표현(표정, 제스처 등으로 의사소통)

③ 산출(Product)

단계	설명
단위(Unit)	하나의 요소 또는 아이디어
종류(Class)	분류나 범주화
관계(Relation)	요소 간 연결성
체계(System)	조직화된 구조
변형(Transformation)	정보의 수정, 재구성
함축(Implication)	예측 또는 결과 추론

산출은 위계적 구조로, 상위 단계는 하위 개념을 포함한다. 예를 들어 '관계'는 '종류'를, '체계'는 '관계'를 포함하는 식이다.

3) 정리 및 의의

Guilford는 세 차원의 상호작용을 통해 인간의 다양한 지적 능력을 설명하였고, 이 이론은 '복합요인설' 또는 '3차원 지능구조론'으로 불린다. 그의 이론은:

- 창의성과 지능 간 관계 해석
- 창의성 교육과정 설계
- 창의성 검사와 판별 기준 마련 등에 지대한 영향을 미쳤다.

창의성 이론의 정의적 접근

사정의적 접근은 사회·심리적 접근이라고도 불리며, 창의성을 자아실현, 성격적 특성, 환경적 요인에 초점을 맞춰 이해하는 관점이다.

1) 창의성의 자아실현적 관점

자아실현적 관점에서는 창의성에서 '사람'과 '과정'에 중점을 두며, 유아부터 노인에 이르기까지 모든 사람이 자아실현을 통해 창의적 잠재력을 발휘할 수 있다고 본다. 이 관점의 대표 학자는 인본주의 심리학자인 Maslow(1954)와 Rogers(1962)이다. 특히 Maslow는 창의성을 두 가지로 구분하였다.

- '특별한 재능의 창의성'은 천재, 과학자, 발명가, 예술가 등에게서 나타나는 사회적 차원의 창의성으로, 사회적으로 새로운 가치 창출 여부로 평가된다.
- '자기실현의 창의성'은 모든 사람에게 보편적으로 존재하는 것으로, 사회적 평가와 무관하게 개인에게는 의미 있고 가치 있는 경험이다.

① 창의성의 성격적인 특성을 강조하는 관점

이 관점에서는 창의성을 인지적 능력보다는 정의적 특성, 즉 창의적인 사람의 성격에 주목한다. 창의적 성격 특성을 연구한 학자들은 개인의 특성이 환경과 상호작용할 때 창의성이 발현된다고 본다.

② 창의성의 환경적인 입장을 강조하는 관점

이 관점은 창의적 산출을 가능하게 하는 데 있어 환경이 창의적 사고에 미치는 영향을 중시한다. 특히, 사회·문화적 환경과 가정환경이 창의성에 어떤 영향을 주는지에 주목한다.

2) 창의성에 대한 다원적 접근

최근에는 심리학, 교육학, 경영학, 역사학, 과학, 정치학 등 다양한 분야에서 창의성 연구가 활발히 이루어지고 있다. 이러한 흐름 속에서 창의성을 더 폭넓게 이해하기 위해서는, 새로운 이론을 제시하기보다는 기존 이론들을 통합하고 보완하는 다학문적·상호작용적 접근이 필요하다.

다원적 접근은 창의성을 단일 요소로 보지 않고, 인지·정의·환경·문화 등의 복합적 요소들이 상호작용하면서 나타나는 현상으로 본다. 학자에 따라 이 접근은 다음과 같이 다양한 이름으로 불리기도 한다:

- 생태학적 접근
- 상호작용 모델
- 투자 이론
- 체계 이론

이러한 다원적 접근은 창의성의 복잡성과 다양성을 이해하는 데 중요한 이론적 틀을 제공한다. 생태학적 접근은 Guilford(1977)와 Torrance(1979)가 주장해 왔던 상호작용 접근에 근간을 두고 있다. 이들은 창의적인 성취에 대해 생태학자들이 관심을 갖는 생물과 외계와의 관계에 초점을 두고, 인간과 그 주변에 있는 다양한 환경적인 요소가 상호 의존 관계를 유지하면서 균형과 조화를 이루는 생태계에 비유하였다.

Amabile의 창의성 이론

Amabile은 개인의 창의적 수행에 강력한 영향을 미치는 핵심 요소로서 영역 관련 기술, 창의성 관련 기술, 과제 동기를 제시하고, 창의성의 새로운 측정 방법으로 전문가의 합의에 기반한 '합의사정 기술(Consensual Assessment Technique)'을 제안하였다.

1) 창의성의 3요소

첫째, 영역 관련 기술은 창의성의 가장 기초적인 요소로, 새로운 반응의 생성부터 평가에 이르기까지 나타나는 개인의 반응 가능성 전체를 포함한다. 이는 수학, 과학, 음악, 문학 등 특정 분야에서 사실(fact), 패러다임(paradigm), 미적 기준(esthetic criteria), 기술적 능력(technical skills) 등을 포함한 총체적 지식과 기술을 의미하며, 정규 교육과 경험을 통해 습득되는 재능과 기술의 복합체이다.

영역에 대한 충분한 지식이 없다면 창의성은 실제로 발현되기 어렵고, 이 지식은 창의적 산출의 기반이 된다. 영역 관련 기술은 어느 정도 선천적일 수 있지만, 후천적으로도 계발 가능하다. 따라서 하나의 영역에서 창의적이라 해도, 다른 영역에서까지 창의적이라고 단정할 수는 없다.

둘째, 창의성 관련 기술은 잠재된 창의적 반응을 바탕으로 영역 기술을 새로운 방식으로 활용할 수 있게 하는 능력이며, 이는 인지적·성격적 특성, 행동 및 사고 스타일로 구성된다.

- **행동 스타일**: 장시간 주의 집중, 헌신적인 자세, 인내심, 열의
- **사고 스타일**: 고정관념 탈피, 복잡성 이해, 개방적 태도, 판단 유예, 기억력, 새로운 관점 찾기
- **인성적 특성**: 자기 훈련, 독립성, 모호한 상황에 대한 관용, 사회 규범에 대한 거리두기, 지연된 보상 수용, 위험 감수 등

이러한 특성들은 선천적이라기보다는 유·소년기와 성인기에 걸쳐 후천적으로 발달된다고 본다.

셋째, 과제 동기는 Amabile 이론에서 가장 핵심적인 요소로, 개인의 창의적 수행은 과제 자체에 대한 내적 반응과 몰입에 달려 있다고 본다.

- **내적 동기**: 과제의 흥미, 관심에서 비롯된 자발적인 참여
- **외적 동기**: 사회적·환경적 요인에 의해 유발된 참여

과제 동기가 높은 사람은 일에 몰입하고, 일 자체를 즐기며, 마치 놀이처럼 몰두한다. 이는 창의성을 발휘하는 데 결정적인 역할을 한다.

2) 합의사정 기술(Consensual Assessment Technique)

Amabile는 기존 창의성 연구에서 조작적 정의의 부재와 사회·환경적 영향에 대한 고려 부족을 비판하였다. 이에 따라 언어, 예술, 과학, 수학 등 다양한 영역의 창의적 산출물을 평가할 수 있는 새로운 방법으로 '합의사정 기술'을 제안하였다.

합의사정 기술은 해당 분야 전문가들의 평가 기준에 대한 합의를 바탕으로, 창의적 결과물을 조작적으로 정의된 기준에 따라 평가하는 방법이다. 이 방식은 평가 기준의 문제를 해소하고, 특정 영역 기술의 개인차로 인한 오류를 줄이며, 창의 과정에서의 사회적·환경적 요인을 반영할 수 있다는 장점을 가진다.

Amabile의 창의성 이론의 의의는 다음과 같다. 창의성을 단순한 인지 능력이 아니라

영역 관련 기술, 창의성 관련 기술, 과제 동기의 상호작용 결과로 이해하였다. 창의성 평가에 있어 합의사정 기술이라는 실질적이고 신뢰도 높은 평가 방법을 제시하였다. 특히 과제 동기, 즉 내적 동기의 중요성을 강조하며, 기존의 능력 중심 창의성 이론과 차별화된 시각을 제공하였다.

Sternberg와 Lubart의 창의성 투자이론(Investment Theory of Creativity)

Sternberg와 Lubart(1996, 1997)는 창의성을 '투자'의 관점에서 설명하였다.

그들은 우수한 투자가는 대중의 반응에 흔들리지 않고, 지금은 저평가되지만 미래 가치가 높은 증권에 과감히 투자한다는 점에 주목했다. 이 이론에서 '아이디어를 헐값에 산다'는 것은 겉보기에는 가치 없어 보이지만, 장기적으로 성장 가능성이 있는 아이디어에 선제적으로 투자한다는 의미다. 이런 방식으로, 미래에는 그 아이디어의 가치가 올라갈 것으로 보고 다른 사람들이 관심 갖기 전에 선도적으로 선택하고 실행하는 것이 창의성의 본질이라는 것이다. 이 이론에 따르면, 개인이 창의성을 발휘하기 위해 필요한 여섯 가지 자원은 다음과 같다:

1) 지적 능력(Intellectual Abilities)

창의성에는 세 가지 지적 능력이 조화를 이루어야 한다.

- **종합적 능력**: 문제를 재정의하고 새로운 시각으로 바라보는 능력
- **분석적 능력**: 아이디어의 타당성과 품질을 평가하는 능력
- **실용적 능력**: 아이디어의 가치를 실제로 설득하고 적용하는 능력

이 중 어느 하나라도 결여되면 창의성이 온전히 발현되기 어렵다. 예를 들어, 혁신적이지만 실행 불가능한 아이디어, 비평은 잘하지만 새로운 아이디어를 내지 못하는 경우, 혹은 설득력은 있으나 진정한 가치 인식이 부족한 경우는 창의성의 제약을 받게 된다.

2) 지식(Knowledge)

창의성은 공허한 상태에서 발생하지 않는다. 충분한 지식은 창의적 아이디어의 기반이 된다. 하지만 지나치게 고착화된 지식은 기존 틀에 갇히게 하여 새로운 시각을 방해할 수 있다. 따라서 지식은 창의성의 촉매이자 때로는 장벽이 될 수 있는 이중적 자원이다.

3) 사고방식(Thinking Styles)

사고방식은 능력이라기보다 '어떻게 사고할 것인가'를 결정하는 개인의 성향이다. 창의적인 사고방식을 지닌 사람은 기존 문제를 되돌아보고, 새로운 규칙을 만들어내는 것을 선호한다. 이는 스스로 새로운 방식으로 문제를 정의하고 해결하는 방향으로 나아가게 한다.

4) 인성(Personality)

창의적인 사람은 다음과 같은 인성적 특성을 지닌다:

- 기존 질서에 순응하지 않으려는 태도
- 실패 가능성을 감수하는 용기
- 유머 감각과 호기심
- 사회적 통념과 거리 두기

'헐값에 사서 비싸게 판다'는 은유처럼, 다수의 평가에 흔들리지 않고 자신의 아이디어를 고수할 수 있는 인성이 요구된다.

5) 동기(Motivation)

Sternberg와 Lubart는 '과제에 몰입하는 내적 동기'가 창의성의 핵심이라고 강조하였다. 창의적인 사람은 단순한 보상이나 외부 평가보다는 자기 주도적 흥미와 열정에 따라 일에 몰입한다. 이들은 종종 다른 사람들이 외면하는 문제에 관심을 가지며, 거기서 창의적 가능성을 발견한다.

6) 환경(Environment)

창의성이 발현되기 위해서는 아이디어를 수용하고 촉진하는 환경적 조건이 필수적이다. 사회적 환경은 아이디어의 점화, 평가, 실행에 직접적인 영향을 미치며, 억압적 환경은 창의성의 발현을 저해할 수 있다. 따라서 창의적 사고가 자유롭게 이루어질 수 있는 심리적·제도적 안전망이 필요하다.

이론의 요점 정리 :

투자이론은 창의성을 "가치 있는 아이디어를 남들보다 먼저 알아보고, 실행하여 실현해내는 행위"로 설명한다. 이는 단순한 재능이 아니라, 능력·성향·동기·지식·환경이 유기적으로 작용해야 가능한 복합적 현상임을 보여준다.

Csikszentmihalyi의 창의성 체계이론

Mihaly Csikszentmihalyi는 창의성을 단순히 개인의 재능이나 창의적 산물에 국한하지 않고, 사회적·문화적 맥락에서의 상호작용을 통해 설명하였다. 그는 창의성이 개인(individual), 영역(domain), 분야(field)의 세 가지 요소가 상호작용할 때 발휘된다고 주장하며, 이를 '체계이론(Systems Theory)'이라고 명명하였다.

1) 개인(Individual)

개인은 창의적 변화를 실현하는 주체이다. 창의적인 사람은 기존 지식을 변형·확장하여 새로운 아이디어를 제시하고, 이를 통해 영역에 변화를 일으킨다. 이들은 선천적인 자질 외에도 인지 능력, 성격 특성, 내적 동기, 독특한 경험 등에 의해 창의성을 발현할 수 있다.

2) 영역(Domain)

영역은 특정 분야의 축적된 지식과 상징 체계를 의미한다. 예: 수학, 음악, 미술, 문학 등의 분야에서 전통적으로 인정된 이론, 개념, 관행 등이 해당된다. 창의적인 아이디어는 이 영역 안에서 출현하며, 이전 세대의 지식에 기반하면서도 이를 뛰어넘는 새로운 관점을 제시해야 한다. 학습자들은 기존 영역의 지식들을 익히고, 일부는 이를 심화·확장하여 새로운 기여를 하게 된다.

3) 분야(Field)

분야는 영역 내 창의적 아이디어를 평가하고 수용할 권한을 가진 집단이다. 예: 미술의 경우 평론가, 큐레이터, 미술사학자, 화랑 주인, 동료 예술가 등이 해당된다. 이들은 새로운 아이디어가 정말로 창의적인가, 기존 영역에 기여할 가치가 있는가를 평가하고, 해당 아이디어를 수용하거나 배제함으로써 창의성의 생존 여부를 결정짓는다. 따라서 아무리 창의적인 아이디어라 하더라도 분야의 인정을 받지 못하면, 사회적으로는 창의적 성과로 받아들여지기 어렵다.

체계이론의 의의

- 창의성은 개인의 능력만으로는 충분하지 않으며, 반드시 사회·문화적 시스템과의 상호작용 속에서 실현된다.
- 개인은 새로운 아이디어를 제안,
- 영역은 그 아이디어가 소속된 지식 체계의 배경이 되며,
- 분야는 그 아이디어의 사회적 수용 여부를 결정한다.
- 따라서 창의성은 사회적 맥락과 시간적 흐름 속에서 구성되는 현상이다.

이 체계이론은 창의성을 개인 중심의 고립된 재능으로 보지 않고, 문화·사회·제도와의 긴밀한 관계 속에서 해석한다는 점에서 교육, 조직 혁신, 문화정책 등 다양한 분야에서 폭넓게 적용될 수 있다.

창의성의 심리학 #2

사람들은 겉으로는 순해 보이나 속으로는 엉큼한 사람을 내숭쟁이라고 부른다.
다음 중 내숭쟁이라고 불리는 사람이 더욱 불편함을 느끼는 상대는 누구일까?

A. 내숭과는 거리가 먼 시원 시원한 성격의 사람
B. 자신과 비슷한 성격의 사람

내숭쟁이는 사람들 사이에서도 그리 환대받지 못하지만 그들 역시 대체로 자신과 비슷한 성격의 내숭쟁이들을 불편해한다. 바로 '수평적 적대감(horizontal hostility)'이라는 심리가 작용하기 때문이다. 이는 서로 비슷할수록 사소한 차이를 용납하지 못하고 적대감을 품는 현상을 말하는 행동심리학 용어다.

이를 증명하기 위해 미국 다트머스대학의 주디스 화이트와 그녀의 연구팀은 2006년에 실험을 하나 진행했다. 이들은 우선 완전 채식주의자로서 달걀, 유제품을 포함한 동물성 식품을 전혀 먹지 않는 '비건' 집단과 일반적인 채식주의자로서 채식 위주 식단을 즐기지만 자신이 먹어도 괜찮다고 생각하는 식품은 받아들이는 '베지테리언' 집단을 꾸렸다. 그리고 서로 비슷하지만 미묘하게 다른 식생활을 고집하는 두 집단의 사람들에게 다음과 같은 질문을 해보았다.

"채식주의자가 아닌 일반 사람들과 비교했을 때 서로를 어떻게 생각합니까?"

그러자 비건 집단이 베지테리언 집단에 대해 갖는 적대감은 베지테리언 집단이 비건 집단에 대해 갖는 적대감보다 세 배나 높다는 결과가 나왔다.

이것으로 사람은 자신과 비슷한 견해를 가졌지만 철저하게 그것을 지키지 않는 상대를 싫어하는 경향이 있다는 사실이 증명되었다. 즉, 철저한 내숭쟁이는 자신과 다른 솔직하고 털털한 성격의 사람보다 적당히 내숭떠는 사람올 탐탁지 않게 여기거나 거슬려 할 확률이 훨씬 높다.

혹시 주위에 왠지 모르게 불편하거나 보기만 해도 괜히 짜증 나는 사람은 없는가? 어쩌면 자신과 비슷한 면을 가진 사람일 수 도 있다. 그런 사람들끼리는 서로 어중간하게 비슷한 만큼 사소한 차이에 더 민감하게 반응한다. 그뿐 아니라 그들은 사소한 차이로 상대가 이득을 보고 있다는 생각이 들면 질투심을 강하게 느낀다. 하지만 그런 감정을 자각하고 싶지 않으므로 상대에게 적대감을 품거나 상대를 혐오하는 방식으로 자신의 기분을 속이려 든다.

수평적 적대감에는 또 다른 이유도 존재한다. 바로 자신의 정체성을 지키기 위함이다. 누구나 세상에 태어나면 살아가는 동안 자신다움을 찾고 싶어하며 그것을 갈고닦기 위해 노력한다. 자신답기 위해 스스로 만든 규칙을 지켜 정체성을 유지하려고 애쓰면서 말이다. 그런만큼 자신과 꽤 비슷하지만 조금 다른 규칙 속에서 사는 사람에게는 한층 더 민감히 반응하게 된다. 그런 상대를 마주하면 어쩐지 자신의 정체성이 훼손되는 듯한 기분이 들어 혐오감을 품게 되는 것이다. 혹시 당신도 마음속 깊은 곳에 짚이는 구석이 있지 않은가?

창의적 사고 훈련 2 브레인스토밍(Brainstorming)

아이디어(idea)의 사전적 의미는 넓은 뜻으로 보면 의견, 신념, 설계, 도식, 암시, 사고를 포함한다. 철학에서 사용되고 있는 그리스어인 이데아와 근본적으로 그 의미가 같다. 최근에는 상업과 경영 분야의 용어로서 활동을 발전시키고 충실하게 하는 창의와 착상에 대한 전반적인 의미를 가리키게 되었다.

아이디어가 요구되는 대상 영역은 작업 방법, 기계 설비 장치를 비롯하여 광고, 선전, 판매 등 경영 활동 전반에 미치며, 특히 새로운 제품 개발이나 시장 활동에서 결정적 중요성을 지닌다. 성능이 좋고 안정성이 있으며 가격이 저렴하고 실용적이어서 고객의 구매 욕구를 일으키는 상품이나, 고객의 관심을 끄는 판매 방법 등은 아이디어가 가져다주는 성과이다. 경영 활동의 우열이 아이디어에 의해 좌우된다는 것도 납득할 만한 충분한 이유가 있다.

이처럼 사회 전반에서 사용되는 아이디어는 많은 연구자들이 그 정의와 중요성을 강조해 왔다. 아이디어는 지식정보화 사회와 국제 무대에서 과거 군대가 누렸던 것보다 더 큰 힘을 가진 것이며, 이에 따라 국가와 기업 그리고 개인의 경쟁력이 판가름난다고 하였다.

또한 아이디어는 고객의 니즈를 이해하고, 고객을 위한 솔루션이 포함된 형태이어야만 하며, 이러한 아이디어들은 어디에서 오는지, 우리가 놓치고 있는 아이디어들은 어떤 것인지 찾아야 한다. 특히 아이디어의 도출 과정에 대한 중요성을 강조한 연구자들은, 제시되는 아이디어의 수가 많을수록 좋은 아이디어가 도출될 가능성이 높고, 좋은 아이디어를 도출하는 최상의 방법은 다양한 아이디어를 많이 흡수하는 것이라고 하였다.

창의적 사고의 핵심이 아이디어를 생산하는 발산적 사고(divergent thinking)에 있다면, 아이디어를 많이, 다양하게, 독특하게, 그리고 정교하게 생산해 낼수록 창의적이라고 할 수 있다.

아이디어의 도출이란 지금까지 존재하지 않았던 새로운 무언가를 이끌어내는 것이라기보다는 현재 존재하는 것들을 조합하여 상관성이 있는 새로운 무언가를 나타내는 것이라 할 수 있다. 그간 다양한 연구자들이 아이디어의 도출과 관련된 방법들을 제안하였는데, 그중 가장 대표적인 것은 브레인스토밍 기법이다.

브레인스토밍의 개념과 규칙

브레인스토밍(Brainstorming)은 brain(두뇌)과 storm(폭풍)의 합성어로, 문제 해결의 단계 중 빠른 시간 안에 많은 아이디어를 낸다는 것에 중점을 둔 아이디어 발상법이다. '두뇌 폭풍'이라는 말뜻과 같이, 특정한 문제나 주제에 대해 두뇌에서 마치 폭풍이 몰아치듯이 생각나는 아이디어를 모두 내놓는 기술이다.

브레인스토밍은 1941년, 미국 광고회사 BBDO의 부사장 알렉스 오스본이 회의에서 좀 더 쉽게 창의적인 아이디어를 도출하기 위해 제안한 방법으로, 어떤 주제에 대해 확산적인 사고를 유도하는 기법이다. 브레인스토밍을 활용하여 제한된 시간 안에 많은 아이디어를 도출하려면 다음과 같은 네 가지 규칙을 잘 준수해야 한다.

① 질보다 양

아이디어의 질보다 양을 더 중시하여, 일정한 시간 동안 가능한 한 많은 아이디어를 제안하도록 장려해야 한다. 먼저 아이디어를 많이 도출하고 나서, 그 가운데 좋은 아이디어를 선택하는 것이 브레인스토밍의 핵심 전략이다. 아이디어의 질 향상은 아이디어 평가 과정에서 수행된다.

② 비판 금지

비판은 참가자들을 위축시켜 창의적인 아이디어 제안을 어렵게 만든다. 따라서 판단은 뒤로 미루어야 한다. 사람의 뇌는 어떤 패턴, 즉 고정관념을 형성하여 받아들이는 경향이 있기 때문에, 다른 사람의 의견이 그 패턴을 벗어나면 자신도 모르게 비판하게 되는데, 브레인스토밍을 제대로 수행하려면 이를 의식적으로 경계해야 한다. 팀원 가운데 관찰자를 지정하여 누가 언제 비판했는지를 기록하고 공유하는 것도 브레인스토밍을 제대로 수행하기 위한 좋은 방법이다.

③ 자유분방

때로는 엉뚱한 아이디어가 창의적인 아이디어의 출발점이 될 수 있다. 따라서 다소 허황되고 비현실적인 아이디어라 하더라도 자유롭게 제안하도록 장려해야 한다. 예상되는 생각의 흐름에서 벗어나 의도적으로 생각의 방향을 바꾸는 연습이 특히 필요하다. 자유롭고 편안한 분위기는 좋은 아이디어를 촉진하므로, 사정이 허락한다면 딱딱한 강의실에서 벗어나 잔디밭이나 휴게실에서 브레인스토밍을 하는 것도 권장할 만하다.

④ 결합과 개선

다른 사람의 아이디어를 발전시키면 새로운 아이디어를 만들어 낼 수 있다. 따라서 다른 사람이 제안하는 아이디어를 경청하고, 서로 결합하거나 수정하여 새로운 아이디어를 제안하도록 장려해야 한다. 한 사람의 아이디어를 훔치면 표절이지만, 여러 사람의 아이디어를 훔치면 새로운 발명이 된다는 말이 있다. 개개인이 새로운 아이디어를 제안하는 것이 한계에 도달했다고 판단되면, 그때까지 도출된 아이디어를 의식적으로 결합하고 개선하여 새로운 아이디어를 만드는 것도 좋은 시도이다. 브레인스토밍은 창의성 기법 중에서 가장 기본적이고, 유창성과 융통성 신장에 도움을 주며, 민주 시민으로서 성장하고 활동하기 위해 필수적인 토론과 대화 기술을 배울 수 있는 장점이 있다.

브레인스토밍 리더의 역할과 아이디어 평가

진행자 또는 팀 리더가 브레인스토밍의 성패를 좌우한다고 해도 과언이 아닐 만큼 브레인스토밍에서는 진행자의 역할이 매우 중요하다. 일반적으로 진행자는 다음과 같은 역할을 수행해야 한다.

- 팀원에게 해결하려는 문제와 목표를 설명한다.
- 팀원에게 브레인스토밍의 규칙을 환기시킨다.
- 기록자의 역할을 병행할 수 있어야 한다.
- 팀원이 문제에 집중하도록 독려한다.
- 브레인스토밍의 규칙이 잘 지켜지고 있는지 감독한다.
- 진행자의 의견이 브레인스토밍의 결론에 큰 영향을 끼칠 수 있으므로 아이디어 도출에 직접 참여 하지 않는다.
- 아이디어가 지엽적일 때는 논의 방향을 전환하여 다양한 아이디어가 도출되도록 유도한다.
- 정해진 시간에 시작하고 종료할 수 있도록 브레인스토밍 시간을 관리한다.

브레인스토밍을 할 때는 아이디어를 평가하지 않는다. 브레인스토밍이 다 끝난 뒤에 평가를 하면 된다. 새로운 아이디어를 평가하는 방법은 다양한데, 그중에서 드 보노의 육색 모자 기법과 PMI 기법이 가장 널리 사용되고 있다.

브레인스토밍 연습

팀명		팀원	

● 다 쓴 일회용 종이컵을 활용하는 방법을 최대한 많이 써보시오.

1.	26.
2.	27.
3.	28.
4.	29.
5.	30.
6.	31.
7.	32.
8.	33.
9.	34.
10.	35.
11.	36.
12.	37.
13.	38.
14.	39.
15.	40.
16.	41.
17.	42.
18.	43.
19.	44.
20.	45.
21.	46.
22.	47.
23.	48.
24.	49.
25.	50.

Unit 3.

통찰과 문제발견

01 보이지 않던 것을 보이게 만드는 기술

현장에서 의미 있는 변화를 만들기 위해서는, 먼저 무엇이 진짜 문제인지부터 분명히 알아야 한다. 통찰과 문제발견은 보이지 않던 요소들 사이의 관계를 알아차리고, 흐릿한 상황을 명확한 질문으로 바꾸는 과정이다.

간호와 보건의료 환경은 환자, 보호자, 의료진, 행정, 정보 시스템, 규정 등이 얽혀 있는 복잡한 공간이다. 이런 곳에서는 정답이 하나로 정해져 있지 않다. 같은 현상을 보더라도 어디에 초점을 맞추고, 어떻게 말을 바꾸느냐에 따라 해결 방향이 달라진다. 따라서 통찰과 문제발견을 익히는 일은 수업의 준비 과정이 아니라 실제 변화를 시작하는 첫 단계이다.

- **간호 현장 예시**: "외래 대기시간이 길다"는 말은 너무 넓다. "다음 순서가 보이지 않아 불안하다"로 바꾸면, 알림·안내·동선 같은 구체적 해결책이 떠오른다.
- **일상 예시**: "도서관 자리 부족" 대신 "자리 정보가 실시간으로 공유되지 않는다"라고 보면, 자리 지도·알림 같은 해법이 나온다.

통찰은 이처럼 문장을 바꾸는 힘이다. 문제발견은 흐릿한 장면을 명확한 질문으로 바꾸는 일이다. 둘이 만나면 해법이 빨라진다.

개념의 토대: '개념'이 만들어지는 순간 소통이 시작된다

누군가에게 내 생각을 제대로 이해시키려면, 그리고 새로운 무언가를 제안하려면 개념을 분명히 해야 한다. 개념은 이론을 쌓는 벽돌이고, 생각을 붙잡아 주는 언어다. "문제", "통찰", "해결"처럼 우리가 자주 쓰는 단어의 의미를 서로 다르게 이해하면, 같은 회의에서도 각자 딴길을 간다.

여기서 우리는 먼저 개념을 정리하고, 그 개념으로 현장을 다시 볼 수 있게 돕는다. 개념화 → 관찰 → 재구성 → 검증의 순환을 익히면, 아이디어 싸움이 아니라 정의 싸움을 할 수 있고, 설득도 빨라진다.

특히 팀에서 생산적인 대화를 하려면, 모두가 같은 단어를 같은 뜻으로 써야 한다. 여기서 기본 개념을 분명히 하자. 이 개념을 팀이 공유하면 회의가 짧아지고 합의가 빨라진다.

같은 '대기(waiting)'라도 어떤 팀은 시간 자체를 줄이려 하고, 다른 팀은 불확실성을 줄여 체감 시간을 낮추려 한다. 같은 개념틀로 대화해야 불필요한 논쟁을 줄일 수 있다.

02 통찰이란?

통찰은 흔히 "아하!"라고 표현되는 깨달음이다. 하지만 이 깨달음은 단순한 우연이 아니다. 통찰은 지식이 준비되어 있고, 관찰이 충분하며, 관계를 새롭게 묶어 보려는 시도가 반복될 때 생긴다.

예를 들어, 병동 곳곳에 손 소독제가 비치되어 있음에도 불구하고 손 위생 순응률이 낮을 수 있다. 이때 "사람들이 게으르다"라고 판단하면 문제 해결이 막힌다. 대신 "손 위생은 문을 통과하기 직전과 직후에 일어나는 미세한 결정"이라고 보면 어떨까? 그렇게 생각하면 소독기의 위치를 문턱 앞·뒤 20cm로 조정하거나, 손이 닿는 높이에 시각적 스티커를 부착하며, 소독 후에는 가시적 피드백 보드에 점을 찍게 하는 설계가 가능해진다. 같은 자원을 가지고도 효과는 완전히 달라질 수 있다. 이유는 간단하다. 통찰은 행동이 실제로 일어나는 순간을 정확히 겨냥했기 때문이다.

또 다른 예로 안내 포스터를 생각해 보자. "손을 씻으세요"라는 문장은 정보로는 충분해 보이지만, 행동을 유도하기에는 약하다. 이를 "여기에서 3초 손 소독"이라는 문장과 함께 손 그림 아이콘, 발자국 라인으로 구성하면, 텍스트가 아니라 행동의 장면을 보여주는 방식으로 바뀐다. 통찰은 정보가 아니라 행동을 일으키는 배치로 연결될 때 진정한 힘을 발휘한다.

통찰의 정의 — 안쪽을 꿰뚫어 보는 시선

통찰(insight)은 말 그대로 안(內)을 보는 시선이다. 복잡한 상황의 본질을 꿰뚫어 보고, 흩어진 요소들 사이의 관계를 선명하게 파악하는 심리적 능력이다. 사람들은 이 통찰의 순간을 흔히 "아하!"라고 표현한다. 그러나 이 '번쩍임'은 텅 빈 머리에서 떨어지는 선물이 아니다. 관련 지식이 머릿속에 준비되어 있고, 상황의 구조를 재조직하려는 노력이

쌓였을 때 나타나는 질적 도약이다.

게슈탈트의 시선 — 전체를 재조직하는 순간

게슈탈트 심리학은 사고의 핵심에 통찰이 있다고 보았다. 쾰러(Köhler)의 원숭이 실험에서는, 원숭이가 바나나와 막대기를 하나의 장면으로 새롭게 묶어 보는 순간 문제를 해결할 수 있다고 설명한다. 부분의 단순한 합이 전체가 아니다. 부분들이 어떻게 연결되어 있느냐가 전체를 결정한다. 통찰은 이 연결 방식을 바꾸는 '재구성(restructuring)'이다. 그래서 통찰이 일어나면, 문제 장면을 보는 방식 자체가 바뀐다.

아르키메데스 이야기 — 지식이 불씨, 관찰이 점화

고대 과학자 아르키메데스는 왕관이 순금인지 확인하라는 과제를 받고 욕조에 들어갔다가 넘치는 물을 보고 "유레카!"를 외쳤다. 이 유명한 일화는 두 가지 중요한 사실을 알려 준다. 첫째, 배경지식(밀도, 부피, 부력 등) 이 있어야 통찰이 가능하다는 점이다. 둘째, 일상적 장면(욕조의 물 넘침) 도 문제와 연결되면 강력한 실마리가 될 수 있다는 것이다. 통찰은 '지식 × 관찰 × 재구성'의 곱셈 결과이다.

통찰의 특징 — 배치, 반복, 전이

학습심리학에서는 통찰이 잘 일어나는 조건을 다음과 같이 정리한다.

① **배치**: 장면의 배치가 핵심 요소를 지각하게 도와줄수록 통찰이 쉬워진다(정보의 가독성, 관계의 가시화).

② **반복**: 한 번 통찰한 해결 방식은 반복해서 재현하기 쉽다.

③ **전이**: 통찰을 통해 얻은 원리는 새로운 장면에도 적용할 수 있다.

실무에서는 이 세 가지 조건을 활용해 관계가 보이는 배치를 만들고(예: 지도, 흐름도, 여정 맵), 한 번 얻은 방식은 프로토콜로 표준화하여 반복과 전이를 돕는다.

학습에서의 통찰 — 전체 구조를 파악하는 공부법

통찰 학습은 문제 장면의 구조를 파악하고, 그 구조에 맞게 수단-목적 관계를 새로 조직하는 학습이다. "정해진 절차를 외워서"가 아니라 왜 이 절차가 필요한지를 이해하는 학습이다. 교육학은 통찰의 가능성을 높이기 위해, 질문-계획-실행-검토의 단계를 제시한다. 수업에서도 문제를 볼 때 다음 질문으로 길을 연다.

- 이 장면의 행위자·도구·환경은 무엇인가?(AEIOU 관찰 프레임)
- 무엇과 무엇이 함께 움직이는가?(관계·의존성)
- 만약 한 요소를 없애면 무엇이 무너지는가?(핵심 요인 판별)
- 이 문제를 다르게 말하면 무엇이 되는가?(재정의)

이 질문들은 통찰을 '운'이 아니라 절차로 만드는 장치다. 절차가 있으면 팀원 간 학습 속도가 맞춰지고, 통찰의 재현 가능성이 생긴다. 통찰은 준비된 사람에게 온다. 준비는 세 가지 조건으로 요약할 수 있다.

첫째, 배치가 돕는다. 중요한 요소가 보이게 정리되어 있으면 통찰이 쉬워진다. 외래 전체를 환자 관점으로 그린 여정 맵, 접수-진료-수납 사이의 정보 흐름을 그린 블루프린트, 야간 낙상 사건을 시간순으로 정리한 타임라인은 모두 통찰을 돕는 배치다. 그림으로 보면 병목, 손실 지점, 중복 작업이 한눈에 드러난다.

둘째, 한 번 통찰하면 반복이 된다. 원리를 이해하면 다른 장면에도 빠르게 적용할 수 있다. "문 앞에서 행동이 바뀐다"는 원리를 알면, 손 위생뿐만 아니라 문 출입 동선, 출석 체크, 물품 반납 같은 다양한 장면에서 문턱 앞·뒤의 설계를 바꿔 본다. 한 번 배운 통찰은 프로토콜로 남기면 팀 전체의 자산이 된다.

셋째, 전이가 가능하다. 통찰은 맥락을 바꿔도 살아남아야 한다. "불확실성은 불안을 키운다"는 원리는 외래 대기뿐 아니라 버스 정류장의 도착 표기, 시험 성적 공개 예고, 회의 시작 1분 전 알림에도 통한다. 수업에서는 이런 전이를 의도적으로 연습한다. 다른 분야의 성공 사례를 우리 맥락으로 번역해 보면서, 무엇이 보편 원리이고 무엇이 맥락 특수인지 구분하는 훈련을 한다.

03 문제와 문제발견

문제의 구조 — 문제 상태, 목표 상태, 조작자

문제(problem)는 현재 상태가 원하는 상태와 다르지만, 그 차이를 메우는 방법이 즉시 보이지 않을 때 생긴다. 현재를 문제 상태, 원하는 지점을 목표 상태, 그 사이를 잇는 수단을 조작자(operator)라고 부른다. 문제 해결은 조작자를 찾아 제약을 고려하며, 상태를 한 단계씩 변환하는 과정이다.

잘 구조화된 문제 vs 잘 구조화되지 않은 문제

교과서 문제는 보통 잘 구조화되어(정보·조건·해법 공간이 명시) 있다. 실제 현장의 문제는 대개 잘 구조화되어 있지 않다(정보가 모호, 이해관계 복잡, 조건이 충돌). 그래서 실전의 첫 단계는 문제를 만들기다. 흐릿한 상황을 잘 구조화된 질문으로 바꾸는 능력이 곧 문제 발견이다.

문제 발견의 정의 — 스스로 문제를 만들어 내는 힘

문제 발견은 해결 이전의 과정으로, 처음에는 잘 보이지 않던 상황의 모순과 간극을 자기 언어로 포착하고, 구조화된 질문으로 바꾸는 능력이다. 동일한 현장을 보고도 어떤 팀은 "대기 시간이 길다"로 끝나고, 어떤 팀은 "도착이 몰리는 시간대에 '다음 행동'을 안내하는 정보가 없다"로 말한다. 뒤의 문장은 이미 작동 가능한 조작자(알림·표지·동선)를 호출한다. 이 차이가 결과를 가른다.

문제를 제대로 정의하는 법

현장의 문제는 대부분 잘 구조화되어 있지 않다. 정보가 모호하고, 조건이 부딪히며, 이해관계가 얽혀 있다. 그래서 첫 과제는 문제를 만드는 일이다. 다음 절차를 따라가면 도움이 된다.

① HMW(How Might We) 질문으로 바꾸기

"대기 시간이 길다"를 "어떻게 하면 초진 환자가 다음 행동을 스스로 이해하고 움직이게 만들 수 있을까?"로 바꾸면 대상·행동·맥락이 드러난다. 좋은 HMW는 누가-언제-어디서-무엇을-왜가 한 줄에 담긴다.

예 "야간에 보행 보조가 필요한 환자가 첫걸음을 안전하게 떼도록 하려면?"

② 5 Whys와 사다리 타기

"왜?"를 다섯 번 묻다 보면 표면 현상이 아니라 뿌리 원인에 닿는다. "왜 오래 기다린다고 느끼지?" → "다음 순서가 불확실해서" → "왜 불확실하지?" → "정보가 제때·제위치에 없어서"처럼 내려간다.

사다리 타기는 반대로 '추상⇆구체'를 오가며 관점을 조절한다. "불안 감소"라는 추상을 "3분 전 진동 예고", "대기 순번 지도"처럼 구체로 내렸다가 다시 올려 보는 식이다.

③ 가정 덤프와 뒤집기

회의 초반, 당연하게 여기는 가정을 모두 적는다. "줄은 정상이다", "호출은 스피커뿐", "문구는 예의 바르게" 같은 것들이다. 그리고 하나씩 뒤집어 본다. "줄 없애기", "개인 진동 호출", "명령형 문구" 같은 금기 깨기가 새 길을 연다. 실제로 "여기에서 3초 손 소독"처럼 직설적인 문구가 더 잘 작동하는 경우가 많다.

④ 시각화로 관계를 드러내기

말로만 정의하지 말고 그림으로 그린다. 여정 맵에 환자의 이동과 감정, 접촉 지점을 표시하고, 블루프린트에 전·후단의 업무를 겹쳐 본다. 관계가 보이면 어디를 손대야 할지가 명확해진다.

04 창의성과 문제발견

역사적·실증적 연구는 문제 발견이 창의적 성과를 예측한다는 사실을 반복해서 보여준다. 예술 교육에서 그리기 전 준비 단계의 문제 발견 행동이 수십 년 뒤 사회적 성취를 예측했고, 글쓰기에서도 사물 조작과 준비 시간이 길수록 독창성·유창성이 높았다. 과학자 연구는 연구 문제 선택의 민감성이 창의적 업적을 가르는 요인임을 시사한다. 정리하면, 문제를 어떻게 보느냐가 무엇을 만들 수 있느냐를 결정한다. 문제 발견은 창의성의 입구이고, 통찰은 그 입구에서 문이 열리는 순간이다.

창의적인 성과는 단지 해법을 잘 냈을 때가 아니라, 문제를 다르게 보았을 때에 더 자주 나타난다. 모두 같은 메시지를 준다. 좋은 해결은 좋은 문제 정의에서 시작한다. 수업에서 문제 발견을 별도의 과제로 다루는 이유가 여기에 있다. 관찰-정의-검증의 루틴이 익숙해지면, 아이디어 회의의 질 자체가 달라진다.

문제 발견과 통찰의 상호작용 — 막히던 길이 열리는 구조

퍼킨스는 라이트 형제의 비행, 다윈의 진화론, 플레밍의 페니실린 등 획기적 발견의 과정을 분석하며, 이들이 모두 오랜 탐색-갑작스러운 깨달음의 리듬을 보인다고 말했다. 통찰 문제와 대발견의 기저에는 공통된 구조가 있다.

- 접근 경로가 방대해 어디서 시작할지 막막하다.
- 핵심 단서가 숨어 있어 표면만 보면 보이지 않는다.
- 잘못된 가정이 사고 범위를 가둔다.
- 그럴듯한 오답이 정답처럼 보인다.

해법은 명쾌하다. 문제 발견을 통해 가정을 드러내고, 장면을 재배치해 단서를 떠오르게 만들며, 실험 가능한 작은 접근으로 경로를 줄여 가는 것이다. 플레밍의 사례에서 "배양이 망했다"는 문제 상태를 "곰팡이가 세균을 죽였다"로 재정의하자, 곰팡이 추출물 연구라는 새로운 경로가 열렸다. 문장을 바꾸면 길이 바뀐다.

현장·일상 사례로 통찰과 문제 발견 익히기

① 손 위생 순응률 올리기

- 관찰: 문을 드나들 때 손 소독을 놓친다.
- 재정의: 손 위생은 문지방의 미세 결정이다. 장소와 타이밍이 핵심이다.
- 실행: 소독기 위치를 문턱 앞·뒤 20cm로 옮기고, 손이 자연히 닿는 높이에 아이콘 스티커를 붙인다. 소독 후에는 피드백 보드에 즉시 표시해 가시성을 높인다.
- 측정: 1주 파일럿으로 "문 통과 후 10초 내 소독 비율"을 기록한다.
- 주의: 청소·보수 담당과 협의해 위치 변경이 동선에 방해되지 않도록 한다.

② 외래 대기 불안 낮추기

- 관찰: "지금 몇 번째인지" 몰라 불안하다.
- 재정의: 시간 자체의 문제가 아니라 불확실성 문제다.
- 실행: 3분 전 진동 예고, 예측 타임라인 포스터, 대기 중 스트레칭 스팟을 만든다.
- 측정: 설문으로 불안 5점 척도, 실제 체감 대기 시간, 민원 건수를 본다.
- 주의: 개인정보와 안내 멘트의 톤을 감염관리·원무와 함께 검토한다.

③ 야간 낙상 줄이기

- 관찰: 야간 화장실 이동의 첫걸음에서 위험이 크다.
- 재정의: 교육 문제가 아니라 임계 순간의 문제다.
- 실행: 침상 옆 미니 체크카드(벨 호출 → 기립 → 보행 보조 순), 바닥 발자국 라인, 이동 감지 조명 설치.
- 측정: 야간 낙상률, 위험 행동 경고 횟수.
- 주의: 조명 밝기는 환자 수면을 방해하지 않도록 조절한다.

④ **교대 투약 오류 줄이기**

- 관찰: 교대 시 정보가 빠진다.
- 재정의: 사람의 주의 문제가 아니라 전달 형식 문제다.
- 실행: 색·형상 코딩 약봉투, 두 손 확인 프로토콜, 오류 전조 신호 체크리스트.
- 측정: 교대 후 1시간 내 오류·근접 오류 기록.
- 주의: 새 코딩 체계는 교육 자료와 함께 배포하고, 1주 적응 기간을 둔다.

⑤ **캠퍼스 일상 두 가지**

- 도서관 좌석: "자리 부족"이 아니라 "자리 정보 비가시화" 문제. 좌석 지도·알림으로 해결.
- 동아리 회의 지각: "사람들이 늦는다"가 아니라 "회의 시작 신호 없음" 문제. 1분 전 벨·슬라이드 색 전환으로 해결.

이 사례들의 공통점은 문장을 바꿔 문제를 재정의한 뒤, 작고 저비용의 조치로 빠르게 검증했다는 점이다. 그 결과는 곧 설득의 데이터가 된다.

05 문제발견과 통찰

창의성과 문제 발견

학문적으로 문제 발견의 의미를 정확하게 이해하기 위해서는 문제 발견에서 말하는 '문제'의 의미가 무엇이고 어떤 특성을 가지는지를 살펴보는 것에서 시작해야 할 것이다. 그러한 시작이 있어야 문제 발견이 무엇인지, 어디에서 요구되며, 왜 중요하고 필요한지, 그리고 어떻게 이루어지는 것인지에 대한 이해로 이어질 수 있기 때문이다.

'문제(problem)'는 누군가의 현재 상황이 원하는 상황은 아닌데 그것을 좀 더 만족스러운 무언가로 바꿀 방법을 당장 알지 못하는 불만족스러운 상황에서 생성된다. 이때의 불만족스러운 상황을 문제 상태(problem state), 문제 상태를 바꾸어서 해결하기 원하는 상황을 목표 상태(goal state)라고 한다.

따라서 문제 해결은 문제 상태와 목표 상태를 표상하고, 초기 문제 표상의 틀에서 적합하다고 여겨지는 후속 행동을 탐색하게 하여 문제 상태를 목표 상태로 변환시키는 방법들을 고안하는 것이다. 이때, 문제 상태를 목표 상태로 변화시키기 위해 수행하는 활동들을 조작자(operator) 혹은 조치(move)라고 한다. 하나의 조작자를 문제 상태에 적용하려면, 목표 상태로의 전환을 위해 충족되어야 할 제약과 변환을 방해하는 장애가 무엇인지를 고려해야 한다.

문제 발견은 창의적인 사람과 그렇지 않은 사람을 구분하는 잣대가 되며, 다양한 분야에서의 실질적인 진보와 발전을 보장하고, 정해진 문제를 해결하는 것보다 더 큰 성취를 한다고 여겨지기 때문에 매우 중요한 특성이라 볼 수 있다.

문제 발견

라이트 형제의 비행기 발명, 다윈의 진화론 정립, 플레밍의 페니실린 발견 등 여러 가지 획기적 발견과 발명의 과정을 분석한 퍼킨스(2001)는 이들의 발명과 발견이 오랜 시간의 탐색을 거치며, 해결될 기미가 보이지 않다가 어떠한 계기로 갑자기 해결책을 깨닫게 되는 식으로 전개됨을 발견하고, 그 과정이 통찰의 과정 혹은 통찰 문제 해결 과정과 유사하다는 것을 발견하였다. 통찰은 더 이상 진전이 되지 않는 문제의 해결책에 대한 갑작스러운 깨달음이라는 일반적 정의를 고려해 보면, 그가 분석한 획기적인 발명과 발견의 과정과 통찰의 과정이 유사하다는 것을 쉽게 알 수 있다. 통찰 과정이 창의적 문제해결 또는 획기적인 발명과 발견에 관여한다는 점은 많은 연구자들이 동의한다.

획기적인 플레밍의 페니실린 발견 과정에서의 문제 발견의 중요성을 살펴보면 다음과 같다. '실험을 위해 배양한 포도당 구균이 곰팡이 때문에 죽어버린' 문제 상황을 '곰팡이가 세균을 죽이게 하는 항균 효과가 있다'고 재정의한 플레밍의 새로운 문제 발견 과정이 있었기 때문에 페니실린의 발견이 가능하다고 보았다. 획기적인 발명 및 발견과 유사한 전개 과정을 가지는 통찰 문제 해결 과정 역시 이러한 문제 발견 과정이 요구될 것이다.

통찰 문제는 수학 계산 문제와 같이 순차적인 논리적 추리를 통해 해결되는 분석적 문제와는 달리, 논리적 추리로는 해결되지 않은 문제 중에서 해결될 기미가 보이지 않다가 갑자기 그 해결책을 드러낸다.

통찰의 과정

사실 이러한 통찰의 과정은 일상적인 문제 해결 과정과 크게 다를 바 없다. 다른 점이 있다면, 획기적 발명과 발견에서 해결되어야 할 문제가 가지는 구조적 특징에 있다는 것이 퍼킨스의 주장이다. 퍼킨스에 따르면, 통찰 문제와 획기적 발견과 발명의 문제 모두 첫째, 접근법 및 접근 통로가 방대하며, 둘째, 해결에 필요한 단서가 보이지 않고, 셋째, 잘못된 가정을 유발하여 사고의 폭을 좁히며, 넷째, 옳지 못한 해결책이 옳은 해결책으로 보이게 하는 등의 구조적 특징을 갖는다.

그러므로 통찰 문제와 획기적 발명과 발견의 기저에 깔린 문제도 결국은 이러한 구조적 특징을 극복해야만 해결된다는 공통점을 가진다. 따라서 획기적인 발견 및 발명과 유사한 과정을 가지는 통찰 문제의 구조적 특성에 따른 문제 해결 과정의 분석에서 문제 발견 측정의 대안을 찾을 수 있을 것이다.

06 통찰의 7가지 기술

통찰의 기술 1: 결핍을 찾아 해결하라

구글은 어떻게 검색 시장의 절대 강자인 야후를 꺾을 수 있었을까? 그것은 소비자가 느끼는 결핍을 정확하게 찾아 해결했기 때문이다. 사람들이 인터넷 검색에서 느끼는 문제점, 즉 결핍은 무엇인가? 바로 쓸데없는 검색에 시간을 빼앗기기 싫다는 것이다. 구글은 사용자의 결핍을 정확하게 포착하고 해결했기 때문에 야후를 제치고 검색 시장을 석권할 수 있었다. 수세식 변기, 게스 청바지, 폴라로이드 카메라 등도 소비자들이 느끼는 결핍을 정확하게 찾아서 해결한 사례들로 들 수 있다.

통찰의 기술 2: 정확한 의도를 갖고 충분한 주의를 기울이라

진정으로 바란다면 내 뜻대로 세상을 움직일 수 있다. '나는 잘되고 싶다'는 것만으로는 부족하다. '나는 잘된다'라는 확신이 필요하고, '이 문제를 해결하고 싶어', '이 결핍을 채워주고 싶어'가 아니라 '이 문제를 해결한다', '이 결핍을 채워준다'는 태도가 필요하다. 우리가 흔히 쓰는 십자나사못, 주름 빨대나 주전자 뚜껑에 나 있는 구멍, 음식물 쓰레기 처리기 따위도 모두 문제를 해결하고 말겠다는 마음이 만들어 낸 결과들이다.

통찰의 기술 3: 문제를 재해석하라

고 정주영 현대그룹 회장이 1950년대 부산에서 건설업을 하던 시절의 이야기이다. 당시 미국의 아이젠하워 대통령이 부산 유엔군 묘지를 방문하게 되었다. 미국 정부는 한겨울 묘지 분위기가 너무 썰렁하니 잔디를 깔아 달라고 요청했다. 하지만 한겨울에 무슨 수로 잔디를 구해 온단 말인가? 진퇴양난의 상황, 젊은 사업가 정주영이 자신 있게 나섰다. 며칠 후, 유엔군 묘지에는 정말로 파릇파릇한 잔디로 가득해 마치 봄이 앞질러 달려온 듯했다. 어찌된 일일까? 그건 잔디가 아니라 낙동강변 보리싹이었다. 정주영은 이렇게 말했다. "그 사람들이 원하는 것은 잔디가 아니라 푸른빛이고, 나는 푸른빛을 입혔을 뿐이다." 이처럼 사건의 핵심을 간파하는 통찰은 불가능을 가능으로 바꾸어 놓는다. 맥가이버 칼로 유명한 빅토리녹스, 두바이에 회전식 고층 빌딩을 디자인한 데이비드 피셔, 혼다와 캐논의 재해석 등에서도 그 뛰어난 통찰에 경탄하지 않을 수 없을 것이다.

통찰의 기술 4: 새로운 개념을 만나게 하라

이전에 만난 적이 없던 두 개념을 만나게 하는 것 역시 중요하다. 모든 미국인들이 차는 커야 한다고 생각하던 시절, 폭스바겐은 놀랍게도 "작은 것을 생각하라(Think Small)"라는 슬로건을 내걸었다. 미국에서 '자동차'는 한 번도 '작다'는 개념과 만난 적이 없었으니 얼마나 낯선 이미지의 충돌인가. 그러나 이 낯선 제안은 '폭스바겐은 효율적이고 경제적인 차'라는 전에 없던 신선한 이미지로 각인되었다. 이를 계기로 미국 소비자들은 기름 먹는 하마(대형차)가 장악한 미국 자동차 시장을 새롭게 해석하게 되었고, 1960년대에는 무려 400만 명의 미국인이 폭스바겐을 선택하게 되었다.

통찰의 기술 5: 세상을 두 가지 개념으로 나누라

마케팅의 목표는 자기네 제품의 장점을 알리는 것이다. 그런데 AVIS 렌터카는 특이하게 자신들이 1등이 아니라 2등임을 알려 성공을 거두었다. AVIS는 회사 설립 이래 13년간이나 적자에 허덕이다가 역발상의 광고 캠페인을 시작했다. "AVIS는 2등입니다. 그런데 왜 사람들은 AVIS를 이용할까요?" 즉 AVIS는 2등이기 때문에 더 노력하고 있는 회사이고, 열심히 일하는 사람들의 서비스를 받아보라는 것이다. 사실 이때까지 AVIS는 2등은커녕 거기에 한참 못 미치는 회사였다. 그런데 이 슬로건 하나로 소비자들은 AVIS를 렌터카 시장의 2위 기업으로 믿어버렸고, AVIS는 탄탄한 지위를 차지할 수 있었다. 부동의 1위와 노력하는 젊은 2인자, 그리고 그저 그런 나머지로 시장을 이원화함으로써 순식

간에 2위 자리를 차지해 버린 것이다. 발효과학 대 냉장 기술로 시장을 양분하여 삼성과 LG의 추격을 따돌리고 김치냉장고 시장 점유율 1위를 수성하고 있는 딤채의 전략도 본질적으로 이와 동일하다.

통찰의 기술 6: 약점을 강점으로, 강점을 약점으로

약점이 강점이 되고, 강점이 약점이 되는 대표적인 예를 '콜라 전쟁'에서 찾아볼 수 있다. 코카콜라와 펩시콜라는 수십 년간 각축을 벌였다. 시장을 선점한 브랜드는 물론 코카콜라. 이 회사의 강점은 여성의 몸매에서 아이디어를 얻은 특이한 병 모양과 오랜 전통이 낳은 두터운 고객층이었다. 펩시는 과감하게 상대의 가장 큰 강점을 공격했다. 같은 값에 두 배 용량의 콜라를 제공했고, 코카콜라는 나이든 구세대나 마시는 음료지만 펩시콜라는 젊은 신세대가 즐기는 음료라는 식의 캠페인을 전개했다. 코카콜라는 자사의 상징인 병을 바꾸어 대용량 콜라를 제공할 수도, 오랜 전통을 거부하고 발랄한 신세대 이미지를 제시할 수도 없는 곤혹스러운 상황에 빠졌다. 약점이 강점이 되고, 강점이 약점이 되는 절묘한 변화를 예리하게 파고든 통찰이 빛나는 사례이다.

통찰의 기술 7: 다른 분야에서 성공한 사례를 보고 배우라

오늘날처럼 치열한 경쟁 사회에서는 작은 실수 하나도 용납되지 않는다. 그래서 실수를 줄일 수 있는 방안으로, 성공한 기업의 노하우를 배우기 위해 벤치마킹을 도입하는 회사가 늘고 있다. 그렇지만 결과만 보고 과정을 보지 못해 벤치마킹에 실패하는 회사도 많다. 제대로 벤치마킹을 하려면 결과가 아니라 과정을 면밀히 분석해야 한다. 그리고 같은 업종이 아니라 다른 분야에서 성공의 핵심을 배워야 한다. 자동차 회사가 벤치마킹해야 할 대상은 외국 자동차 회사가 아니라, 놀이동산, 백화점, 패스트푸드점, 학원 등이어야 한다. 구텐베르크가 올리브기름을 짜는 기계를 보고 인쇄기를 만들었던 것과 수입자동차 판매 회사인 SK네트웍스가 가전제품 유통업체 하이마트를 벤치마킹한 것, 이는 통찰의 핵심이 불변함을 보여주는 좋은 사례이다.

창의성의 심리학 #3

길을 걷다 모퉁이를 도는 순간 누군가와 부딪히고 말았다.

"죄송합니다~ 옷이 젖어서 어쩌죠."

부딪힌 상대의 말을 듣고 바지를 내려다보니 가랑이 부분이 물에 젖어 얼룩져 있다. 아무래도 상대가 들고 있던 페트병에서 물이 가랑이에 쏟아진 것 같은데, 마치 바지에 실례한 듯한 꼴이 되었다.

이때 여러분이라면 어떻게 행동하겠는가?

A. 젖은 바지가랑이를손으로 가린 채 종종걸음으로 집으로 돌아가 옷을 갈아입는다.
B. 이미 젖은 것은 어쩔 수 없으니 신경 쓰지 않고 덤덤하게 집으로 돌아가 옷을 갈아입는다.

A를 선택한 사람의 심정은 충분히 공감할 수 있다. 바지에 실례한 것도 아닌데 길 가는 사람들이 그런 식으로 오해한다면 창피할 것이다. 젖은 바짓가랑이를 가리고 싶은 마음이 드는 것은 당연하다. 하지만 이러한 대처 방식은 오히려 역효과를 불러오기 때문에 그다지 추천하지 않는다.

'스포트라이트 효과(spotlight effect)'라는 심리학 용어가 있다. 이는 사람이 본디 자기중심적으로 생각하는 경향이 있어 남들이 실제보다 더 자신에게 관심을 보인다고 착각하는 현상을 말한다. 한마디로 모두가 자의식 과잉 상태이다. 그 탓에 우리는 길거리에서 물벼락을 맞아 바짓가랑이가 젖은 것과 같은 상황에 맞닥뜨리면 마치 스포트라이트를 받은 비극의 주인공이라도 된 듯한 기분에 휩싸인다. 주위 시선이 전부 자신에게 집중된 것 같아 긴장감과 불안을 느끼는 등 견딜 수 없는 기분에 빠지는 것이다.

하지만 이러한 효과는 당사자에게만 작용한다. 주위에는 아무런 영향을 미치지 않으며 자신이 생각하는 것만큼 남들은 그에게 관심을 두지 않는다. 각자 자기 일로 바쁘기 때문이다. 우리가 주변 사람들에게 얼마나 무관심한지는 2000년에 미국 코넬대학교 연구진이 실시한 심리 실험을 통해서 알 수 있다. 이 실험을 지휘한 인물은 심리학자 토머스 길로비치다. 길로비치 교수는 그 당시 젊은 사람들이 민망하다고 느낄 만한 무늬인 1970년대에 활약한 가수의 얼굴이 크게 인쇄된 티셔츠를 준비했다. 그리고 실험 참가자인 학생에게 입으라고 한 뒤 질문을 하나 했다.

"그 티셔츠를 입고 모임에 가면 몇 퍼센트의 학생이 당신의 티셔츠를 기억할 것 같나요?"

학생은 적어도 절반 정도는 자신의 티셔츠를 기억할 것이라 답하며 인쇄된 무늬에 대해 굉장히 난감해하는 모습을 보였다. 그다음 길로비치 교수는 학생을 그 모습 그대로 다른 여러 학생이 함께하는 모임에 들여보냈다. 1분 후, 학생은 모임에서 빠져나왔다. 교수는 모임에 참가한 다른 학생들에게 이렇게 질문했다.

“조금 전까지 이 자리에 특이한 무늬의 티셔츠를 입은 학생이 있었는데 기억하나요?”

과연 얼마나 많은 학생이 특이한 티셔츠를 기억하고 있었을까? 사실 이것은 학생 한 명에 대한 이야기가 아니었다. 길로비치 교수는 다른 여러 학생에게 동일한 실험을 진행하였다. 의외의 결과가 나왔다. 모임에 참가한 학생 중 고작 24%만이 독특한 티셔츠를 기억했기 때문이다. 네 명 중 한 명만 그것을 알아차린 셈이었다. 그것도 “굉장히 독특했어요”라는 사람은 손에 꼽을 만큼 적었고 대부분 “맞아요, 기억나요” 정도에 그쳤다. 이 실험에서도 알 수 있듯이 사실 우리가 주위를 의식하는 것만큼 남들은 우리에게 관심을 기울이지 않는다. 게다가 사람들의 이목을 하나하나 따지고 살면 피곤할뿐더러 자신의 개성을 드러내거나 목소리를 내기 힘들어질 수 있다.

또 어설프게 가리려고 하면 오히려 역효과가 나므로 A처럼 행동하지 않는 편이 낫다. 사람은 가리면 가릴수록 신경이 쓰여 어떻게 해서든 보려고 하기 때문이다. ‘칼리굴라 효과(Caligula effect)’는 이렇게 금지된 것일수록 더욱 하고 싶어지는 충동을 느끼는 마음의 법칙을 의미하는 말이다. 감추지 않았다면 볼 생각조차 하지 않았을 텐데 연인이 스마트폰 화면을 가리는 순간 슬쩍 보고야 말았던 적은 없었는가. 그리스 로마 신화의 판도라도 제우스가 “절대 열어서는 안 된다”고 말한 상자를 결국 열고야 말았다.

사람들은 애초에 남에게 별 관심이 없을 뿐만 아니라 창피하다고 A처럼 가랑이를 가리면 칼리굴라 효과를 일으켜 오히려 사람들의 주목을 받을 수 있다. 따라서 앞선 사례와 같은 일이 벌어지면 B처럼 사람들을 신경 쓰지 말고 당당하게 걷자.

창의적 사고 훈련 3 스캠퍼(SCAMPER)

스캠퍼 기법이란?

스캠퍼(SCAMPER) 기법은 창의적 사고를 촉진하고 아이디어를 확장하는 데 도움이 되는 강력한 도구 중 하나이다. 이 기법은 제품 디자인, 마케팅 전략, 그리고 창의적인 프로젝트를 수행하는 과정에서 유용하게 활용된다. 스캠퍼 기법은 1950년대에 미국 광고회사 BBDO의 최고경영자인 오스본이 개발한 아이디어 발상 도구를 보완하여 1971년에 발전시킨 것이다. 이 기법은 주어진 문제나 과제를 해결하거나 아이디어를 발전시키기 위해 다양한 시각에서 접근하도록 도와주는 체크리스트이다. 스캠퍼 기법은 각 알파벳을 다음에 이어지는 내용처럼 대표하는 질문으로 구성되어 있다.

(1) Substitute(대체시키면?) 대체는 SCAMPER 기법의 첫 번째 요소로, 현재 사용 중인 요소나 아이디어를 다른 것으로 대체하는 것을 의미한다. 기존 아이디어나 해결책을 더 나은 것으로 바꾸는 방법을 찾을 때 유용하며, 창의적 사고를 촉진하고 혁신적인 아이디어를 도출하는 데 도움이 된다.

- 무엇인가를 다른 것으로 대체할 수 있는가? 그 외의 누구, 무엇을 바꿀 수 있을까?
- 규칙은 바꿀 수 있을까?
- 다른 부분은? 다른 재료는? 다른 에너지는? 다른 장소는? 다른 접근 방법은?
- 대신 무엇을 사용할까? 이것 대신 그 밖의 어떤 부분을?

(2) Combine(결합하면?) 결합(Combine)은 기존의 요소나 아이디어를 합치거나 결합하여 새로운 아이디어를 도출하는 것을 의미한다. 다양한 아이디어나 자원을 융합시켜 더 효과적인 솔루션을 찾는 데 도움을 주며, 여러 아이디어를 조합하여 창의적인 솔루션을 찾을 때 활용할 수 있다.

- 무엇을 결합할 수 있을까? 용도를 결합할 수 있을까? 아이디어를 조합하면?
- 단위를 결합하거나 자료, 재료를 결합할 수 있는가?
- 어떤 항목이 이것과 결합될 수 있을까? 목적을 합하면?
- 어떻게 결합시킬 수 있는가? 용도를 높이기 위해서 무엇이 결합되어야 할까?
- 공감되는 부분을 어떻게 결합할 수 있을까?

(3) Adopt(적용하면?) 적용(Adapt)은 기존 아이디어나 해결책을 다른 문맥이나 상황에 맞게 조정하거나 변형하는 것을 나타낸다. 기존 아이디어를 확장하거나 다른 분야에 적용하여 새로운 가치를 창출하는 데 도움을 주며, 이미 있는 해결책을 다른 문제에 활용할 때 사용할 수 있다.

- 그 밖에 무엇이 이것과 같은가? 이것과 비슷한 것은?
- 이것은 어떤 아이디어를 시사하는가?
- 무엇을 모사하거나 모방할 수 있는가?
- 다른 어떤 과정이 적용될 수 있는가? 그 밖의 무엇이 적용될 수 있는가?
- 현재 연구하고 있는 영역 밖의 다른 어떤 아이디어를 포함시킬 수 있는가?

(4) Modify, Magnify, Minify(수정-확대-축소하면?) 수정은 기존 아이디어나 요소를 변경하거나 조정하여 더 나은 결과를 얻는 과정을 나타낸다. 개선과 혁신을 추구할 때 유용하며, 제품, 서비스, 프로세스 등을 더 효율적이고 효과적으로 만드는 데 사용된다.

- 더 나아지기 위해 무엇을 어떻게 수정해야 하는가?
- 어떤 부분을 수정할 수 있는가? 새로운 방식은?

- 의미, 색깔, 움직임, 소리, 냄새, 형태, 모양, 이름을 바꿀 수 있는가?
- 계획, 과정에서는 어떤 변화가 있을 수 있는가?
- 어떤 다른 형태를 가질 수 있는가?
- 무엇이 확대되고 대형화될 수 있는가?
- 무엇이 과장될 수 있는가? 허풍을 떨 수 있는가?
- 무엇이 추가될 수 있는가? 시간, 힘, 높이, 길이를 확대할 수 있는가? 빈도수를 높이게 되면? 더 강하게 하면? 그 밖에 무엇이 복제될 수 있는가?
- 간소화? 분리하면? 빼면? 작게 하면? 가볍게, 짧게 하면?

(5) Put to other use(다른 용도는?) 다른 용도로 사용(Put to another use)은 기존 아이디어나 제품을 원래의 용도 이외의 다른 용도나 문제 해결에 활용하는 과정을 나타낸다. 혁신을 촉진하고 자원을 더 효율적으로 활용할 수 있는 아이디어를 찾을 때 유용하다.
- 이것을 그 밖의 어떤 용도로 사용할 수 있을까?
- 이것을 있는 그대로 사용할 수 있는 새로운 방법이 있을까?
- 수정한다면 어떤 용도가 있을까?
- 이것으로부터 그 밖의 무엇이 만들어질 수 있을까?
- 다른 용도로 확장할 수 있을까? 또 다른 시장은?

(6) Eliminate(제거하면?) 제거(Eliminate)는 기존 아이디어나 요소 중에서 불필요한 부분을 제거하거나 간소화하는 과정을 나타낸다. 제거는 효율성을 높이고 복잡성을 줄이며, 더 간결하고 효과적인 해결책을 찾는 데 도움을 준다.
- 이것을 없애버리면?
- 무엇을 생략할까? 무엇을 삭제할까? 불필요한 것은 무엇일까? 부품 수를 줄이면?
- 이것을 나눠야 할까? 분리해야 할까? 이것을 아예 다른 부분으로 독립시켜야 할까?
- 간소화해야 할까? 축소시켜야 할까? 농축시켜야 할까? 압축시키면? 낮추면?
- 더 가볍게 하면? 규칙을 제거할 수 있는가? 없어도 할 수 있는 것은?

(7) Reverse(재배치-반대로 생각하면?) 반대로 생각(Reverse)은 기존 아이디어나 문제 해결 방법을 역전시켜 보고 새로운 관점을 찾는 과정을 나타낸다. 이 단계는 창의적 사고와 혁신을 촉진하며, 문제에 새롭게 접근하는 데 도움을 준다. 기존의 방식들을 역으로 생각하여 문제의 다른 측면을 탐구할 때 활용할 수 있다.
- 어떤 배열이 더 좋은가? 구성 요소를 상호 교환할 수 있는가?

- 다른 패턴은? 다른 설계는? 다른 순서는? 순서를 바꾸면?
- 원인과 결과를 바꿔 놓으면?
- 속도를 바꾸면? 계획을 바꾸면? 역할을 바꾸면? 위치를 바꾸면?
- 정반대는 무엇인가? 부정적인 면은 무엇인가?
- 긍정적인 면과 부정적인 면을 바꿀 수 있는가?
- 내리는 대신 위로 올릴 수 있는가? 위로 올리는 대신 아래로 내릴 수 있는가?
- 거꾸로 생각할 수 있는가?
- 역할을 바꿀 수 있는가? 예상치 못한 일을 할 수 있는가?

SCAMPER 진행 방법

SCAMPER 기법을 활용하는 일반적인 절차는 다음과 같다.

① 주제 또는 문제 정의: 첫 단계는 주제 또는 문제를 명확하게 정의하는 것이다. 이것은 무엇을 원하는지를 명확히 이해하고 그 목표를 설정하는 과정으로, 이 단계가 정확하지 않으면 나중에 SCAMPER의 각 단계를 효과적으로 적용하기 어려울 수 있다.

② SCAMPER 단계 적용: 각각의 SCAMPER 단계를 주어진 문제나 주제에 차례로 적용한다. 이 과정은 기존 아이디어나 해결책을 다양한 관점에서 고려하고, 대안적인 방법을 탐색하여 창의적인 아이디어를 발전시키는 데 도움을 준다.

③ 아이디어 기록: SCAMPER를 활용하는 과정에서 각 단계에 대한 아이디어를 자세히 기록하고 가능한 모든 아이디어를 적어 본다. 이 단계에서는 창의적인 가능성을 탐색하며, 어떤 아이디어든 기록함으로써 나중에 검토하고 선택할 때 다양한 옵션을 고려할 수 있다.

④ 아이디어 검토: 검토 단계에서는 기록한 다수의 아이디어를 주의 깊게 평가하고, 그중에서 가장 유용하거나 혁신적인 아이디어를 식별하고 선택한다. 이 과정은 문제 해결 또는 혁신 프로세스를 진전시키는 데 중요한 역할을 한다.

⑤ 아이디어 구체화: 선택한 아이디어를 자세히 검토하고 발전시키며, 구체적으로 계획하고 형태를 잡는 과정이다. 이 단계는 아이디어가 실제로 현실화할 수 있도록 필요한 단계와 자원을 명확히 정의하며, 프로젝트나 해결책의 세부 사항을 다듬는다.

⑥ 실행 계획 수립: 최종적으로 선택된 아이디어를 현실로 구현하는 데 필요한 모든 단계와 리소스를 명확히 정의하고, 실행할 수 있는 계획을 수립하는 단계이다.

SCAMPER 연습

주제	연 필	
질문항목	설명	아이디어
Substitute 대체시키면?	- 무엇인가를 다른 것으로 대체할 수 있는가? 그 외의 누구, 무엇을 바꿀 수 있을까? - 다른 부분은? 다른 재료는? 다른 에너지는? 다른 장소는? 다른 접근 방법은? - 대신 무엇을 사용할까? 이것 대신 그 밖의 어떤 부분을?	
Combine 결합하면?	- 무엇을 결합할 수 있을까? 용도를 결합할 수 있을까? 아이디어를 조합하면? - 단위를 결합하거나 자료, 재료를 결합할 수 있는가? - 어떻게 결합시킬 수 있는가? 용도를 높이기 위해서 무엇이 결합되어야 할까?	
Adopt 적용하면?	- 무엇을 모사하거나 모방할 수 있는가? - 다른 어떤 과정이 적용될 수 있는가? 그 밖의 무엇이 적용될 수 있는가? - 현재 연구하고 있는 영역 밖의 다른 어떤 아이디어를 포함시킬 수 있는가?	
Modify, Magnify, Minify 수정-확대-축소하면?	- 어떤 부분을 수정할 수 있는가? 새로운 방식은? - 무엇이 확대되고 대형화될 수 있는가? - 무엇이 추가될 수 있는가? 시간, 힘, 높이, 길이를 확대할 수 있는가? 빈도수를 높이게 되면? 더 강하게 하면? 그 밖에 무엇이 복제될 수 있는가?	
Put to other use 다른 용도는?	- 이것을 그 밖의 어떤 용도로 사용할 수 있을까? - 이것을 있는 그대로 사용할 수 있는 새로운 방법이 있을까? - 이것으로부터 그 밖의 무엇이 만들어 질 수 있을까? - 다른 용도로 확장할 수 있을까? 또 다른 시장은?	
Eliminate 제거하면?	- 이것을 없애버리면? - 간소화해야 할까? 축소시켜야 할까? 농축시켜야 할까? 압축시키면? 낮추면? - 더 가볍게 하면? 규칙을 제거할 수 있는가? 없어도 할 수 있는 것은?	
Reverse 재배치-거꾸로 하면?	- 어떤 배열이 더 좋은가? 구성요소를 상호 교환할 수 있는가? - 다른 패턴은? 다른 설계는? 다른 순서는? 순서를 바꾸면? - 원인과 결과를 바꿔 놓으면?	

SCAMPER 실습

팀명:

팀원:

주제		
질문항목	아이디어	점수
Substitute 대체시키면?		
Combine 결합하면?		
Adopt 적용하면?		
Modify, Magnify, Minify 수정-확대-축소하면?		
Put to other use 다른 용도는?		
Eliminate 제거하면?		
Reverse 재배치-거꾸로 하면?		

팀별 아이디어 평가지

질문항목	베스트 아이디어	점수	선정이유

Unit 4.

창의적인 사고 과정과 원리

01 창의적 사고의 개념

적게는 개인의 일상생활에서부터 직장과 사회생활은 물론이고, 크게는 국가적 차원의 문제에 이르기까지 아침에 일어나서 저녁에 잠자리에 들 때까지 우리의 생활은 본인의 의사와는 무관하게 반드시 수행해야 할 의사결정과 해결해야 할 문제로 가득 채워져 있다.

'문제(problem)'라는 단어를 살펴보자. 'pro'는 앞을 의미하고, 'blem'은 'blemish'에서 온 말로 결점이나 장애 등을 의미한다. 결국 '문제'는 '앞에 놓여 있는 장애'를 말한다. 그리고 문제 해결은 이 장애를 효과적이고 효율적으로 제거하는 의사결정 과정이다. 따라서 의사결정과 문제 해결은 서로 혼용해도 무방하다.

여기서 '효과적'이라는 말과 '효율적'이라는 말을 이해할 필요가 있다. 모든 의사결정에는 반드시 목적이 있으며, 사람들은 의사결정 결과가 목적에 가급적 근접하기를 원한다. '효과적'이란 말에서 '효과'는 결과가 목표를 얼마나 성공적으로 달성하였는지를 의사결정자가 평가하는 잣대라 할 수 있다. 그리고 의사결정자는 또 한 가지 평가를 해야 한다. 의사결정이 그 정도의 효과를 내는 데 얼마만큼의 경제적 희생이 따랐는지를 평가해야 하기 때문이다. 즉 효율성은 얼마나 경제적으로 그 결과를 냈는지 평가하는 기준이다. 다시 말하면, 의사결정자가 설정한 목표에 의사결정 결과가 가까이 도달할수록 효과적이라고 말하며, 같은 효과를 내는 데 비용을 적게 쓸수록 효율적이라고 말한다.

이용 가능한 자원은 제한되어 있고 해결할 문제는 산적해 있으므로, 항상 효과적이고 효율적인 의사결정 능력이 필요하다. 그리고 차별적이고 경쟁 우위를 가진 의사결정 능력은 가치를 창출하는 지름길이 되므로 무엇보다 의사결정 능력을 키워야 한다. 이러한 의사결정(문제 해결) 능력을 키우는 데 가장 중요한 것이 바로 창의력 또는 창의적인 사고다.

case 1	제2차 세계대전 중 한 러시아 공군 엔지니어가 비행기가 적군의 포탄에 맞을 경우 연료탱크에 쉽게 불이 붙어 폭발하는 문제를 해결하려고 고심하였다. 그 결과 그 엔지니어는 비행기가 내뿜는 배기가스를 버리지 않고 연료탱크 속에 주입시키는 새로운 생각을 하게 되었다. 주입된 배기가스가 연료탱크 속에 축적되어 있는 위험한 산소를 밖으로 밀어내게 하여 피습 때 연료탱크가 쉽게 폭발하지 않도록 하는 방법을 찾아낸 것이다. 새로운 요소를 하나도 추가하지 않고 기존에 있던 요소들을 다른 새로운 방법으로 재구성하여 문제를 해결한 경우이다.
case 2	레스토랑에서 적포도주를 마시다가 흰 옷에 흘리면 낭패가 아닐 수 없다. 이런 경우 대부분의 사람들이 냅킨이나 물수건으로 포도주 자국을 닦아내려고 할 것이다. 그러나 자국이 지워지기는 커녕 더 지저분하게 번지기 일쑤다 이때 백포도주를 이용하면 자국을 쉽게 제거할 수 있다. 비슷한 다른 요소를 첨가하여 문제를 해결한 경우이다.
case 3	수많은 생명을 앗아간 인류의 재앙을 해결한 천연두 백신은 인간의 창의적 문제해결 사례라고 할 수 있다. 천연두 백신은 약한 천연두 바이러스 균을 동물에게 주사하여 발병하게 한 다음 동물 몸에서 항체가 생기면 그 항체를 뽑아 백신을 만들어 사람에게 투입함으로써 면역을 얻는 방법이다. 이 문제해결의 과정을 보면 사람, 바이러스, 면역에 대한 지식 등은 이미 존재하고 있었던 요소들이다. 여기에 동물이라는 새로운 요소를 하나 추가하여 이용한 것이 창의력을 발휘한 부분이다.
case 4	미사일을 우주에 진입시키는 데는 지구의 중력이라는 큰 장애가 있다. 미사일을 무중력 층으로 쏘아 올려 궤도를 돌게 하는 것이 과제인데, 여기까지 쏘아 올리려면 엄청난 속도가 필요하고 이를 위해서는 엄청나게 많은 양의 연료를 탑재해야 한다. 그런데 무게가 속도를 방해하는 것이 문제이다. 과학자들은 이 문제를 해결하기 위해 연료를 나누어 실을 수 있는 적은 미사일을 여러 개 만들고 이것들을 다단계로 구성하였다 연료가 소진되는 순서에 따라 단계별 부분 미사일이 떨어져 나가게 설계하여 사용한 연료만큼 무게를 줄여가면서 점진적으로 속도를 내게 해 무중력 층에 진입할 때는 본체만 남는 방법을 생각해낸 것이다 이것은 로켓이라는 하나의 운반체를 다단계 운반체로 재구성하여 문제를 해결한 관련된 요인을 여러 개로 나누어 새로운 기능을 창안한 창의적 방법이다.
case 5	미국의 F-14 전투기를 개발할 때 엔지니어들은 상대적으로 전투력을 높이려면 속도 면에서 비교우위를 가져야 한다고 생각했다. 이때의 문제는 어떻게 하면 비행기가 초음속으로 비행할 때 가속적으로 속도를 높일 수 있느냐는 것이었다. 연구 결과 비행기의 날개가 속도의 장애요인이라는 사실을 확인하게 되었다. 결국 문제는 날개의 속도 저항을 줄이는 것이었다. 과학자들은 이 문제를 해결하기 위해 F-14 전투기의 날개를 가변 날개로 변경하고 속도가 높아질수록 각도가 뒤쪽으로 좁아지게 설계했다. 이른바 '가변성 기하학' 기법을 이용한 것이다. 이 사례는 비행기 몸체, 날개, 속도 등 구성요소들이 기존 상태에서 유지하고 있던 상호 간의 균형을 허물어뜨려 비균형 상태로 만들어 해법의 대안을 찾는 창의적 발상의 좋은 사례다.

case 6	3M의 스펜서 실버가 우연치 않게 접착력이 아주 약한 접착제를 개발했는데 누구나 접착제는 강할수록 좋다고 생각했기 때문에 이것을 아무 데도 쓸 수 없어 방치하고 있었다. 그런데 어느 일요일, 이 회사의 화학기사인 아서 프라이가 이 접착제의 새로운 가능성을 찾아냈다 교회 성가대에서 찬송가를 부르던 중 찬송가 책에 페이지를 표시하기 위해 끼워놓은 쪽지가 페이지를 넘길 때마다 바닥으로 떨어져 불편을 느낀 아서는 스펜서가 개발한 그 접착제를 활용할 수 있지 않을까 하는 생각에 이르렀다. 아서는 버려진 아이디어를 유용하게 쓸 수 있는 방법을 곧바로 회사에 건의하여 새로운 제품을 개발하게 되었는데 이것이 바로 '포스트잇'이다. 창의적 사고는 항상 유용하고 훌륭한 발명과 발견으로 이어지고 문제를 해결하는 열쇠가 된다.

앞에서 살펴본 여섯 가지 사례들은 주로 기술적인 분야에서 창의적으로 문제를 해결한 경우다. 그러나 기술적인 분야가 아닌 사회, 정치, 경제, 경영 분야의 문제들 역시 창의적인 방법으로 문제를 해결하면 좋은 결과를 가져올 수 있다.

다음은 경영 분야의 문제 해결 사례이다. 일본의 자동차 회사인 도요타는 1970년대 초반, 자동차 산업의 본고장인 미국 시장을 공략할 전략 수립에 골몰하고 있었다. 미국 시장에서 경쟁 우위를 확보하기 위해서는 미국산 자동차에 비해 품질은 높고 제조 원가는 낮게 생산하는 것이 가장 중요한 전략적 요소라고 분석하였다.

그 결과, 제조 원가 절감 문제를 해결하기 위해 당시 아무도 생각해내지 못했던 카드 시스템을 창의적으로 고안해 냈다. 이 시스템을 통해 생산 라인에서 필요한 부품들을 창고에 미리 저장해 두었다가 필요한 때 꺼내 쓰는 기존의 방법을 탈피하여, 사내 창고를 거치지 않고 부품 공급업체로부터 직접 생산 라인에 필요한 특정 부품들을 필요한 작업자에게 정확한 시간에 공급해 주는 'Just in Time' 시스템을 창안한 것이다.

이 시스템은 공장 안에 있던 수많은 부품 창고를 모두 없앰으로써 재고 비용을 엄청나게 줄일 수 있게 설계된 창조적인 시스템이다. 이 새로운 창의적 시스템은 도요타가 효과적으로 미국 시장에 진출하는 데 크게 기여하였다.

02 창의적 사고의 구조

창의력은 앞에서 정의한 바와 같이 이미 존재하는 개념이나 기법을 뛰어넘어 새로운 방식으로 사물을 볼 수 있고, 문제를 이해하고 해결하며, 독창적인 방식으로 새롭고 특유하게 차별화된 아이디어를 생성해 내는 능력이다. 따라서 창의력을 발휘하려면 창의적으로 사유하는 능력, 즉 창의적 사고력을 갖추어야 한다.

창의적 사고 구조의 두 축

다음에서 창의성의 본질이라 할 수 있는 창의적 사고의 구조를 살펴보도록 하자. 미국의 심리학자 길포드에 따르면 사람의 사유 능력에는 인식 능력, 생산적 능력, 평가 능력이 있다. 인식 능력은 정보를 인식하고 이해하는 능력이며, 평가 능력은 결과가 옳은지, 주어진 요건을 만족하고 있는지를 평가하는 능력이다. 그리고 생산적 능력은 새로운 정보를 만들어 내고 사용하는 능력이다.

길포드는 이 가운데 생산적 능력이 창의적 사고와 직결되며, 창의적 사고는 수렴적 사고(convergent thinking)와 확산적 사고(divergent thinking)에 의해 이루어진다고 본다. 수렴적 사고는 기존의 사고를 연장, 발전시키거나 이용하는 사고 과정으로, 확정적인 해답 또는 우리 인식 안에 이미 존재하고 있는 하나의 해답을 찾아내는 사고방식이다. 반면 확산적 사고는 새로운 아이디어를 발견하는 사고 과정으로, 아직 존재하지 않는 해답을 찾아 여러 방면을 섭렵하는 사고방식이다.

다시 말하면, 전자는 같은 구멍을 더욱 깊게 파 들어가는 것이고, 후자는 여러 곳에서 다른 구멍들을 뚫는 것이다. 이 두 가지 사고방식은 서로 연결되어 작용한다. 수렴적 사고에 의하여 한 가지 해답을 얻은 다음, 상황이 변하면 이미 존재하고 있는 하나의 해답으로는 만족할 수 없게 되므로 다른 해답을 찾기 위해 여러 가지 새로운 대안을 찾아 생각하게 되는데, 이것이 확산적 사고 과정이다.

수렴적 사고는 흔히 말하는 수직적 사고 혹은 논리적 사고와 유사한 개념으로 혼용되고 있다. 그리고 확산적 사고는 수평적 사고, 이미지적 사고와 유사한 개념이다. 또한 칼 알브레히트는 논리적 사고를 하나의 순차적으로 이루어지는 사고이며, 개념·판단·사실·추리 등의 사유 형식을 거쳐 미리 정해진 순서에 따라 진행되는 사고라고 정의했다.

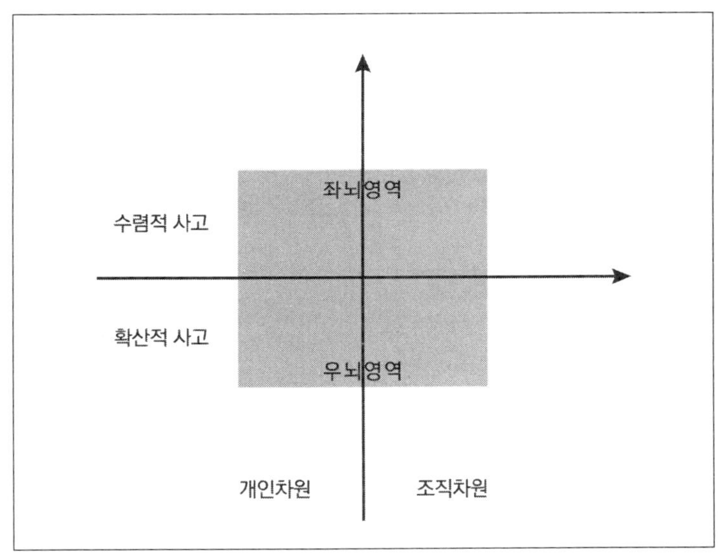

창의적 사고의 구조는 두 가지 사고의 구조적인 축에서 이해할 수 있다. 하나는 수렴적 사고와 확산적 사고의 유형을 구별하는 축이고, 다른 하나는 개인 차원과 조직 차원을 구별하는 축이다. 수렴적 사고는 좌뇌가 관장하고, 확산적 사고는 우뇌가 관장하는 것으로 알려져 있다.

이 두 가지 축에서 형성되는 구조적 관계를 설명하면 다음과 같다. 우선 어떤 개인(또는 조직 구성원)이 새로운 방식이나 아이디어를 추구하기 위해 기존의 것과 다른 여러 가지 대안을 모색하는 확산적인 사고를 하면, 그 결과 여러 가지 대안들이 마련된다. 또한 이 대안들을 하나하나 평가, 비교, 검토, 추론하는 논리적인 과정을 거쳐 궁극적으로 한 가지의 구체적인 해결안을 찾는 수렴적 사고를 하게 된다.

그리고 개인 차원의 특별한 아이디어나 해결안은 조직의 여러 사람들에 의해 논리적으로 검토되는 과정을 거쳐 조직이 원하는 하나의 해결안으로 수렴하는 사고 과정을 거치게 된다. 그다음에 조직 차원에서 환경의 변화나 내부의 요구에 따라 현재의 방식이 아닌 다른 해결 대안을 모색할 필요를 느끼면, 구성원들이 조직 차원에서 여러 가지 새로운 해결 대안을 찾게 된다. 이것이 조직 차원에서 집단적으로 확산적 사고(수평적 사고)를 통해 가능한 한 많은 아이디어를 창조해 내는 과정이다.

여기서 사고 유형별 특성을 설명하기에 앞서, 인간의 좌뇌와 우뇌가 어떤 일을 하는지 좀 더 자세히 살펴보면 다음과 같다.

표 1. 좌뇌와 우뇌의 차이 비교

좌뇌의 기능	우뇌의 기능
• 신체의 우측 통제 • 언어적, 수리적 • 논리적, 수직적 • 남성적, 공격적, 능동적 • 귀납적, 분석적, 상징적, 수렴적 사고 • 이성적, 사실적, 현실적인 것 선호 • 체계적인 방법으로 문제해결 • 문자, 도표, 숫자 정보에 치중 • 매번 하나의 데이터만 처리	• 신체의 좌측 통제 • 시각적, 공간적 • 지각적, 감각적 • 여성적, 수동적, 신비적, 예술적 • 창의적, 직관적, 확산적 사고 • 감성적, 창조적, 새로운 것 선호 • 지각적 판단에 의한 문제해결 • 리듬, 이미지, 영상에 치중 • 다각적이고 실용적인 데 편중

수직적 사고(논리적 사고, 수렴적 사고)

수직적 사고는 한 가지 정답을 찾는 과정으로 보아야 하며, 논리적으로 정리된 순서에 따라 진행된다. 수직적 사고는 수렴적 사고, 논리적 사고와 혼용되고 있으며 그 특징은 아래와 같다.

- 하나의 해답을 얻기 위하여 논리적으로 진행되는 하나의 순차적 사고 과정이다.

- 한 가지 최선의 방법을 선택한다.
- 외적 영향 요인을 고려하지 않는다.
- 기존의 유형에 준해서 사고한다.
- 개념, 판단, 추리 등의 사유 형식을 거쳐 순서에 따라 진행된다.
- 지식을 탐구하는 과정에서 경험 재료를 정리하고 과학적 가설을 제기하며, 이론 체계를 구축하고 추리와 증명을 진행하는 도구다.

수평적 사고(확산적 사고, 이미지적 사고)

1) 수평적 사고

수평적 사고는 에드워드 드 보노가 창안한 사고 유형이다. 수평적 사고가 수직적 또는 논리적 사고와 대립되는 특징을 살펴보면 다음과 같다.

- 궁극적인 해답을 얻어낼 수 있는 적합한 방법을 찾아서 사용하며, 유형이 일정하지 않고 비논리적이다.
- 여러 가지 다양한 대안과 해결안을 제시한다.
- 기존의 개념이나 유형을 대체하는 새로운 것을 찾는다.
- 기존에 형성된 인식 패턴을 깨트리고 새로운 인식과 개념을 창출하여 새로운 변화를 모색하는 사고로서, 불연속적이며 확산적인 사유 형식이다.

그러나 수평적 사고는 수직적 사고와 보완적이고 양립적인 관계를 가지고 창의적 사고를 가능케 한다. 수평적 사고를 통해 창의적으로 새로운 관점과 구상을 끌어낼 수 있으며, 다시 수직적 사고를 거쳐 앞서 제기한 관점과 사고를 검증할 수 있고, 최종적으로 행동에 옮길 수 있기 때문이다.

예를 들어 수평적 사고로는 빛의 운동 속도를 감지할 수 없지만, 실험 등 추론을 통한 논리적 사고 과정을 통해 빛의 속도를 추산하고 또 이 원리를 이용하여 목성까지의 거리를 계산할 수 있다. 이것은 수평적 사고와 논리적 사고를 통섭적으로 활용한 예라고 할 수 있다.

드 보노는 사고가 실질적으로 진행되기 위해서는 반드시 도구가 필요하다고 생각했으며, 인류의 사고 도구에는 언어와 이미지가 있다고 했다. 또한 언어와 이미지를 이용해 사고함과 동시에, 언어와 이미지로 사고 활동의 결과를 기재하고 표현한다고 설명하였다.

▶ 드 보노는 수평적 사고를 효과적으로 수행하는 데 필요한 네 가지 기본 요소를 다음과 같이 규정하였다.

① 기존의 가설이나 제약에서 탈피하여 자유롭게 사고하라.

② 항상 비판적으로 문제를 제기하라.

③ 상상력을 발휘하는 사고의 틀을 갖춰라.

④ 논리적 사고에 따라 추리하고 판단하라.

▶ 그리고 이 네 가지 요소를 토대로 열 가지 수평적 사고의 훈련법을 다음과 같이 주문하고 있다.

① 의문을 제기하라(6하 원칙 이용).

② 관습을 타파하라.

③ 제한된 사고에서 벗어나라.

④ 역발상적으로 사고하라.

⑤ 모방을 해보며 자기 생각을 이끌어내라.

⑥ 같은 점과 다른 점을 구분하라.

⑦ 독창성을 길러라.

⑧ 황당무계한 상상력을 가져라.

⑨ 발산적 사고력을 길러라.

⑩ 적극적으로 자신을 드러내라.

2) 이미지적 사고

수평적 사고와 비슷한 것으로 이미지적 사고를 들 수 있다. 이미지적 사고는 우뇌를 자극하여 머릿속에 저장된 형상과 이미지를 활용하여 풍부한 상상력을 발휘하는 사고를 말한다. 사람의 정서와 감정이 표출되는 사고방식으로 상상, 환상, 새로운 사고를 가능케 한다.

아인슈타인은 연구에 몰두할 때 항상 바이올린 연주를 통해 긴장을 풀고 상상의 나래를 폈으며, 언어보다는 이미지로 사고했다고 한다. 신문에 게재되는 시사만평은 어떤 인물이나 사건 혹은 사회를 풍자적으로 비판한 만화다. 작가가 독자에게 전달하고자 하는 메시지를 언어가 아닌 이미지적 사고를 통해 전달하는 것이다.

이야기 속에 흔히 등장하는 용은 실제로는 존재하지 않는다. 따라서 용을 본 사람이 있을 리 없다. 그러나 사람들은 용이 갖추어야 할 모든 특성을 무섭고 신성하게 나타낼 수 있는 이미지적 사고를 통하여 용의 개념을 형상화하였다.

Training	여러분이 1989년 중국의 어느 시골 여행하던 중 한 호텔에 묵게 되었다. 청소하는 룸서비스 종업원에게 "아직 자고 있으니 방해하지 마시오"라는 의사를 표현하고 싶었으나 여러분은 중국어를 못하고 종업원은 영어를 몰라 서로 간의 의사소통에 문제가 있다. 이런 상황에서 문제를 해결하기 위해 창의력을 발휘해 보시오.

03 창의적 사고 모형

Wallas의 모형

Wallas는 창의성이 본격적으로 연구되기 시작하기 전인 1920년대에 좋은 아이디어를 떠올리는 과정을 다음과 같이 제시했다.

준비기 → 부화기 → 조명기 → 검증기

(1) 준비기(Preparation) 는 문제의 존재를 인식하고, 관련 정보를 탐색하며 문제를 분석하는 단계이다. 이 과정에서 문제에 대한 이해와 자료 수집이 이루어진다.

(2) 부화기(Incubation) 는 문제를 의식적으로 떠올리지 않고 잠시 거리를 두는 단계로, 무의식적으로 문제에 대한 생각이 지속되는 시기이다. 이 과정에서 다양한 자극이나 새로운 관점이 무의식적으로 결합될 수 있다.

(3) 조명기(Illumination) 는 문제 해결에 대한 '아하!' 또는 '유레카!'와 같은 통찰이 갑자기 떠오르는 단계로, 해결책의 실마리가 의식으로 표출된다.

(4) 검증기(Verification, Elaboration) 는 도출된 아이디어나 해결책을 실제로 검증하고, 실현 가능한지 평가·수정하며 구체화하는 마무리 단계이다. 이 과정에서는 아이디어가 논리적으로 검증되고 구체적인 결과물로 발전된다.

Wallas의 4단계 모델은 비록 오래된 이론이긴 하지만, 창의적인 과정에 관한 최근 연구들과도 일치하는 모습을 보이고 있으며 지금도 많은 사람들의 공감을 얻고 있는 모델이다.

칙센트미하이의 사회적 체제 모형

『창의성의 즐거움(Creativity)』, 『몰입의 즐거움(Finding Flow)』 등의 저서로 유명한 칙센트미하이(Csikszentmihalyi, 1996)는 창의성은 세 가지 요소로 구성되는 체계의 상호작용으로부터 생겨난다고 보았다. 그에 의하면 세 가지 요소란 "상징적인 규칙들을 포함하는 문화, 상징 영역에 새로움을 가져오는 사람, 그리고 그러한 새로움을 인정하고 확인하는 전문가들로 이루어진 현장" 이라고 하였다.

창의적인 아이디어와 발견이 나오기 위해서는 이 세 가지가 모두 필요한데, 이를테면 "수세기에 걸쳐 축적된 천구 운동에 대한 막대한 정보가 없었다면(문화), 첨단 기술의 대형 망원경을 관리하는 연구소와 연구원이 없었다면(사람), 그리고 다른 천문학자들의 비판적인 회의론과 협조가 없었다면(현장), 베라 루빈의 천문학적 발견은 불가능했을 것이다."라고 예를 제시하고 있다.

그의 '문화-사람-현장'은 다른 표현으로 영역(domain), 개인(person), 분야(field) 가 된다. 칙센트미하이는 창의성이 개인의 행위에 의한 결과만은 아니라고 보고, 개인을 둘러싼 외적 요인들의 영향이 더 중요하다고 생각하였다. 따라서 창의성은 창의적 행위를 하는 개인(person)과 그가 관여하고 있는 행위의 영역(domain), 그리고 그 영역에서의 활동무대 내지 사회적 맥락인 분야(field)가 중요한 요소라고 보았다.

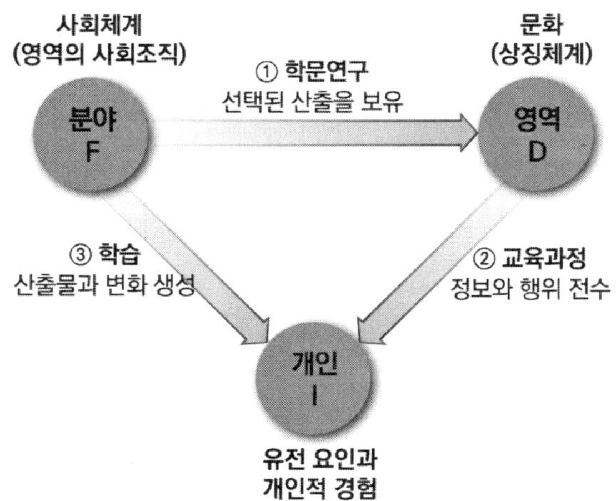

① **개인**(person)

개인은 영역 속에서 정보를 끄집어내어 그것을 인지 과정, 성격 특성, 동기유발을 경유하여 확장하고 변형한다. 그러므로 창의적인 사람은 인지활동이 왕성하고, 적극적이며 독자적인 성격적 특성을 지니고 있으며, 호기심이나 열정과 같은 동기가 강하여 영역 속의 사실이나 정보를 새롭게 확장·변형·혁신하고자 한다.

② **영역**(domain)

영역이란 개인이 활동하고 있는 특정 세계를 말한다. 즉, 소설가의 영역은 문학 세계, 과학자의 영역은 과학계이다. 개인은 영역 속에서 문화적으로 정의된 기호 체제로 창의적인 산출물을 다른 사람이나 미래 세대에 전달하거나 보존한다.

한 개인이 어떤 뛰어난 발명이나 산출물을 생산할 가능성은 그 분야, 그 영역에서의 연구·지식·기술 등의 축적이 고도로 왕성하고 높은 수준일 때 훨씬 더 높아질 수 있기 때문에, 영역 요인은 창의적인 활동에 중요한 조건이 될 수 있다.

③ **분야**(field)

분야는 영역 안에서의 조직적 인간관계나 사회적 맥락을 의미한다. 이를테면 예술 평론가, 화랑 소유자, 신춘문예 심사위원, 그리고 관련 분야의 전문가 등과 같이 어느 한 영역을 좌우하거나 통제하는 사람들로 이루어진 집단으로, 개인이 새롭게 창안한 아이디어를 평가하고 선정하게 된다.

어떤 사람이 창의적인 사람으로 인정을 받기 위해서는 그의 아이디어나 산출물이 그 당시의 다른 사람들, 혹은 법체계나 제도 등에 의해 인정받거나 수용되어야 한다. 즉, 분야(field)의 수용 체계 범주에 속해 있어야 한다는 것이다. 아인슈타인의 상대성 이론은 십여 년 후에 인정되기 시작했으며, 갈릴레이의 지동설은 당시에는 끝내 수용되지 못한 오류로 비판받았던 사례는 극히 일부분의 사례일 뿐이다.

04 창의적 사고의 창출 원리

창의적 사고가 어떻게 창출되는지 그 원리를 연구한 많은 사람들 가운데, 1960년대에 실용적인 차원의 연구 결과인 트리즈(TRIZ) 기법을 소개한 우즈베키스탄 출신의 구소련 과학자 겐리흐 알츠슐러(Genrich Altshuller) 가 대표적인 개척자라 할 수 있다. 국내에도 이미 그의 책이 여러 권 번역·출판되었다. 알츠슐러는 "원칙적으로 어떤 문제이든 이미 그 문제에 내재하고 있는 요소들의 구조와 기능을 이용하면 해결될 수 있다."라는 원리를 간파하였다.

여기서 말하는 원리는 창의력과 문제해결의 통섭적 프로세스 모형이 적용될 때, 문제가 무엇인지 이미 알고 있는 기술적 문제 해결의 경우를 대상으로 한 것이므로 모형의 단계 중 '해결안 결정' 에 적용하는 기법들을 의미한다.

앞에서 살펴본 사례들 가운데 러시아 공군 엔지니어의 배기가스 재활용, 천연두 백신 개발, 속도를 높이기 위한 분리형 다단계 미사일 개발과 같은 경우는 새로운 요소를 하나도 끌어들이지 않고 기존에 있던 요소들을 수평적 사고를 동원하여 새로운 방법으로 재구성하거나 상호관계를 다른 방법으로 활용함으로써 창의적으로 문제를 해결하는 대안을 찾아 결정한 것들이다.

1) 기존 구성요소와 기능을 다른 방법으로 융합한다.

문제 안에 들어 있는 구성요소들은 특정 기능과 용도를 갖고 있으며, 때로는 이 기능과 용도가 문제를 야기하기도 한다.

융합 은 이들 구성요소의 기존 용도나 기능을 다른 용도로 사용할 수 있는지를 생각해내는 기법이다. 특정 구성요소의 기존 용도나 기능을 다르게 이용하는 방법을 찾아내 그 요소와 재결합시킴으로써 문제를 해결하는 방식이다.

2) 기존 구성요소나 기능에 다른 요소나 기능을 추가하여 증폭시킨다.

이 기법도 한 구성요소와 기능을 결합시켜서 다른 효과를 내게 한다는 점에서는 첫 번째 기법과 유사하다. 그러나 이 기법은 특정 구성요소가 지니고 있는 해결에 필요한 요건에 따라, 그와 유사한 특성을 갖고 있는 다른 구성요소를 복제하거나 추가하는 방식으로 문제를 해결하는 것이 특징이다.

앞에서 예로 든 천연두 백신 이 바로 이 '증폭기법'을 이용해 개발된 것이다. '천연두 바이러스'라는 구성요소를 동물 몸에 주입하여 동물의 면역체계를 촉매로 활용해 '약화된 천연두 바이러스'라는 복제품을 만든 다음, 이 복제품을 사람 몸에 주입하여 사람의 면역 시스템이 발동하게 함으로써 천연두 바이러스에 대한 저항력을 키워 병에 걸리지 않게 하는 과정을 거친 것이다.

적포도주로 인해 생긴 붉은 얼룩을 백포도주를 이용해 제거하는 방법 역시 이 기법을 이용한 것이다. 이때 구성요소인 적포도주와 백포도주는 둘 다 같은 포도주이므로 특성이 유사하다. 적포도주라는 구성요소에 백포도주라는 다른 요소를 부가하여 문제를 해결한 경우라 하겠다.

> 무더운 여름날 몸이 뜨겁게 달아오를 때 얼음과 같은 찬 음식을 삼가고 오히려 더운 음식을 권하는 어른들의 지혜를 생각해보자. 문제해결 방법으로 이열치열을 이용한 것이다. 더운 날씨로 인해 생긴 몸의 열과 음식의 열이라는 다른 구성요소를 이용하여 몸에서 땀을 더 많이 더 빨리 흘리게 하여 땀이 체온을 빼앗아감으로써 시원하게 만들어 주는 기법이다. 설렁탕이나 백숙을 먹으면서 사람들이 시원하다고 탄성을 지르는 것도 바로 이러한 '증폭 기법'을 이용한 것이다.

3) 기존 구성요소나 기능을 분할한다 : 분할기법

분할기법은 어떤 구조물을 여러 개의 개체로 분할한 다음, 분할된 개체를 다시 다른 구조로 재구성하는 기법이다. 앞에서 살펴본 다단계 미사일의 설계에 사용된 아이디어가 바로 이 기법을 이용한 것이다. 다음 사례는 기존 구성요소를 효과적으로 분할해 문제를 해결한 좋은 사례다.

〈Case #1〉

H건설과 H중공업이 1980년대 중반 중동에서 건설 프로젝트를 수행하고 있었다. 한 대형 공사를 위해 거대한 발전 설비를 한국에서 제작·완성하였으나, 중동까지 저렴한 비용으로 무사히 해상을 이용해 운송하는 것이 큰 문제였다. 당시 해운업의 기술이나 규모로 볼 때, 이것을 납기 안에 통째로 운송하는 것은 불가능한 일이었다. 그래서 J회장의 아이디어에 따라 이 구조물을 작은 여러 개 부분으로 나누어, 당시 국내에서 흔히 사용하던 여러 척의 바지선에 나누어 실은 다음, 바지선을 굵은 로프로 서로 연결시켜 선단을 만들었다.

이렇게 하나의 구조물을 여러 개로 분할하고 다시 여러 개의 바지선을 연결하여 선단으로 재구성하는 창의적인 운송 방법으로 문제를 해결하였다. 또한 이때 혹시 있을지도 모르는 풍랑에 대비하여, 필요하면 로프를 끊어 전체 선단이 조난당하는 일이 없도록 대비하였다.

4) 기존의 구성요소와 기능의 균형 상태를 파괴한다

이 기법은 의사결정자로 하여금 균형 상태에 있는 상황을 비균형 상태로 바꿈으로써 문제의 해결 방안을 찾게 하는 방법이다.

여기서 '균형 상태'라는 것은

① 어떤 문제 안에서 몇 개의 구성요소들이 서로 똑같은 특성을 보이는 경우,

② 구성요소들을 형성하고 있는 여러 개 부분의 개체들이 똑같은 물질·색깔·온도와 같은 특성을 지니고 있는 상태,

③ 어떤 구성요소가 시간과 관계없이 늘 불변한 상태에 있는 경우를 의미한다.

사례들을 통해 이 기법이 실제 문제를 해결하는 데 어떻게 사용되는지 살펴보자. Case #2는 문제 안에서 몇 개의 구성요소들이 서로 똑같은 특성을 보이는 경우, 구성요소 간의 균형 파괴 기법을 통해 문제를 해결한 사례이다.

⟨case #2⟩

승용차는 4개의 바퀴를 장착하고 있다. 이들의 구성요소, 즉 바퀴들은 서로 모양과 크기가 똑같다. 다시 말해서 구성요소 간에 균형을 이루고 있는 상태이다.

만일 앞바퀴의 크기를 뒷바퀴보다 작게 만들면 균형이 깨지는 현상이 발생한다. 그런데 트랙터의 경우 앞바퀴보다 뒷바퀴가 훨씬 크다. 이는 승용차의 구성요소(바퀴) 간의 균형을 파괴한 것이다.

특정 구성요소가 똑같은 물질로 만들어진 경우를 '구성요소 내의 균형'이 이루어졌다고 말한다. 그리고 이 구성요소를 여러 개의 다른 물질로 만들어진 구성요소로 변형하면 균형이 파괴된다. 그러나 균형 파괴를 이용하여 새로운 아이디어를 창출할 수 있다. 트랙터는 균형 파괴를 이용한 독창적인 사례다.

⟨case #3⟩

이스라엘 출신의 프랑스 화가인 야곱 아감(Jacob Agam) 은 균형 파괴를 이용해 남들과 전혀 다른 화법을 창안함으로써 유명해졌다. 이 화법을 옵 아트(optical art) 라고 하는데, 시각적 착각을 이용한 추상미술이다. 보는 각도에 따라 형태와 색이 달라지는 것이 특징이다.

현재 국내 작가들 중에도 이 기법으로 그림을 그리는 이들이 있다. 그들은 종이를 아코디언처럼 접어 접힌 하나하나의 면에 다른 그림을 그려, 그림을 보는 사람이 방향을 바꾸어 가면서 보면 다른 그림이 연속해서 이어지는 시각적 효과를 내게 한다.

한 장의 종이를 여러 면으로 접고 다른 그림을 그려 넣어 균형을 파괴한 것이다. 최근에는 화면을 평면에 그리지 않고, 평면에 홈을 파고 그 면에 그림을 그려 종이를 접은 것과 같은 효과를 내기도 한다.

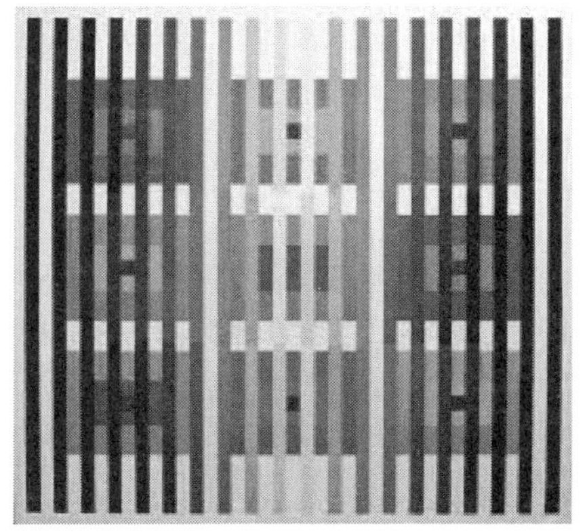

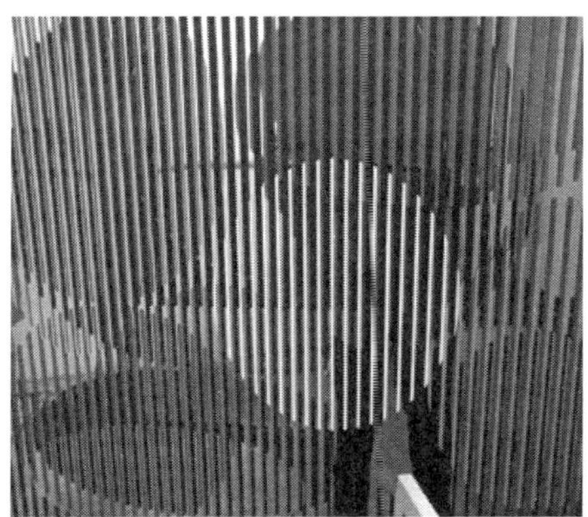

앞에서 살펴본 미국의 F-14 전투기 개발 사례의 경우, 시간에 구애받지 않는 일관된 균형 상태를 파괴시켜 새로운 아이디어를 찾은 사례다. 모든 비행기는 어떤 경우든 날개의 각도가 속도에 관계없이 일정하게 설계되어 있다. 다시 말하면, 시간에 구애받지 않는 균형 상태에 놓여 있는 것이다.

그러나 B1 폭격기와 F-14 전투기의 날개는 음속 돌파 시 날개의 각도가 속도를 내는데 지장을 받지 않도록, 속도에 따라 날개 각도를 변경하도록 균형을 파괴하였다. 속도가 빨라질수록 날개 각도를 비행기 몸체의 뒤쪽으로 접어주는 가변 날개로 설계한 것이다.

이상에서 설명한 창의적 사고의 창출 원리들을 종합해서 정리하면 다음 그림과 같다.

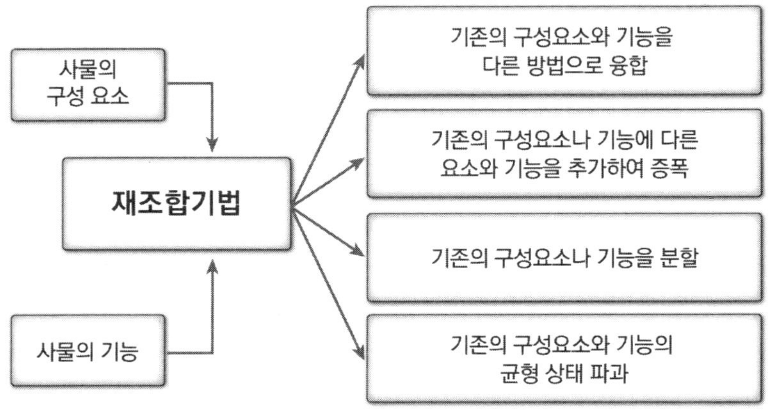

창의성의 심리학 #4

한 중년 남성이 갑작스러운 심장 발작으로 도로에 쓰러졌다.
다음 중 이 남성이 도움받을 가능성이 높은 상황은?

A. 도로 근처에는 불량스런 분위기를 풍기는 젊은이 한 명뿐이다. 모바일 게임에 열중하던 그는 신음 소리를 듣고 쓰러진 남성을 힐끗 바라본다. 그리고 이내 자신 말고 다른 사람은 없는지 주위를 두리번거린다.
B. 도로 옆 버스 정류장에 사람이 열 명 정도 늘어서 있다. 모두가 스마트폰을 손에 쥐고 있으며, 쓰러진 남성의 신음 소리도 알아차린 듯 보인다.

사람은 여럿이 모여 있으면 분명 누군가 한 사람 정도는 곤경에 처한 사람을 도울 것으로 예측한다. 그런데 실제로는 그렇지 않은 경우가 대부분이다. 왜냐하면 '누군가 도와주겠지', '누군가 구급차를 부르겠지'라고 생각해 아무도 행동으로 옮기지 않기 때문이다. 이는 '방관자 효과(bystander effect)'라는 심리가 작용한 탓이다. 즉, 사람은 인원이 많으면 많을수록 방관자가 되기 쉽다. 오히려 주위에 사람이 적으면 적을수록 위급할 때 도움받을 확률이 올라간다.

방관자 효과의 대표적 사례가 1964년 미국 뉴욕주 퀸스 지역에서 일어난 키티 제노비스(Kitty Genovese) 살인 사건이다. 늦은 밤 주택가에서 키티 제노비스라는 여성이 강도의 습격을 받았다. 칼에 찔린 그녀는 살해당하기 전까지 30분 이상 필사적으로 몇 번이고 도움을 요청하며 계속해서 비명을 질렀다. 그곳은 조용한 주택가였으나, 그녀를 도우러 온 사람은 아무도 없었다. 결국 그녀는 계속된 강도의 공격에 목숨을 잃고 말았다.

언론은 일제히 '도시의 인간은 냉담하다'라는 비판 기사를 장황하게 써 내려갔다. 그런데 미국 뉴욕대학의 존 달리(John Darley) 와 콜롬비아대학의 빕 라테인(Bibb Latané) 은 심리학자답게 키티 제노비스 사건을 다르게 받아들였다. 그들은 당시 모든 사람이 잠자코 지켜보기만 했던 이유가 무엇인지 궁금했다. 두 심리학자는 '비명을 들은 사람이 많았다는 점이 오히려 아무도 움직이지 않게 만들었다'라는 가설을 세우고 이를 증명하기 위해 실험을 진행했다.

먼저 그들은 실험 참가자를 모아 세 그룹으로 나눴는데, 첫 번째 그룹은 2명, 두 번째 그룹은 4명, 세 번째 그룹은 7명으로 구성했다. 참가자들은 서로의 모습을 볼 수 없었으며 마이크와 스피커로만 대화할 수 있었다. 연구진은 각 그룹에 속한 학생 중 한 명에게 대화 도중 갑자기 괴로워하는 연기를 하도록 지시했다. 그리고 그 학생이 괴로워하면서 도움을 청하면 다른 참가자들이 어떻게 대응하는지 별실에서 관찰했다.

실험 결과는 달리와 라테인의 가설을 뒷받침할 만했다. 2명으로 구성된 첫 번째 그룹은 참가자의 85%가 바로 도움을 줬지만, 4명으로 구성된 두 번째 그룹에서는 참가자의 62%만이 도움을 줬다. 실험 참가자가 7명으로 가장 많았던 세 번째 그룹에서는 고작 참가자의 31%만이 사건에 대응하였다. 연구진이 보고하지 않은 학생들에게 이유를 물었더니 '나 대신 누군가가 할 것이라 생각했다'는 대답이 돌아왔다. 아마 참가자 인원이 더 많았다면 이 비율은 더 늘어났을 것이다.

결론적으로 이번 문제인 '심장 발작으로 쓰러진 중년 남성이 도움받을 가능성이 높은 상황'은 A이다. 학급 내 집단 따돌림, 직장 내 성희롱, 요즈음 문제시되는 소위 '갑질' 논란 등이 빈번하게 일어나는 이유도 방관자 효과가 작용하기 때문은 아닐까? 주변 사람들이 보고도 못 본 척하면 피해자는 혼자서 끊임없이 고통받을 수밖에 없다.

이러한 경향은 SNS 같은 온라인상의 인간관계에서도 나타난다. 온라인에서는 익명으로 특정 대상을 공격할 수 있어, 그만큼 악성 댓글을 남기기도 쉽다. 그런데 악성 댓글의 공격을 받은 사람을 섣불리 옹호하면 이번에는 자신이 공격 대상이 된다. 그러면 순식간에 자신의 개인정보가 여기저기로 퍼져나갈지 모른다. 그렇기에 대부분 철저하게 방관자가 되어서 보고도 못 본 척하는 선택지를 따르게 되는 것이다.

혹시 방관자 효과 때문에 위기의 상황에서 도움받지 못할까 걱정되는가? 그렇다면 일단 정신을 차리고 주변에 있는 사람 중 한 명을 구체적으로 지목해 도움을 요청해보자. 책임이 한 사람에게 몰리면 그가 움직일 확률이 높아진다.

창의적 사고 훈련 4 브레인라이팅

새로운 아이디어를 찾기 위해, 많은 회의 기법이 소개되어 있다. 브레인스토밍도 그 중 하나이다. 그러나, 말을 하도록 장려되는 상황에서는 주도권을 가져가는 사람이 생기고, 전체적인 아이디어가 주도적인 의견에 영향을 받기 쉽다. 브레인스토밍의 이러한 단점을 보완한 기법이 브레인 라이팅이다.

● 브레인 라이팅이란?

브레인 라이팅은 브레인 스토밍의 단점을 보완하기 위해 독일에서 개발된 기법이다. 돌아가면서 주제에 대한 의견을 자유롭게 말하는 대신, 참가자들은 각자 가지고 있는 종이에 의견을 적는다. 종이를 옆사람과 교환해가며 계속 의견을 쓴 후, 마지막에 다 함께 확인하며 주제별로 분류하고, 토론한다.

● 브레인 라이팅의 장점

아이디어를 생각하는 시간과 이를 작성하는 시간이 따로 확보되어, 발표에 대한 참가자의 압박감을 비교적 줄일 수 있다. 대화하는 대신, 각자 의견을 종이에 쓰도록 하므로, 특정 인물에게 대화의 주도권이 돌아가거나 소수 의견이 다수 의견에 흡수되지 않도록 만든다. 소극적인 사람들도 자유롭게 의견 개진을 할 수 있다.

● 브레인 라이팅의 사용 및 예시

6명 내외의 소규모 그룹에서 브레인 라이팅하기(6/3/5 기법)

주제 <   >

	A	B	C
1			
2			
3			
4			
5			
6			

① 6/3/5브레인 라이팅 기법은 6명의 인원이 3개의 아이디어를 5분 내 떠올린다는 내용의 브레인 라이팅 기법이다. 하지만 꼭 6명일 필요는 없고, 아이디어 개수나 제한 시간도 인원이나 주제에 맞추어 변경해도 괜찮다.

② A4용지를 준비해, 양식지 상단에는 주제를 적는다. 그리고 3열 6행(인원수 만큼 입력)으로 만들어진 빈 표를 삽입한다. 이 종이는 인원수만큼 준비한다.

③ 각자 브레인 라이팅 종이를 가지고 5분 내에 떠오르는 아이디어 3개를 적는다. 5분이 지나면

종이를 자신의 왼쪽(또는 오른쪽) 있는 사람으로 전달해 종이를 바꾼다. 그리고 다시 5분 내 3개의 아이디어를 떠올리는 일을 반복한다. 인원수 만큼의 행이 다 찰 때까지 반복한다.

④ 완료되면, 칠판에 종이를 붙여서 아이디어에 대해 토론하도록 한다.

포스트잇 활용 브레인라이팅

만약 인원이 많다면, 위에서 소개한 기법처럼 참여자 간 종이를 교환하는 일이 쉽지 않다. 어떻게 진행한다고 하더라도, 인원수의 3배가 되는 아이디어 전체를 검토하고 이에 대해 토론하기란 여간 힘든 일이 아니다. 이를 보완할 수 있는 방법을 소개합니다. 바로 포스트잇을 이용한 방법이다. 진행자는 큰 칠판과 포스트잇을 준비한다. 포스트잇을 참여자 모두에게 나눠주고, 일정 시간동안 정해진 주제에 대한 아이디어를 자유롭게 작성해 칠판에 붙이도록 한다. 포스트잇을 작성하는 시간이 끝나면, 비슷한 아이디어나, 서로 발전시킬 수 있는 아이디어끼리 모으고 분류한다. 그리고 이를 바탕으로 구성원간 토론을 진행한다.

혼자서 브레인 라이팅 하기

브레인 라이팅의 장점은, 혼자서도 할 수 있다는 점이다. 혼자서 진행한다면 마인드맵 등의 양식을 작성하는 방법도 있다. 혼자 진행하는 브레인 라이팅을 더욱 효과적으로 활용하기 위한 팁은, 조용한 장소에서 혼자 집중할 것, 아이디어를 작성하는데 제한 시간을 둘 것 등이다.

Unit 5.

창의성 요인과 창의적인 사람들

01 창의성에 영향을 미치는 요인

지적 능력

창의성에서 중요한 것은 문제 발견 능력, 문제를 이해하여 정의하는 능력, 문제의 중요도, 해결 전략의 적절성 등을 평가할 수 있는 능력, 문제를 해결할 수 있는 능력 등의 지적 능력이다. 특히 이 모든 능력에서는 통찰력과 발산적 사고가 중요하다.

통찰력이란 서로 분리된 상황이나 지적 갈등 상황에서 그 상황에 적절한 새로운 정보를 생산해 내는 과정이며, 두 가지의 서로 다른 지식체계가 인간의 장기 기억 장치 속에 들어가 갈등을 느끼던 상황에서 해결의 방안을 찾는 것을 의미한다. 또한 통찰력은 서로 다른 개념이나 아이디어를 직접적으로 비교하거나 유사한 것을 관찰하는 것으로부터 얻어지는 경우도 있다.

발산적 사고도 중요하다. 발산적 사고란 기존의 지식에서 벗어나 자유로운 발상을 통해 새로운 아이디어를 생각해 내는 것을 말한다. 사람에 따라 문제에 대하여 기발한 해결책이나 다양한 해결 방안을 내는 경우도 있고, 어떤 사람은 일반적인 해결 방안밖에 내지 못하는 경우도 있다.

지식

창의성에 영향을 미치는 요인으로 지식도 중요하다. 그 이유는 다음과 같다. 첫째, 지식이 없으면 문제를 발견할 수 없을 뿐 아니라 문제의 성격을 파악할 수 없다. 둘째, 지식이 있으면 단순히 이미 발견되거나 해결된 문제를 재발견하는 것을 방지할 수 있다. 셋째, 지식이 있음으로써 현재 어떤 위치에 있고 어떻게 접근해야 하는지를 알 수 있다. 넷째, 지식이 있음으로써 중요한 아이디어를 종합하여 질 높은 산출물을 낼 수 있다. 다섯째, 지식을 가짐으로써 아이디어를 접할 기회가 있을 때 아이디어를 포착할 수 있다. 여섯째, 지식은 관련된 분야에 관한 이해를 가능하게 하여 어떤 사람의 인지적 상태를 아이디어를 얻을 수 있는 상태로 만들 수 있다.

사고 스타일

사고 스타일에는 감각적 스타일과 직관적 스타일, 순응하는 스타일과 개혁 스타일, 지엽적 사고 스타일과 폭넓은 사고 스타일이 있으며, 이 중 어느 사고 스타일이냐에 따라서 창의성이 달라진다.

감각적 스타일은 모든 문제를 외형적으로 받아들이는 감각 기관에 의존하여 해결하려는 사람이다. 직관적 스타일은 직관, 느낌, 여러 가지 지식에 의존한다. 창의적 과학자, 수학자, 작가 등은 대부분 직관적인 스타일로 나타났다.

또한 순응하는 스타일은 조금씩 변화시키고 기존에 존재하는 패러다임이나 과정을 존중하는 특성이 있고, 개혁적 스타일은 기존의 구조를 재편성하고 새로운 관점에서 보려는 특성이 있다.

지엽적 스타일과 폭넓은 스타일의 차이도 창의력에 영향을 미친다. 폭넓은 사고 스타일을 지닌 사람은 전체를 먼저 파악한다. 즉, 큰 숲을 보며, 큰 문제에서 일반적인 문제로 접근한다. 반면 지엽적인 문제로부터 창의적인 업적을 낸 경우도 많다. 따라서 상황에 따라 효과적인 접근을 하는 것이 필요하다.

동기 유발

창의성 계발에서는 내·외적 동기 유발도 중요하다. 내적 동기란 업무를 성공적으로 완수하려는 동기로, 호기심, 흥미, 그 자신의 잠재력을 최대한 발휘하려는 것으로 일을 즐기고 흥미와 관심을 충족시키기 위하여 일을 한다. 반대로 외적 동기란 금전, 성공, 승진 등의 동기에 의하여 일을 하는 경우를 의미한다.

개인적 특성

창의적인 사람은 다음과 같은 특성을 보인다. 첫째, 모호함에 대한 참을성이 있다. 모호할 때에는 대단히 불안하여 완전한 답이 아니더라도 문제에 대한 답을 구하려고 애를 쓴다. 이러한 경우 보다 완전한 답을 얻을 때까지 참을 수 있는 성격이 필요하다. 둘째, 인내가 필요하다. 창의성 높은 작품을 만들기 위해서는 어려운 고비를 많이 넘겨야 한다. 셋째, 새로운 경험에 대한 개방성이다. 즉, 새로운 아이디어, 시도, 탐구, 신비로움에 대한 개방성은 창의력 발휘의 기초가 된다. 넷째, 위험을 감수하려는 의지이다. 위험한 길을 가면 여러 가지 어려움이 있으며 결과가 불확실하다. 창의적이지 않은 사람들은 위험을 피하려는 경향이 있다. 마지막으로 자신의 결정이나 자신에 대한 확신과 소신이 중요하다.

환경

환경에는 물리적 환경과 사회적 환경 등이 있다. 자신의 일을 자유롭게 할 수 있는 여건, 충분히 사고할 수 있는 시간적 여유, 서로 다른 영역끼리 협동할 수 있는 분위기, 아이디어를 산출할 수 있는 충분한 인적 자원 등이 창의적 산출물 생산에 도움이 되는 환경이다. 예를 들면, 보다 발산적 사고를 하는 환경에서 자라거나 잡지를 구독하며 다양한 취미를 살릴 수 있는 가정에서 태어난 사람의 경우 창의성이 있다고 한다.

또 한 가지 환경은 모델을 보여줄 수 있는 사람이 있는가 하는 문제이고, 더불어 심각한 제약은 창의성을 제한하지만 어느 정도 제약이 있는 경우 오히려 창의성이 신장된다는 것이 밝혀졌다.

02 창의성의 저해요인

습관

우리는 보통의 경우 고정된 사고방식이나 습관에 의하여 생각하고 행동한다. 우리는 항상 거의 비슷한 사태에서 비슷한 일들에 대하여 생활하기 때문에 소위 버릇이 생겨버린 것이다. 이렇게 사고방식이나 행동에 일정한 틀이 형성되고 나면, 의도적 노력을 하지 않는 한 달리 생각하고 행동하기가 무척 어려워진다.

태도

사물을 대하는 태도가 어떠한가에 따라 창의적 사고는 영향을 받는다. 즉, 무엇이든지 이루어질 수 있다는 태도가 중요하다. 또한 맹목적인 추종은 우리의 새로운 시도를 방해한다. 따라서 기존 사실이나 방법에 전혀 회의를 품어보는 일도 없이 남이 하는 대로 또는 예전부터 해 오던 그대로 따라 하는 태도는 결국 독창적인 사고를 할 수 없게 만든다.

인간은 권위에 무척이나 약하다. 이러한 태도는 창의적 사고를 방해한다. 노력의 결핍은 매사에 다 그렇지만, 특히 창의적 사고의 주요한 적이 된다. 우리는 문제 해결을 위하여 적절한 노력을 하려고 하기보다는 단념이 훨씬 편하다는 진리를 너무 자주 이용하고 있다.

지식

아무리 머리를 써도 기초 지식 없이는 아이디어가 나올 수 없다. 경험이나 지식이 풍부하면 그만큼 많은 아이디어가 나올 가능성이 크다. 따라서 경험이나 기초 지식의 결여는 창의적 사고를 저해하는 요소가 된다. 한편, 한 분야에서의 너무 깊은 지식이 오히려 창의성을 방해한다는 연구도 있다.

03 창의적인 사람

창의적인 사람은 어떻게 행동하며 어떤 성격 특성을 가지고 있을까? 이 물음에 헝가리 출신 심리학자 칙센트미하이(Csikszentmihalyi)는 바로 '복합성'이라는 한마디로 답을 했다. 창의적인 사람들이 지닌 성격 특성인 복합성이 의미하는 것이 도대체 무엇일까?

복합성?

우선 복합성이란 우리가 이미 알고 있듯이 두 가지 이상의 특성을 함께 가지고 있다는 말이다. 다만 칙센트미하이는 복합적인 인격이라는 말의 의미를 이해할 때 다음을 조심하라고 했는데,

> "복합적인 인격이란 중립이나 평균을 의미하지 않는다. 그것은 양극 사이의 중간 지점 어딘가에 위치한다는 의미가 아니다. 예를 들어 경쟁적이지도 않고 협조적이지도 않은 어중간한 성격이 아니라, 경우에 따라 한쪽에서 다른 쪽으로 움직이는 능력을 갖고 있다는 의미다."
>
> — 『창의성의 즐거움』 중에서

이 말은 냉탕과 열탕이 있을 때 그것을 섞어놓은 온탕을 복합적이라고 하는 것이 아니라, 그 둘을 왔다 갔다 할 수 있는 것을 복합적이라고 이해할 수 있다. 즉, 이 말을 양면성이라는 말로도 사용할 수 있다는 의미이다. 칙센트미하이는 원래 총 열 가지의 양면성을 예로 들어 설명했지만, 여기에서는 그 특성들을 정리해서 몇 가지 예시로 함축하여 소개한다.

창의적인 사람들은 외향적인 동시에 내향적인 특성을 지닌다.

우리는 MBTI 검사를 비롯한 다양한 심리검사를 통해 자신의 성격이 외향적인지 또는 내향적인지를 평가받곤 한다. 하지만 이와 같은 검사에서, 예를 들면 내가 파티에 나가서 사람들과 어울리는 것과 혼자 집에서 사색을 하는 것 중에 어떤 것을 더 선호하는지 대답하기 참 어려울 때가 많다.

어떤 때는 나가서 노는 게 좋고, 어떤 때는 집에 있는 게 좋고 — 그런 게 일반적인 사람의 마음이라 하겠다. 결국엔 그중에서도 그때의 기분에 맞는 걸 고르지만, 그래서인지 검사 결과가 이전과는 다르게 나오는 경우가 있다는 것이다.

칙센트미하이는 바로 이런 점을 통찰했던 것으로 보인다.

창의적인 사람은 상황에 따라 파티에서 사람들과 지식을 공유하고 정서를 교감하는 데 흥미가 있기도 하며, 때로는 서재에 홀로 밤새 앉아 사색하기를 즐기기도 한다고 할 수 있다.

창의적인 사람은 상상과 현실 사이를 오고 간다.

우리는 일반적으로 예술가는 공상에 강하고, 과학자나 사업가는 현실주의자라고 생각할 수 있지만, 창의적인 사람은 자신이 몸담고 있는 분야를 넘어서 풍부한 상상력을 지닌 동시에 때로는 지독할 만큼 현실적이기도 하다.

또한 젊은이들에게 남성적인지 여성적인지를 테스트해 보면, 창의적이고 재능을 가진 소녀들은 일반적인 소녀들에 비해 조금 더 지배적이고 강인한 모습을 보였다고 한다. 반면 창의적인 소년들은 다른 소년들보다 더 감성적이고 덜 공격적인 것으로 나타났다고

도 한다.

아주 여성적이거나 아주 남성적인 사람보다는 여성의 눈과 남성의 눈을 모두 가지고 있는 사람이 현실에 두 배로 반응하면서 세상을 좀 더 풍요롭게 경험하고, 비교적 다양한 경험을 할 기회를 가질 수 있다.

창의적인 사람의 특성

수많은 사람들 중에서 누가 창의적일까? 물론 창의적인 사람을 판별하기 위해서는 TTCT, Wallach & Kogan 검사 등 검증된 창의성 평가도구를 활용하는 게 가장 적절하겠지만, 우리는 창의적인 사람들이 공통적으로 보이는 어떤 특성을 관찰함으로써 그들을 알아볼 수 있다.

그렇다면 창의적인 사람들이 공통적으로 보이는 특성은 무엇일까? 창의적인 사람들에게서 관찰되는 특성은 많은 연구가 진행된 분야인 만큼 각자 주장하는 바가 조금씩 다르다. 그중에서도 자주 언급되는 특성, 그리고 내가 더 공감하는 몇 가지를 대표적으로 소개하면 다음과 같다.

1) 호기심

창의적인 사람은 언제나 호기심이 많으며, 그 호기심을 풀기 위해 기꺼이 자신의 노력과 시간을 투자할 수 있다. 이 중에서도 주목해야 할 점은 그저 궁금해하고 넘어가는 수준이 아니라, 그 문제를 해결하고 해답을 얻기 위해 엄청난 노력을 기울인다는 것이다.

만유인력의 법칙을 알아낸 뉴턴이 대표적인 사례다. 일반적으로 우리는 뉴턴이 사과나무에서 사과가 떨어지는 모습을 보고 만유인력의 법칙을 착안했다고 생각하지만, 이미 뉴턴은 우주의 운동 법칙과 원리에 대한 심오한 호기심을 몇 년째 가지고 있었고, "사과처럼 가벼운 물체도 땅으로 떨어지는데 달은 왜 땅으로 떨어지지 않는가?"에 대해 궁금해했을 것이다.

그리고 그에 대한 해답을 얻기 위해 꾸준히 연구한 결과, 물리학의 새로운 지표를 제시한 만유인력의 법칙을 알아낼 수 있었을 것이다. 창의적인 사람은 언제나 높은 수준의 호기심을 가지고 있으며, 해답을 찾기 위해 막대한 노력과 시간을 기꺼이 할애할 수 있다.

2) 실험정신과 도전정신

창의적인 사람들은 경험을 통해 얻은 지식을 시험하려는 열의와 고집, 실수에서 배우려는 의지가 많으며, 실패를 딛고 일어서는 자세를 가지고 있다. 역경 앞에서도 낙관적인 자세를 가지는데, 콜럼버스 역시 무척 낙관적이었다. 단적인 예로, 6주 동안이나 망망대해를 떠다니면서 그 어디에서도 육지의 흔적을 찾을 수 없었을 때에도 그는 낙관적인 태도를 버리지 않았다.

다른 한편으로는 전통적인 것에 도전하는 것이 부정적인 성격 특성이 될 수도 있는데, 르네상스 시대의 과학자이자 예술가 레오나르도 다빈치는 자신을 경험과 예술의 실천에서 지식을 얻는 '교양 없는 인간'으로 칭하고, '어리석은 자들'인 박사들과 논쟁했다.

그들은 그가 독학했다는 이유로 부당하게 비난했지만, 다빈치는 '이론을 추구하는 현실적인 인간'이면서도 항상 자신이 그 이상 나아가기를 갈망하고, 포착할 수 없는 것을 붙잡고 싶어 하는 예술가였다. 결국 그의 실험정신과 도전정신은 시대를 앞선 가치로 인정받게 되었다.

3) 풍부하게 생각하기

창의적인 사람들은 단편적으로만 보지 않으며, 여러 가능한 상황을 생각하며 수많은 아이디어와 다양한 생각을 한다. 에디슨은 아직까지 기록으로 남아 있는 1,093개의 특허권을 보유하고 있다. 바흐는 아프고 피곤할 때에도 거르지 않고 매주 한 편의 칸타타를 작곡했다. 모차르트는 600편 이상의 음악을 작곡했다. 아인슈타인은 상대성 이론 외에도 248편의 논문을 발표했다. 피카소는 2만 점 이상의 작품을 완성했다.

이들이 이룩한 방대한 양의 연구가 곧 질을 결정짓는다. 끊임없이 창조하는 것이 중요하다. 다빈치는 문제의 성격을 파악하기 위해 다양한 방법으로 문제를 재정의하는 것에서부터 시작해야 한다고 믿었다. 그는 문제를 바라보는 자신의 첫 번째 방식이 너무 일상적인 것에 치우쳐 있다고 느껴, 어떤 사물을 본 후 다시 다른 관점으로 바라보고, 또 다시 다른 관점으로 이동함으로써 자신의 문제를 재구성했다. 그 결과 문제에 대한 이해도가 깊어지고 문제의 본질을 이해하기 시작했다. 그리고 다빈치는 아이디어가 떠오르거나, 감상이나 관찰에 대한 소견을 바로 기록하기 위해 항상 노트를 가지고 다녔다.

서로 관련 없는 것을 관련짓기

서로 관련 없는 것을 관련짓는 것은 모든 사물과 현상의 연관성을 인식하고 평가하는 것으로서, 행동이나 의사결정을 보다 넓은 관점에서 하려는 발상법이다. '새로운 조합 만들기'라고도 말할 수 있는데, 가지고 있는 많은 지식을 서로 관련지음으로써 새로운 관계와 지식을 찾아낼 수 있다는 것이다.

에디슨의 예를 보면, 그의 연구실은 커다란 헛간으로, 방을 가로질러 작업대가 놓여 있었으며 작업대 위에서 서로 다른 프로젝트를 진행하였다. 그의 작업실은 하나의 프로젝트가 옆의 것에도 영향을 주도록 고안되었다. 따라서 한곳에서 시도한 방법이 다른 곳에서도 쓰일 수 있었다.

다빈치의 뛰어난 창의성의 비밀은 공통점이 없는 요소를 결합시키고 연결해서 새로운 패턴을 만들어내는 데 있다. 그는 어렸을 때 어느 농부의 방패에 그림을 그려달라는 부탁을 받았다. 소년 다빈치는 "그림을 보는 사람은 누구라도 겁낼 이미지를 만들어내고 싶어서, 방에다 기어다니는 파충류, 초록색 도마뱀, 귀뚜라미, 뱀, 나비, 메뚜기, 박쥐를 비롯해 각종 이상한 동물들을 수집해 놓고, 이 동물들의 각 부분을 조합해서, 입에서 독이 나오고 불을 뿜어내는 무시무시한 괴물을 창조했다." 그는 장난스러움과 상상력을 동원해 서로 다른 자연물들을 결합시켜서 새로운 것을 발명하고 디자인했다.

이와 같이 서로 관련 없는 것을 관련짓기는 창의적인 사람들의 행동 특징인데, 다른 사람이 보지 못하는 것을 볼 수 있도록 관련 없는 것을 인위적으로 관련시키는 능력이다. 다빈치는 창의적인 영감을 얻기 위해 '어떻게 관련 없는 것을 관련지었는지'를 자신의 노트에 적었다. 그는 거울에 비쳐 좌우가 반대로 된 '비밀스러운' 글씨체를 이용하였다. 그의 글씨를 읽으려면 거울을 사용해야 했다.

그리고 3M의 아서 프라이(Arthur Fry) 는 게시판에 쓰기 위해 만들었던 일회용 접착제와 책갈피의 관계에서 포스트잇을 발명했다. IBM의 한 기술자는 딸이 블록을 가지고 노는 모습을 보다가 블록과 컴퓨터 키보드 간의 관련성을 찾아내어 노트북용 키보드를 만들어냈다.

다른 방향에서 생각해 보기

창의적인 사람들은 관습적인 사고를 하는 것이 아니라 새롭고 도전적인 방법으로 다르게 생각한다. 아스피린 제품 개발자들은 아스피린 알약에 단맛이 나는 코팅을 입히는데 어려움을 겪고 있었다. 코팅을 입히고 나면 알약의 표면이 울퉁불퉁해졌기 때문이다. 그들은 고생 끝에 아스피린 표면에 무언가를 입히는 대신, 아스피린에서 무언가를 '벗겨내는' 방법을 찾았고, 이것은 알약을 코팅하는 새로운 기술 중 하나가 되었다.

또한 스위스의 발명가 조르주 드 메스트랄(George de Mestral) 의 이야기를 생각해 보자. 그는 1940년대 후반 어느 날 사냥을 하다가 갑자기 그와 그의 개가 덤불에 빠졌다. 드 메스트랄은 덤불 가시를 떼어내려고 했지만, 오히려 그의 옷에 더 달라붙었다. 그는 가시가 왜 그렇게 제거하기 힘든지 궁금해하였다. 집에 온 후 그는 현미경을 통해 각각의 가시에 수백 개의 작은 갈고리가 있어서 바지의 실에 꽂히게 된다는 사실을 발견하였다.

다빈치는 주제에 대한 깊은 이해와 최소한 세 가지 다른 관점에서의 시각을 가지는 것을 동일시했다. 이것은 다빈치 전략의 매우 기본적이고 핵심적인 부분으로서, 다양한 관점들이 종합적으로 다루어졌다. 다빈치는 최소한 세 가지 다른 시각에서 주제를 인식한 후에야 주제에 대한 기본적인 이해가 이루어진다고 믿었다.

04 창의성 남녀 탐구

창의성과 성별의 차이

남자와 여자 중 어느 쪽이 더 운전을 잘할까?

남자와 여자 중 어느 쪽이 더 감수성이 풍부할까?

위와 같은 질문에 대해서 우리는 대략적으로 답을 예상할 수 있고, 이미 많은 연구들이 진행된 바 있다. 그리고 이런 남자와 여자의 차이에 대한 연구는 쉽게 사람들의 관심을 끌고 이목을 집중시키는데, 아마도 나와는 다른 이성에 대한 호기심 때문일 것이다.

그렇다면 남자와 여자 중 어느 쪽이 더 창의적일까?

남자와 여자의 창의성을 연구한 결과에 따르면 결론적으로 어느 쪽이 명백하게 창의적이라고 할 수 없다. 특히 창의성 검사 도구를 활용한 연구에서는 남자와 여자에게서 뚜렷한 점수 차이를 발견하지 못했다. 그러나 어느 한쪽이 더 창의적이라고 보고하는 몇몇 연구에서는 남성이 조금 더 창의적일 것이라고 이야기하는 경우가 조금 더 많은데, 어떤 부분에서, 어떤 이유에서 이런 결과가 나온 걸까?

사회문화적 차이

우선 남성이 여성보다 창의적이며 생산성이 높다고 보고하는 연구에서는 이런 차이가 나는 이유를 대부분 문화적 차이 때문이라고 말하고 있다. 즉, 여성이 남성보다 창의적인 수행에 어려움을 겪는 이유는 여성이 남성보다 순종적이고 더 상냥하기를 원하는 사회적 분위기 속에서, 그리고 소년들보다 소녀들이 성장 과정에서 이런 '성 역할'에 대한 압박을 더 심하게 느끼며 자라기 때문이라는 것이다.

실제로 Lewis와 Houts는 5~6세 아동들을 대상으로 한 연구에서 "소년과 소녀가 자신의 아이디어를 표현하기 위해 동등한 규칙을 경험한다면 그들은 동등하게 수행할 것이다"라고 말했다. 물론 남자와 여자의 생물학적인 차이도 존재하지만, 이런 차이보다는 사회·문화적인 환경이 창의적 수행에 더 큰 영향을 미친다는 결론이다.

기질의 차이

남자와 여자의 차이에 대한 말을 할 때면 원시 시대의 생활로 돌아가서 생각해보는 경우가 많다. 창의성 또한 같은 맥락에서 바라볼 수 있다.

과거부터 사냥을 위해 남성은 여성보다 다양한 '위험'과 '돌발'에 조금 더 둔감하거나, 더 대담해야 할 필요가 있었다. 겁이 많은 남자는 사냥감을 잘 잡아오지 못했을 것이고, 결국 자연선택에 의해 더 용감한 남자들이 자신의 유전자를 후손에게 남겼을 것이라고 한다. 이런 유전자를 받은 우리가 현대에서 직접 사냥을 하는 경우는 거의 없지만, 일반적으로 창의성을 발현하기 위해서는 다양한 위험(리스크)을 감수해야 하는 경우가 많다.

이럴 때마다 남자가 여자보다 더 대담하게 자신의 아이디어를 어필하거나 수행할 수 있는 반면, 여자는 남자보다 스트레스와 압박에 더 민감하게 된다는 것이다. 특히 과제 수행에 있어서 비슷한 역량의 남녀에게 동일한 과제를 부여했을 때, 그 과제에 큰 담보가 걸려 있을수록 여성의 과제 수행력이 감소하는 경향을 보였다는 결과도 있다.

▶ 여성의 저(低) 생산성에 대한 요소

Callahan과 그의 동료들(1994) 은 여성의 저생산성에 대한 6가지 요소를 설명하고 있다.

① 자신감 부족, 자신의 능력에 대한 과소평가

② 대인관계에 대한 민감성이 성취를 방해

③ 진로 목표보다 사회화를 더 우선순위에 두고 행동(타인의 평가에 민감)

④ 여성의 역할 기대에 따른 스트레스

⑤ 내재적으로 동기화되기보다 외재적으로 동기화하는 경향

위와 같은 이유로 여성의 저생산성에 대해 설명을 하고 있는데, 이 중에서도 외재적으로 동기화하는 경향에 주목할 필요가 있다. 창의적 성취는 물론 외부적인 보상을 이유로 해서도 가능하지만, 주로 내재적 동기화에 의해 이루어진다고 보는 게 일반적이다.

여자는 비교적 타인의 평가에 민감하게 반응하기 때문에, 타인으로부터 주어지는 좋은 평가나 보상에 먼저 동기화되기 쉽다. 그리고 이런 외재적 동기는 개인이 내적으로 동기화되는 과정을 방해하며, 결국 창의성 발현을 위한 세계로 가는 여정을 방해할 수 있다는 것이다.

신경생물학적인 입장

위 내용을 보면 일반적으로 남자가 더 창의적일 것이며 창의적 수행에 유리하다고 결론지을 수 있을 것 같지만, 신경생물학적인 관점에서는 오히려 여자가 남자보다 더 창의적일 가능성이 있다는 근거가 있다.

창의성과 두뇌를 다룬 연구에 따르면, 우리 두뇌의 좌반구와 우반구를 이어주는 뇌량(corpus callosum) 이라는 신경다발이 영향을 준다고 한다. 이 뇌량이 일반적으로 남자보다 여자가 더 두껍다는 보고가 있다.

좌뇌와 우뇌가 서로 원활하게 협력할 때 개인은 더 창의적인 아이디어를 산출할 수 있다는 것이 일반적인 견해인 만큼, 신경생물학적인 입장에서는 여성이 더 창의적일 가능성이 있다고도 볼 수 있다. 또한 여성이 남성보다 타인의 평가에 민감하게 반응한다는 사실은, 오히려 더 적절하고 유용한 산물을 개발할 가능성이 높다는 것을 암시하기도 한다. 결론적으로, 남과 여 중 어느 쪽이 더 창의적이라고 단정하기는 어렵다.

또한 남자와 여자 간의 차이가 없다는 결론이 더 많다. 물론 이 주제에 대해 더 많은 연구가 이루어진다면 새로운 결과가 나올 수도 있겠지만, 더 중요한 것은 남성과 여성이 각각 지니고 있는 하나의 성격 특성에 얽매이기보다는, 주어진 상황이나 조건에 따라 때로는 남성성을, 때로는 여성성을 적절하게 발현하는 것이 창의적 성취에 가장 도움이 된다는 점이다.

저명한 남성 건축가들을 연구한 결과, 이들은 일반적인 건축가들보다 여성적인 선택지에 대해 더 개방적이었으며, Hassler 는 창의적인 음악 연주를 위한 최적의 테스토스테론 수치가 있다고 주장했다. 이 수치는 남성으로서는 가장 낮은 수준이고, 여성으로서는 가장 높은 수준이라고 한다. 또 심리적 양성성(psychological androgyny) 을 지닌 사람은 창조적일 뿐만 아니라 심리적으로도 더 건강하다(Bem, 1986; Harrington, 1983).

05 창의성과 사랑

창의성과 성적 욕망

모든 인간은 마음에 드는 이성에 대하여 성적 욕망을 가지고 있고, 자신의 후손을 남기려는 강한 본능을 가지고 있다. 또한 새로운 아이디어, 새로운 발명을 하려고 하는 창조에 대한 욕구도 인간에게 주어진 자연스러운 본능이라 할 수 있다.

인간에게 태어날 때부터 주어진 이런 두 종류의 욕구의 공통점은 바로 무언가를 새로 창조한다는 행위라는 것이다. 이렇게 두 욕망의 공통점을 간파하고 이것을 주제로 연구한 사례들을 살펴보면 매우 흥미롭다.

프로이트가 창시한 정신분석학에서 제시한 성적 욕망인 '리비도(libido)'라는 개념이 있다. 리비도는 불완전한 욕망으로서, 그것을 여과 없이 발휘하면 안 되기 때문에 사회적으로 용인되는 수준으로 승화시켜 발휘하면 창의적이라고 평가받을 수 있다는 것이 정신분석학에서 생각하는 창의성이다. 꼭 '리비도'라는 단어를 쓰지 않더라도, 성적 에너지와 창의적 에너지의 근원이 같다고 생각하는 사람들이 꽤 많은 것으로 판단된다.

창의적인 사람은 이성에게 더 매력적이다.

2009년 영국 뉴캐슬대학교(Newcastle University) 에서 실시한 흥미로운 연구가 있었는데, 바로 저명한 예술가와 시인들은 다른 사람들에 비해 두 배 정도 많은 파트너를 가져봤다고 한다. 이에 대한 이유를 정확하게 정의 내릴 수는 없지만, 아마도 현대 사회에서 창의적 성취를 할 수 있는 능력은 원시인에게 있어 사냥을 잘하는 것과 같은 매력을 지니는 것으로 보인다.

창의적으로 생각할 수 있고 생산적인 모습은 현대의 인간이 생존하는 데 유리한 스킬이며, 이런 모습이 이성에게 더욱 매력적으로 보일 수 있다는 것이다. 실제로 요즘 온라인상에서는 '뇌가 섹시한 남자(뇌섹남)'라는 신조어도 생겼다. 또한 우리의 편견과는 달리 창의적인 사람은 사교성과 적응성이 좋다고 하는데, 아마 이런 이유도 한몫을 하는 것으로 보인다.

사랑할 때 우리는 창의적이 된다.

사람들이 스스로 창의적이라고 생각했던 순간들을 돌아보면, 가장 자주 떠올리는 순간이 바로 '사랑을 하고 있었을 때'라고 말한다. 간단한 예로, 기념일에 이벤트를 준비하는 순간만큼은 그 누구보다 창의적인 사람이 된 기분이 든다는 것이다.

창의적으로 사고하는 실천적인 방법은 여러 가지가 제시되어 있지만, 유명한 심리학자 Kaufman 교수의 연구에 따르면, 사랑이라는 감정을 상상하거나 느끼는 사람에게 창의적인 수행을 요구했을 때 더 높은 점수를 기록했다고 한다. 또한 많은 연구에서, 진정한 사랑을 경험해본 사람, 그리고 사랑에 빠져 있는 사람이 일반적으로 세상을 더 낙관적으로 바라보며 창의적 수행에서 유리하다고 말하고 있다.

사랑을 하면 더 창의적으로 사고할 수 있는 이유는, 사랑에 빠진 사람이 잠시 현실과의 타협을 잊고 자신의 근본적인 에너지와 본능에 주의를 기울이기 때문일까? 아니면 자신과는 다른 사람의 생각과 감정을 진정으로 이해하는 과정 때문일까? 사랑과 창의적인 에너지, 창의적인 수행과 연관이 있을 것이라는 다양한 연구와 보고들이 있지만, 이 연구들의 공통적인 마무리는 이에 대한 정확한 이유와 근거는 아직 불명확하며 연구가 더 필요하다는 것이다. 그러나 분명 '사랑'에는 우리의 눈에는 보이지 않지만 충분히 느낄 수 있는 강한 힘이 있다는 사실만큼은 그 누구도 부인하지 못할 것이다.

창의성의 심리학 #5

이번에는 여러분이 직접 실험에 참여해보자.
아래에 직힌 10개의 단어럴 자신이 생각하는 남성 또는 여성의 이미지에 맞게 나눠보자.

①공격적이다. ②감정적이다. ③믿음직스럽다. ④수다스럽다. ⑤남의 말을 귀담아듣지 않는다. ⑥운전이 서툴다. ⑦점을 잘 믿는다. ⑧대범하다. ⑨소문을 좋아한다. ⑩유연성이 부족하다.

남성 이미지	여성 이미지

이번 문제의 답을 빠르게 적어 낸 사람일수록 강한 고정관념에 사로잡힌 사람일 가능성이 크다. 고정관념이란 사회나 집단 속에 당연하다는 듯이 침투해 있는 선입견, 틀에 박힌 사고방식, 편견 등을 일컫는다. 혹시 평소에 이렇게 생각하지 않는가?

- 아주머니들은 수다스럽고 오지랖이 넓다.
- A형은 소심하고 걱정이 많다.
- O형은 지기 싫어하지만 포기도 빠르다.
- B형은 자기중심적이고 부주의하다.
- AB형은 합리적으로 사고하는 반면 공상적인 면도 있다.
- 이탈리아 남성들은 여성을 보면 말을 건다.

물론 고정관념이 나쁘기만 한 것은 아니다. 뇌는 날아드는 온갖 정보를 받아들이기 위해 쉬지 않고 일하기 때문에 매번 정보를 꼼꼼히 음미하고 순서대로 정리해서 판단하면 녹초가 되고 말 것이다. 순간적인 판단 능력도 사용하기 어려워질 것이다.

따라서 앞의 예시처럼 정형화된 틀에 맞춰 생각하면 딱 들어맞지는 않지만 아주 많이 틀린 것도 아니고, 뇌 역시 피로를 덜 느낀다는 장점이 있다. 어떻게 보면 참 효율적이다.

고정관념의 또 다른 기능도 있다. 사람은 자신이 이해할 수 있는 범위 내에 있는 대상을 좋아하고 안도감을 느끼는 경향이 있다. 이때 고정관념은 '손쉽게 상대방을 이해하기 위한 척도'로 활용된다. 그러나 고정관념에 사로잡히면 대상이 되는 사람이나 사물을 과도하게 단순화해서 그 대상이 본래 지닌 성질이나 독자성을 간과하기 쉬워진다.

나아가 대상을 잘못 이해한 채로 그릇되게 평가하거나 부정적인 감정을 품을 수 있고, 차별이나 편견을 갖게 되기도 한다. 예를 들면, A형 중에도 대범한 사람이 있고 B형 중에도 꼼꼼한 사람은 있기 마련이다. 그러나 혈액형으로 상대의 모든 것을 안다고 생각하면 전혀 엉뚱하게 판단할 위험이 있다.

또, 학급 내에서 얌전해 보이는 아이를 두고 '친구가 적을 것 같다', '말을 걸어봤자 분명 재미없을 것이다', '어쩐지 거리감이 느껴지고 꺼림칙하다'와 같은 식으로 단정 짓고, 마음 맞는 친구들과 그 아이를 괴롭히는 집단 따돌림도 고정관념에서 비롯되는 커다란 문제다.

텔레비전 쇼 프로그램에서도 대중의 입맛에 맞는 고정관념을 바탕으로 특정 사건을 일으킨 유명인을 판단하고 다 같이 그에게 달려들어 비판하는 일이 빈번하게 일어난다. 심심풀이로는 어떨지 모르겠으나, 만약 자신이 비판받는 당사자의 입장이 된다면 얼마나 섬뜩하겠는가? 고정관념을 바탕으로 한 사고방식은 편리하고 효율적이지만, 때로는 불행을 낳기도 한다. 이를 염두에 두고 언제 어디서든 본질을 꿰뚫어 보는 통찰력을 길러야 한다.

☆ 창의적 사고 훈련 5 바다거북스프 게임

개요

나폴리탄 괴담 계열의 수수께끼. 기묘한 내용 때문에 곳곳에서 유행한 바 있다. 우리나라에서는 괴담이나 도시전설의 형태로 잘 알려져있지만, 해외에서는 엄연한 추리 놀이다. 대한민국 일각에서는 블랙 스토리라고 불리기도 한다.

폴 슬론(Paul Sloane)의 저서 평행사고 수수께끼(Lateral Thinking Puzzles)에서 유명해졌기 때문에 머리글자를 따 LTP라고 부르며, 상황 수수께끼(Situation Puzzles)라고도 한다. 평행사고란 한 마디로 상식적으로는 언뜻 말이 안 되거나 이해할 수 없는 현상을 새로운 방향, 다른 관점에서 생각의 틀을 깨서 사고하는 방식을 말한다.

게임 방법

① 출제자가 (이야기 형식의) 수수께끼를 만들어 출제한다.

② 참가자들은 출제자에게 스무고개 형식의 질문을 하고, 출제자는 그에 대한 대답을 '단답식'으로 한다.

③ 정보를 통해 참가자들은 이야기의 전말을 추리한다.

④ 적당한 때가 되면 출제자는 정답을 공개한다.

바다거북스프 문제

한 남자가, 어느 바닷가 레스토랑에서 바다거북 수프를 주문했으며 그 남자는 바다거북수프를 한 수저 먹고는 주방장을 불렀다.

"죄송합니다. 이거 정말로 바다거북 수프인가요?"

"네, 틀림없는 바다거북 수프 맞습니다."

남자는 계산을 마친 뒤 집에 돌아가서 자살했다.

왜 그랬을까?

문제 자체에도 고려해야할 요소들이 많다. 바로 바닷가 절벽에 뛰어내려 자살하는 등. 이런 식으로 LTP의 문제는 어떤 이야기의 결말과 몇 가지 사실만 언급한 채 많은 궁금증을 남기는 이야기로 이루어져있다.

게임 진행

- 이러한 문제가 출제되면, 참가하는 여러 사람들은 출제자가 예, 아니오로 대답할 수 있는 질문을 하게 된다.
- 이러한 질문에 출제자는 하나하나 대답해간다. 약간의 힌트를 줘서 푸는 사람들을 정답으로 유도할 수도 있다. 이 게임은 답을 못 맞히면 출제자가 이기는 그런 놀이가 아니라 어떻게 재미있게 답을 추측해가느냐, 얼마나 날카로운 질문을 하느냐가 중요하기 때문에 즐거운 플레이를 위해서는 출제자의 적절한 대답 스킬이 요구된다.
- 예를 들어,
    - 바닷가 레스토랑인 게 중요한가요? → 네. 약간 관계 있습니다.
    - 남자는 빚을 지고 있습니까? → 아니오.
    - 남자가 자살한 것은 스프를 먹은 것이 원인입니까? → 네! 아주 중요합니다!
    - 남자의 직업은 무엇입니까? → 예, 아니오로 대답할 수 없는 질문입니다.
    - 주방장은 남자입니까? → 상관 없습니다.
- 출제자와의 문답으로 얻는 정보들을 가지고 참가자들은 서로 토론하기도 하고 독자적으로 추리하기도 하면서 이야기의 미스터리를 풀어나간다.

- 왜 수프 좀 먹었다고 자살하지?
- 남자의 과거에 무슨 일이 있었던 것 같은데?
- 바다거북 수프는 맛있나?
- 요리사가 악당인가?
- 바다거북이라는 재료가 중요한가?

- 이러한 과정에서 최종적으로는 누군가가 정답, 또는 정답과 아주 가까운 질문을 하게 된다. 때가 무르익었다고 생각되면 출제자는 답을 맞힌 사람과 다른 참가자들을 칭찬하고 미리 준비해 둔 해답을 공개한다.

> 남자는 배를 타고 있었는데 남자가 탄 배가 조난되었다. 몇 명의 다른 사람들과 함께 구명보트를 타서 죽음은 면했지만, 작은 섬에 표류하는 처지가 되었다. 식재가 떨어진 일행은 체력이 떨어지는 사람부터 죽어가기 시작했다. 결국, 살아남은 사람들은 살기 위하여 시체의 살을 먹기 시작했지만, 단 한 사람은 이 행위를 강력하게 거부했다. 당연히 그 남자는 서서히 죽어가게 되었다. 이 꼴을 가만히 둘 수 없었던 다른 사람 중 하나가 "이건 바다거북 수프야"라고 거짓말을 한 다음 남자에게 수프를 먹여서, 구조될 때까지 살아남을 수 있었다. 그 뒤 레스토랑에서 명백하게 맛이 전혀 다른 이 진짜 바다거북 수프를 직면하게 된 남자는 진실을 알게 된 뒤 목숨을 끊었다.

이 해답은 그야말로 오리지널. 지금은 이 문제가 너무 유명해진 만큼 완전 똑같은 문제를 내고 전혀 다른 해답문이 나오거나 오리지널 질문을 조금만 변형해서 다른 결말로 만드는 패러디 문제들도 팬들 사이에서 인기가 많다.

기타

문제가 허를 찌르는 재미있는 것일수록, 또 질문자들의 추리력이 높을수록 좋은 게임을 할 수 있으며 모두가 즐겁게 된다. 사실 문제를 내면서 대답하는 사람이 제일 재미있고, 또 제일 힘들다. 출제자의 아이디어와 대답하는 요령, 질문자들의 추리력과 질문하는 요령, 또 전체 참가자의 매너가 상당히 중요한 게임이다.

룰 자체에도 변형이 많이 가해져서, 정말로 스무고개처럼 질문 횟수를 제한하여 질문자들끼리 토론하며 무슨 질문을 할지 신중하게 정하거나, 출제자가 아예 처음부터 "질문 중 X개에는 거짓으로 대답하겠다!"라고 선언해서 질문자들이 머리를 감싸 안게 하거나, 1대 1로만 질문과 대답이 이루어지고 다른 사람들은 구경만 해야 하는 등 여러 가지 변형 룰이 존재한다.

출제자가 어떻게 중요한 사실을 출제 단계에서 숨기느냐, 질문자가 어떻게 숨겨진 사실에 파고드느냐가 중요한 게임이므로, 서술 트릭이 필수적이라고 할 수 있다. 어이도 없고 재미도 없는 억지 문제를 내면 욕먹을 각오를 해야 한다.

바다거북스프 게임

팀이름		제출일	
구성원			

문제	
정답	

Unit 6.

디자인씽킹과 몰입

01 디자인의 개념과 디자인씽킹

디자인과 디자인씽킹의 개념을 이해하고, 디자인적 사고를 적용하여 창의적 문제 해결 방법으로서의 디자인 프로세스의 개념과 전개 과정을 알아보고자 한다. 또한 이를 바탕으로 발전한 디자인씽킹 프로세스의 개념과 전개 과정을 살펴보고, 이에 기초하여 창의성을 향상시킬 수 있는 문제 해결 과정을 제안하고자 한다.

디자인 개념

모든 인간 활동의 근원이라고도 불리는 디자인은 우리 삶 속에 관여하지 않은 부분이 없을 정도로 깊이 스며들어 있다. 우리는 일상의 순간순간 디자인 요소와 디자인 작품, 디자인 생산품들과 마주치며 생활하고 있다. 이처럼 우리의 삶에 커다란 영향력을 미치고 있는 디자인은 현대 사회에서 단순히 예술 계통의 만들고 꾸미는 활동이 아니라 비즈니스, 시장, 도시 지역, 공공 서비스, 의료, 법률까지 다양하고 광범위한 분야에서 사용되고 있다. 디자인의 요소를 이처럼 많은 분야에 사용할 수 있는 점은 디자인이 가지고 있는 행위 자체, 즉 프로세스라는 개념 때문이다.

디자인은 라틴어 '데시그나레(designare)'에서 유래됐다. '데시그나레'는 '지시하다 또는 의미하다'라는 뜻으로, 새로운 것을 지시한다는 의미이다. 즉 디자인은 새로운 것을 행하는 행위이며 과정이라는 의미를 나타낸다. 또한 디자인은 관념적인 것이 아니라 실체이기 때문에 어떠한 종류의 디자인이든 실체를 떠나서 생각할 수 없다. 디자인은 주어진 어떤 목적을 달성하기 위하여 여러 조형 요소 가운데서 의도적으로 선택하여 그것을 합리적으로 구성해 유기적인 통일을 얻기 위한 창조 활동이며, 그 결과의 실체가 곧 디자인이다. 그래서 현대의 학자들은 디자인을 "일종의 목적 지향적인 문제 해결 활동(Bruce Archer)", "이전에 존재하지 않았던 새롭고 유용한 것을 파생시키기 위한 창조 활동(J. B. Reswick)", "일련의 특별한 상황에서 진정한 필요성의 핵심에 도달하기 위한 적절한 해결 방법(E. Matchett)"이라고 정의한다. 그리고 수많은 디자인의 정의만큼 그 과정인 디자인 프로세스의 종류 또한 다양하게 정의되고 있다.

디자인씽킹(Design Thinking) 개념

디자인씽킹란 '디자이너가 생각하는 방식으로 문제를 해결하는 방법'으로, 디자이너들이 자신의 디자인 과정에서 최종 결과물을 만들어 내기 위해 전 과정 안에 영감, 리서치와 분석, 통합, 아이디어 발상, 아이디어 정교화, 실행 및 평가와 피드백 등의 디자인 요소들을 선택하고 편집하여 유용하게 사용하는 일련의 사고 과정을 말한다.

이러한 디자인씽킹은 디자인 과정과 같은 문제 상황에서 자신의 욕구와 필요를 충족시키면서 자신의 생각에 초점을 맞춰 정보와 아이디어를 창의적으로 조직하고 결정하는 창의적 사고 과정이다. 또한 디자인씽킹에서 '디자인'은 더 나은 결과를 위하여 어떤 것을 창의적으로 해결한다는 문제 해결의 의미를 지니고 있기 때문에, 디자인적 사고는 '디자인'의 단순한 미적 특성만을 생각하는 것이 아니라 디자이너의 창의적이고 감성적인 사고방식에서 유래된 창의적인 문제 해결 과정이자 사고 방법이라고 할 수 있다.

디자인씽킹에 대한 구체적인 언급은 1987년 로우(Rowe)의 저서 『디자인씽킹(Design Thinking)』에서 처음 사용되면서 시작되었다. 로우는 문제 접근과 해결 방식을 일반 교육에 접목해 '디자인씽킹'을 훈련시킴으로써, 일반인들이 자신의 분야에서 접하는 여러 문제들을 '디자인씽킹'에 입각해 분석하고 해결할 수 있도록 하는 것을 제안하였다.

로저 마틴(Roger Martin)은 분석적 사고에 기반을 둔 완벽한 숙련과 직관적 사고에 근거한 창조성이 역동적으로 상호 작용하면서 균형을 이루는 생각의 가장 완벽한 방식이 디자인씽킹라고 정의하였다. 팀 브라운(T. Brown)은 디자인적 사고를 분석과 직관의 균형을 통한 통합적 사고로 정의하면서, 이는 디자인적 사고자의 창의적 문제 해결 과정의 토대를 제공하는 중요한 사고방식이라고 언급하였다. 스탠퍼드 대학의 D. School에서 제시하는 디자인씽킹은 사람의 행동 뒤에 있는 욕구와 동기를 이해하는 것을 바탕으로 서로를 이해하고 공감하면서 문제를 해결하려는 사고이다. 다른 디자인씽킹과의 가장 큰 차이점은 문제를 보기 전에 사람을 먼저 이해하고, 사람을 중심으로 문제를 바라보는 관점이다.

위의 정의들을 종합해 보면 디자인씽킹은 디자이너들이 사용하는 사고방식이자 수렴적 사고와 확산적 사고를 통해 도출된 통합적 아이디어, 혹은 주어진 문제를 해결하기 위해 아이디어를 종합하고 편집하는 능력이라고 할 수 있으며, 스탠퍼드 대학의 D. School은 여기에 사람과의 공감이라는 새로운 관점을 부여해 제시하고 있다. 단계적이고 통합적인 사고를 통한 문제 해결 능력으로 일컬어지는 디자인씽킹은 창의적 사고를 요구하는 현대 사회에서 각광받는 새로운 사고법이다. 또한 디자인씽킹의 과정은 앞서 살펴본 창의성의 요소 및 특성과도 일맥상통하기 때문에, 창의적 인재 양성을 위한 방안으로 디자인적 사고의 중요성이 강조되고 있으며 이를 교육 현장에 적용하는 연구가 점차 확산되고 있다.

디자인 프로세스

다양하게 변화하는 현대 사회에서 디자인은 과거와는 달리 복잡하고 다차원적인 해답을 요구하는 문제들을 효과적으로 풀어나가야 하는 역량을 요구받기 시작했다. 디자이너 개인의 역량으로 해결할 수 있는 범위를 벗어난 다양하고 복합적인 디자인 문제들을 효과적으로 해결하는 방법을 찾는 과정에서 디자인 프로세스가 탄생했다. 디자인에서 프로세스 개념의 도입은 디자인 문제 해결을 근간으로 하는 창조적 사고 과정이며, 그 과정은 단계적인 사고를 유도함으로써 디자인 문제에 대한 구조적인 접근과 해결을 가능하게 한다. 또한 디자인 프로세스는 창의성을 기반으로 한 체계적인 문제 해결 과정으로 많은 곳에서 각광받으며 사용되고 있다. 디자인 프로세스는 사고를 통한 문제 해결 방법에서 시작된다. 듀이(Dewey)는 『사고하는 방법(How to Think)』에서 수렴성과 분산성을 종합해 문제 해결 프로세스의 모델을 정립하였다.

ⓐ 문제의 제기(the occurrence of difficulty)

ⓑ 문제의 정의(definition of difficulty)

ⓒ 가능성 있는 해결안이나 해석의 도출(occurrence of a suggested explanation)

ⓓ 아이디어의 합리적 구체화(the rational elaboration of an idea)

ⓔ 아이디어의 확증 및 결론적 신념의 공식화(corroboration of an idea and formulation of a concluding belief)

듀이의 모델은 이후 인간의 의사 결정 순서(Decision Sequence)를 연구하는 많은 학자들에 의해 적용되고 발전되었다. 그중 피터 드러커(Peter Drucker)는 듀이의 모델을 바탕으로 『경영의 실제(The Practice of Management)』에서 다음과 같이 제시하였다.

ⓐ 문제 정의(defining the problem),

ⓑ 문제의 분석(analyzing the problem),

ⓒ 대안적 해결안의 발전(developing alternative solutions),

ⓓ 최선안의 결정(deciding on the best solution),

ⓔ 의사 결정의 실천(conveying decision into effective action)

듀이와 피터 드러커의 문제 해결 방식은 크게 세 가지 절차로 나뉘는데, 문제를 인식·정의하고 문제 정의에 맞춰 아이디어를 찾은 뒤 실행에 옮기는 것으로 디자인 프로세스 구성에 핵심적인 틀을 제공하였다. 또한 이들의 정의에 나타나는 공통점은 문제를 파악해 이를 정의하고 가능한 해결안을 숙고함으로써 창조적 통찰력으로 해결을 구체화한 후 실행에 옮기는 순서로 진행된다는 점이다.

이를 바탕으로 학자들은 다양한 디자인 프로세스를 구안하였다. 크리스토퍼 존스(Christopher Jones)는 디자인 프로세스를 분석, 종합, 평가의 3단계로 나누었다. 그리고 이 기본형을 다시 정교화해 발산, 변화, 수렴의 과정으로 명명하고 이를 설명하였다. 모리스 애시모(Morris Asimow)는 디자인 프로세스를 6단계로 나누어 설명했는데, 디자인 문제가 속해 있는 상황을 분석해 디자인 문제를 파악하는 문제 상황 분석 단계(the analysis of the problem situation), 목표를 성취하기 위해 디자인 문제를 극복할 수 있는 해결안 요소를 규합하는 해결안 종합 단계(synthesis of solution), 주어진 제한점과 이용 가능한 지원 내에서 목표를 가장 잘 해결할 수 있는 해결안을 선택하는 결정 및 평가 단계(decision and evaluation), 선택된 해결안을 다듬는 최적화 단계(optimization), 해결안을 실제 상황에서 실험하는 수정 단계(revision), 마지막으로 해결안을 실행하는 이행 단계(implementation)로 구성된다.

영국의 교육학자 핑켈스타인(Finkelstein)은 다섯 단계의 디자인 프로세스를 다음과 같이 제시하였다. 디자인 문제 파악을 위한 정보의 수집과 정리 단계(information gathering and organization), 디자인 해결안을 평가할 기준을 공식화하는 가치 모델 형성 단계(formulation of value model), 여러 디자인 해결안을 제시하는 단계(generation of candidate designs), 자료 수집 단계에서 나타난 요구 사항(requirements)에 비추어 디자인 안의 가능성을 판단하는 분석 단계(analysis of candidate designs), 디자인 안의 여러 요인과 속성을 이미 확정된 기준에 따라 평가하는 결정 단계(decision)이다.

이상과 같은 학자들의 디자인 프로세스는 서로 상이한 것처럼 보이나, 공통적으로 아이디어의 종합 이전에 어떤 형식으로든 디자인 문제의 분석을 수행하고 있다. 살펴본 디자인 프로세스들을 공통의 틀로 정리하면 분석에서 결정 단계에 이르기까지 문제의 이해, 해결안의 종합, 해결안의 평가라는 세 단계의 흐름을 보인다.

결국 디자인 과정은 디자인 문제에 대한 사고 과정으로, 문제 해결을 위한 아이디어를 우선 확산적 사고를 통해 여러 해결 방안을 도출하고 이를 선별·적용하며, 평가하는 순환 과정을 거쳐 하나의 아이디어로 통합해 수렴해 나가는 과정으로 요약된다.

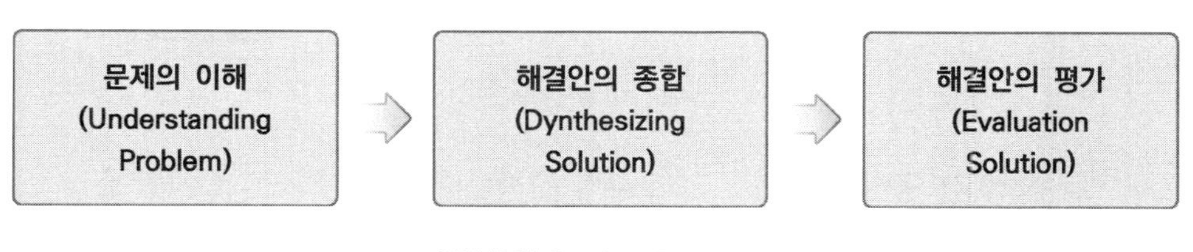

이론상의 Design Process

02 디자인씽킹 프로세스

디자인씽킹(Design Thinking) 프로세스는 '모든 사람은 다 디자이너다.'라는 디자인씽킹을 바탕으로 스탠포드 대학교 D. School과 독일 포츠담 대학교 연구소에서 만든 문제 해결 프로세스로 공감(Empathize), 정의(Define), 아이디어 도출(Ideate), 시제품 만들기(Prototype), 테스트(Test)의 5단계로 구성되어 있다.

디자인씽킹(Design Thinking) 프로세스는 '사람을 중심으로' 하는 '창의적'인 '생각하는 태도'이며 이를 통해 자신과 타인을 이해할 수 있는 공감을 제공하고 실제 사례의 문제를 중심으로 가장 적합한 답을 도출한다.

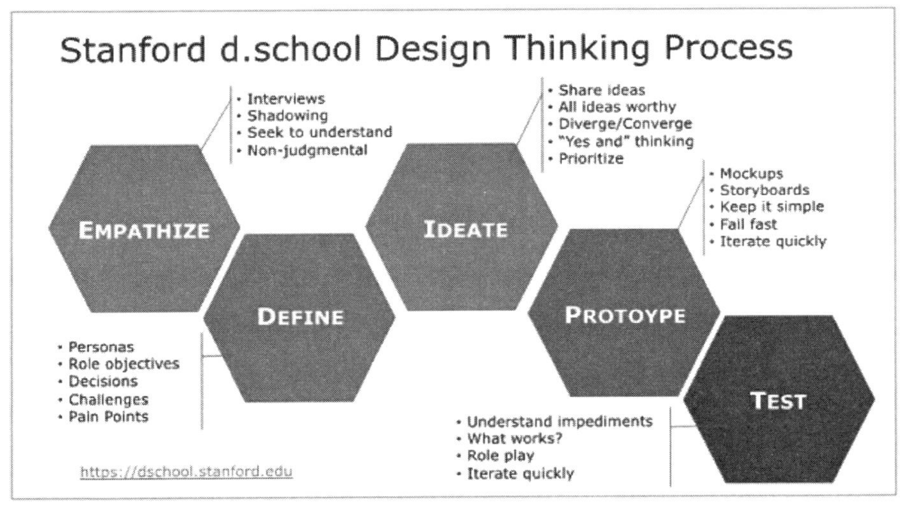

그러므로 1단계는 공감(Empathize)으로부터 시작한다. 문제의 중심을 사람에 두고, 사람에 맞춰 문제를 바라보는 것이다. 이를 위해 사용자의 '요구'를 파악하고자 인터뷰와 관찰을 실시한다. 요구를 정확히 알기 위해 인터뷰의 질문은 명사가 아닌 동사로 구성하고, 여러 대답과 다양한 답이 나오도록 준비하여 'What', 'Why', 'How' 질문을 이용한다. 이러한 질문들은 각 단계를 자세하고 명확하게 생각하게 하여 해결해야 할 문제와 그 핵심을 발견하는 데 유용하다. 사용자를 관찰할 때는 'A-E-I-O-U' 관찰법을 사용한다. A-E-I-O-U 관찰법의 내용은 다음과 같다.

A: 활동 (Activities)	관찰 대상이 어떻게 움직이는지 대상의 모든 행동을 눈여겨 살펴본다.
E: 환경 (Environment)	인터뷰 장소 혹은 관찰 지점의 주변 환경을 관찰한다. 환경과 관련된 정보는 모두 기록한다.
I: 상호작용 (Interaction)	관찰 대상이 주변 사람, 각종 사건, 사물 등과 서로 어떠한 영향을 주고받는지, 그 과정에서 특이한 점이 있는지 살펴보아야 한다.
O: 사물 (Objects)	관찰 대상 주변에 있는 특이하거나 재미있는 사물을 눈여겨본다. 장소와 어울리지 않거나 같이 있는 것이 이상하게 느껴지는 것은 따로 관찰하고 기록해 둔다.
U: 사용자 (User)	인터뷰나 관찰의 대상뿐 아니라 그 주변 인물들을 모두 살펴본다.

2단계는 문제를 정확히 파악하기 위한 정의(Define) 단계이다. 정의 단계에서는 '5 Whys' 분석법을 이용해 문제를 관찰하고 정의한다. '5 Whys'는 도요타 사키치가 고안한 것으로, 사고의 맥락이 형성되어 일의 인과관계와 연결 고리를 비교적 쉽게 파악할 수 있다. '5 Whys'를 통해 여러 번 질문하는 것은 정답을 찾기 위한 것이 아니라 한 가지 문제를 다방면으로 사고할 수 있는 기회를 만들기 위한 것으로, 다양한 사고와 생각들이 결국 표면적인 정의가 아닌 입체적이고 복합적인 현상의 정의를 제공한다.

3단계는 아이디어 도출(Ideate) 단계이다. 다양한 방법과 창의적 발상법을 이용해 문제에 적합한 창의적인 아이디어를 구상한다. 주로 브레인스토밍을 이용해 다양하고 많은 아이디어를 수집하고, 모든 아이디어를 활용해 문제의 다양한 항목에 맞는 아이디어를 선택한다.

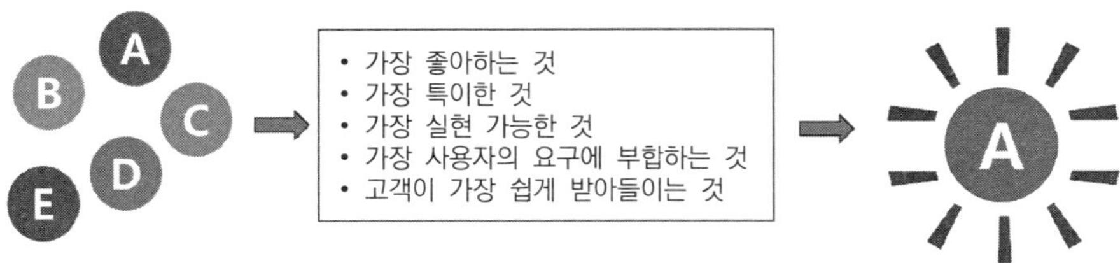

아이디어 선택 방법

4단계는 시제품 만들기(Prototype)이다. 이 단계에서는 짧은 시간 안에 주변의 간단한 재료를 사용해 머릿속의 아이디어를 구체적인 형태로 만드는 데 주력한다. 시제품을 통해 아이디어는 수정·보완을 거쳐 더욱 구체적으로 문제 해결 방법에 접근하게 된다. 또한 시제품 만들기의 가치는 모델 그 자체가 아니라 사람들과의 상호작용이 가능하다는 데 있다. 시제품을 통해 머릿속에 있는 생각을 타인의 눈앞에 구체적으로 드러낼 수 있으며, 문자나 언어로 전달했을 때 상대방이 그것을 이미지로 전환하는 데 걸리는 시간을 줄이는 동시에 엉뚱한 이미지를 떠올리는 것을 방지할 수 있다.

마지막 5단계는 테스트(Test)이다. 테스트의 가장 큰 목적은 '다시 한번', '명확하게' 이해하는 것으로, 시제품 테스트를 통해 문제에 더 명확하게 접근하는 것이다. 테스트 과정을 통해 미처 파악하지 못한 세부적인 부분을 찾아 수정·보완함으로써 문제의 해답을 도출한다.

디자인 씽킹(Design Thinking) 프로세스는 사람을 중심으로 하는 문제 해결 과정으로, 이는 타인뿐만 아니라 자기 스스로를 알고 이해하는 과정이며 창의적인 글로벌 인재를 육성하는 데 매우 적합한 교육 모형으로 활용될 수 있다.

03 몰입이론

몰입의 정의

- 어떤 행위에 깊게 몰입해 시간의 흐름이나 공간, 더 나아가서는 자신에 대한 생각까지도 잊어버리게 되는 심리적 상태(칙센트미하이)
- 자신의 행위에 깊게 몰두해 최적의 기능을 수행하고 있을 때를 일컫는 심리적 상태
- 다른 어떤 일에도 관심이 없을 정도로 지금 하고 있는 일에 푹 빠져 있는 상태
- 경험 자체가 매우 즐겁기 때문에 어지간한 고생도 감내하면서 그 행위를 하게 되는 상태
- 칙센트미하이는 Flow를 최적 경험이라고도 부른다.

칙센트미하이의 몰입이론

- 플로우(Flow): 자신이 하고 있는 일에 빠져드는 개인의 심리 상태
- 몰입 경험의 특징 중 하나는 자기 목적성, 즉 외적 보상 자체를 위해서가 아니라 몰입 자체를 추구함
- 몰입의 경지는 자신의 역량과 주어진 과제가 가장 정점에서 만날 때 일어나는 현상
- 역량만 높으면 권태나 무기력에 빠지고, 역량이 낮으면 각성이나 불안감에 시달림
- 일반적 교수 설계는 학습자가 학습하는 방법에 비중을 두고, 몰입은 학습자가 왜 학습하며 어떻게 느끼는가에 비중을 둠

몰입의 상태에서 나타나는 아홉 가지 성향

즐긴다는 것은 무엇인가? 바둑 기사들, 암벽 등반가들, 무용가, 작곡가들은 많은 시간을 일에 몰두한다. 그들은 왜 그런 일들을 하는 것일까? 그들의 이야기를 들어 보면, 그

들을 계속해서 움직이게 하는 것은 그 활동을 하고 있을 때 느끼는 양질의 경험이다. 휴식을 취할 때나 마약을 하거나 술을 마셨을 때, 또는 부의 사치를 누리고 있을 때는 그런 느낌을 경험할 수 없다. 그보다는 능력을 확장하거나 새로움과 발견에 관련된 고통스럽고 위험하며 어려운 활동을 할 때 느끼는 것이다. 이러한 최상의 경험을 소위 '몰입'이라고 부른다. 실제로 많은 응답자들이 의도하지 않아도 완전히 의식을 집중한 상태에서 막힘없이 자동적으로 일을 진행할 때의 느낌에 대해 언급했다.

몰입의 경험은 활동 분야와는 상관없이 거의 동일한 말로 묘사된다. 운동선수, 예술가, 종교적 신비주의자, 과학자 그리고 평범한 노동자들까지 가장 보람 있는 경험을 거의 비슷한 말로 표현했다. 또한 문화나 성, 연령과도 관계가 없었고 부자나 가난한 자나 다를 바가 없었다. 미국인이나 일본인이나 서로 아주 다른 일을 하고 있을지라도 같은 방식으로 즐거움을 경험하는 듯하다. 그렇다면 몰입 상태에서 사람들은 어떤 경험을 할까? 대개 그들은 다음과 같은 아홉 가지 느낌을 경험하는 것으로 보인다.

첫째, 직장이나 집에서 종종 해야 하는 서로 상반되거나 목적이 불분명한 일상적인 일들과는 달리 몰입 상태에서는 무엇을 해야 하는지 분명히 알고 있다. 음악가는 다음에 어떤 음을 연주할 것인지를 알고, 암벽 등반가는 다음에 어디에 발을 디딜지 알고 있다.

둘째, 몰입 상태에서는 자신이 얼마나 잘하고 있는지 알고 있다. 음악가는 자신이 연주하는 음이 맞는지 그 자리에서 듣게 된다. 암벽 등반가는 아직 절벽 밑으로 떨어지지 않고 매달려 있는 것으로 자신의 움직임이 정확했는지 알 수 있다. 외과의사는 절개 부위에 피가 고이지 않은 것을 볼 수 있다.

셋째, 몰입 상태에 있을 때는 자신의 능력이 주어진 일을 하기에 적절하다고 느껴진다. 평소에 우리는 가끔 능력에 비해 도전이 너무 어렵게 느껴져 좌절하고 초조해한다. 반대로 도전이 너무 쉽게 느껴지면 지루해지기 시작한다. 너무 강한 상대와 테니스를 치거나 체스를 두면 좌절감이 느껴지고, 너무 약한 상대를 만나면 지루하다. 정말 즐길 만한 게임에서는 경기자들이 권태와 초조함 사이에서 균형을 유지한다. 일, 대화, 대인 관계도 역시 마찬가지다.

넷째, 평소에 우리는 무언가를 하면서 곧잘 다른 곳에 정신을 팔고 있다. 학생들은 교사에게 주목하고 있는 듯 보이지만 실제로는 점심시간이나 지난밤 데이트를 생각하고 있을지도 모른다. 직장인은 주말에 대해 생각하고, 청소를 하는 어머니는 자녀에 대해 걱정하고 있다. 그러나 몰입 상태에서는 지금 하고 있는 일에 주의력이 집중된다. 정신 집중은 도전과 기술 사이의 긴밀한 조화에 의해 가능하며, 분명한 목표와 지속적인 피드백에 의해 유지된다.

다섯째, 몰입 상태의 또 다른 대표적인 특징은 지금 그 자리에서 하는 일만 의식하는 것이다. 만일 음악가가 연주를 하면서 건강이나 세금 문제를 생각한다면 음이 틀리기 쉽다. 만일 외과의사가 수술을 하는 동안 다른 곳에 정신을 판다면 환자의 생명이 위험해진다. 몰입은 현재에 정신을 집중한 결과이며, 평소에 우리를 우울하고 초조하게 만드는 두려움에서 해방시켜 준다.

여섯째, 몰입 상태에서는 무언가에 전념해 있는 나머지 실패를 걱정할 여유가 없다. 어떤 사람들은 몰입을 완전히 우리 자신을 통제하고 있는 상태라고 묘사하지만 실제로는 그렇지 않다. 단지 실패한다는 생각을 하지 않을 뿐이다. 만일 우리 자신을 통제해야 한다고 느낀다면 완전히 무언가에 집중할 수 없다. 그렇게 되면 주의력이 우리가 하고 있는 일과 우리 자신을 통제하는 일로 갈라진다. 몰입 상태에서는 무엇을 해야 하는지가 분명하며, 우리가 가진 능력이 그 도전에 충분하다고 느끼기 때문에 모든 걱정에서 벗어나 있다.

일곱째, 평소에 우리는 항상 다른 사람들에게 어떻게 보일지를 신경 쓰고, 창피를 당할까 봐 조심하며, 좋은 인상을 주려고 애쓴다. 이러한 자의식은 부담이 된다. 하지만 몰입 상태에서는 지금 하고 있는 일에 몰두한 나머지 굳이 자아를 방어하지 않는다. 한편 몰입해 무언가를 끝낸 후에는 힘든 도전을 이겨 냈다는 것을 알고 좀 더 자신감이 생긴다. 적어도 잠시나마 자아에서 벗어나 더 큰 실체의 일부가 되었음을 느낀다. 음악가는 우주의 화음과 하나 됨을 느끼고, 운동선수는 팀과 함께 움직이며, 소설을 읽는 독자는 몇 시간 동안 다른 현실의 삶을 산다. 역설적으로 자아는 자기 망각 행위를 통해 확장된다.

여덟째, 몰입 상태에서는 시간을 잊게 되고 몇 시간이 마치 몇 분처럼 흘러갈 수 있다. 그 반대의 상황도 일어난다. 피겨스케이팅 선수는 실제로 단 1초밖에 걸리지 않는 회전이 열 배나 더 길게 느껴진다고 말한다. 이처럼 몰입 상태에서는 현실적인 시간이 더 이상 적용되지 않는다. 즉 우리가 하는 일에 따라 시간 감각이 달라진다.

아홉째, 위의 성향들이 대부분 갖추어지면 우리는 무슨 일이든 즐기면서 할 수 있다. 어떤 사람은 컴퓨터를 사용하는 것이 싫지만 직업 때문에 어쩔 수 없이 배워야 하기도 한다. 그러나 점차 컴퓨터를 잘 다룰 수 있게 되면서 그 작업을 즐기기 시작할 수 있다. 이 시점에서 일 자체가 목적이 된다. 미술, 음악 그리고 스포츠와 같은 활동들은 보통 그 자체를 목적으로 한다.

그러한 일을 할 때는 그 일이 주는 경험을 느끼는 것 외에 다른 이유는 없다. 반면 대부분의 일상적인 일에는 여러 가지 목적이 있다. 좋아서 하는 것이 아니라 나중에 다른 무언가를 얻기 위해 한다. 또한 어떤 일들은 다른 목적이 있는 동시에 그 자체가 목적이 되기도 한다. 바이올린 연주자는 연주를 해서, 외과의사는 수술을 해서 지위와 돈을 얻는 한편 자신이 하는 일에서 즐거움을 발견한다. 결국 행복한 삶의 비결은 우리가 하는 일에서 몰입하는 법을 배우는 것이다.

몰입의 4채널 모델

- A1 **무관심**: 도전과제 난이도 낮고 능력도 낮음
- A2 **지루함**: 능력은 높으나 도전감이 부족
- A3 **불안**: 도전과제 난이도는 높으나 능력 낮음
- A4 **플로우**: 도전과제와 능력이 적절할 때

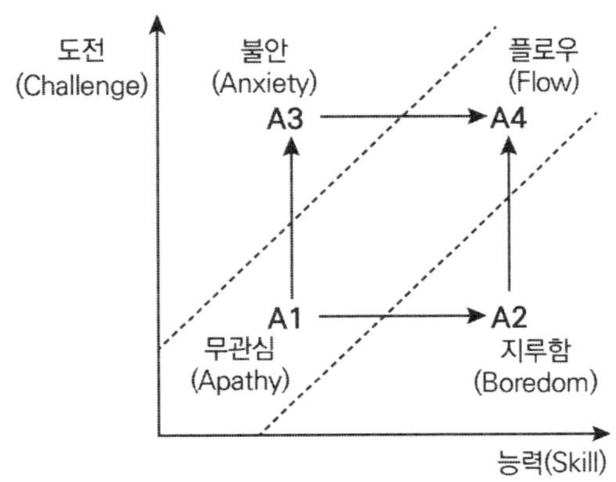

04 몰입을 위한 일곱 가지 조건

창의성은 새로움을 만들어 낸다. 새로운 무언가를 만들어 내는 과정은 사람이 할 수 있는 가장 즐거운 활동 중 하나다. 창의적인 사람들에게 일을 할 때 어떤 기분을 느끼는지에 대해 들어 보면 몰입 상태로 들어가기 위한 조건이 어떤 것인지 쉽게 알 수 있다.

1) 분명한 목표가 있어야 한다.

때로 창의적인 과정은 누군가 다른 사람이 제안하거나 어느 영역의 권위자가 암시한 문제를 해결해야 하는 목표를 가지고 시작된다. 게다가 그 문제를 해결할 수 있다면 발명가에게는 분명한 목표가 주어진다. 또는 그 목표가 견해 차, 모순, 의심스러운 결과처럼 영역 내의 문제로 나타날 수 있다. 이때의 목표는 그러한 불일치를 화해시킴으로써 체계의 조화를 회복하는 일이다.

예술가들은 분명한 목표를 정하기가 쉽지 않다. 사실 예술에서는 창의적인 문제일수록 무엇을 해야 하는지가 분명하지 않다. 또한 영역에 큰 변화를 가져오는 문제는 파악하기 어렵기 때문에 일 자체를 즐긴다는 것이 어렵기도 하다. 이런 경우 창의적인 사람은 나름대로 자신에게 무엇을 하라고 지시하는 무의식적인 장치를 갖고 있는 것 같다.

2) 어느 정도 잘하고 있는지를 알아야 한다.

게임은 우리가 점수를 기록하면서 얼마나 잘하고 있는지 알 수 있도록 고안되어 있다. 대부분의 일은 어떤 식으로든 성과에 대해 알려 준다. 세일즈맨은 매일의 판매 실적을 알 수 있고, 직공은 자신이 만든 물건의 수를 셀 수 있다. 아니면 직장 상사가 우리에게 얼마나 일을 잘하고 있는지 말해 준다. 그러나 예술가나 과학자, 발명가는 전혀 다른 스케줄에 의해 움직인다. 그들은 자신이 시간을 낭비하고 있는지, 아니면 실제로 무언가를 성취하고 있는지 어떻게 알 수 있을까?

이것은 정말 어려운 문제다. 많은 예술가들이 비평가나 관객의 관심을 기다리다 지쳐 중도 포기를 하고 만다. 학자들은 평론가와 편집인들이 결과를 평가해 주기 전까지의 길고 불안한 시간을 참지 못하고 순수 학문에서 떨어져 나간다. 그렇다면 성과에 대한 외부의 평가가 없는 동안 그들은 어떻게 일에 몰두할 수 있을까?

창의적인 일을 하는 사람들은 현장의 평가 기준을 알고 있기에 전문가들의 의견이 없더라도 스스로 피드백을 할 수 있는 능력을 갖고 있다. 시인은 시를 쓰면서 자신이 선택한 단어가 얼마나 적절한지 알고 있다. 과학자는 훌륭한 실험이 어떤 것인지, 보고서를 정확하게 적고 있는지를 판단한다. 많은 창의적인 과학자들은 자신보다 덜 창의적인 동료들과의 차이가 훌륭한 아이디어와 부질없는 아이디어를 구분하는 능력이라고 말한다. 그들은 막다른 골목에서 시간을 낭비하며 전전긍긍하지 않는다. 스스로 자신을 평가할 수 있는 것은 중요한 능력이다. 미리 실행 가능하고 성공할 수 있는 아이디어라는 것을 안다면 나중에 후회할 일이 없다.

3) 도전과 능력이 균형을 이루어야 한다.

창의적인 일이 쉬울 수는 없다. 사실 일에서 즐거움을 느끼려면 어느 정도 어려울 필요가 있는 것은 분명하지만, 새로운 분야를 개척하고 미지의 땅으로 들어서는 것은 결코 쉽지 않다. 특히 일을 시작할 때의 어려움은 극복하기 힘들다. 창의적인 사람이라고 해서 우리 모두 유전자 속에 갖고 있는 두 가지 프로그램 사이의 충돌에서 벗어나 있는 것은 아니다. 다이슨의 말처럼 가장 창의적인 사람들조차 엔트로피의 장벽을 극복해야 한다. 투쟁 없이 진정으로 새롭고 가치 있는 무언가를 성취하는 것은 불가능하다. '고통이 없으면 얻는 것도 없다'는 말은 스포츠에만 적용되는 것이 아니다. 분명하게 정의되지 않은 문제일수록, 그리고 야심작일수록 어려울 수밖에 없다. 하지만 창의적인 사람들이 갖고 있는 전략이 언제나 성공하는 것은 아니다. 모험에는 때로 실패가 따를 수도 있고, 도전이 너무 어려울 때는 한동안 좌절감을 맛보기도 한다.

4) 행위와 인식이 하나가 되어야 한다.

그러나 도전이 능력과 딱 맞아떨어질 때 창조 과정이 활기를 띠기 시작하면서 적극적으로 일에 몰두하게 되고, 다른 잡념들은 일시적으로 보류된다. 소설가인 리처드 스턴은 글쓰기에 몰입해 있을 때 자동적으로 등장인물들이 각자의 특별한 세계 속에서 일어나는 일에 적합하게 행동하도록 묘사하게 된다고 이야기한다.

5) 방해받는 것을 피해야 한다.

창의적인 사람들이 지닌 여러 가지 특성들은 실제로 창작 과정에 빠져 있을 수 있도록 집중력을 보호하는 역할을 한다. 한 번 정신이 흐트러지면 몰입에 방해가 될 뿐만 아니라 다시 일을 시작하기 위해 필요한 마음의 평화를 회복하는 데까지 오랜 시간이 걸릴 수도 있다. 과제가 클수록 오랫동안 몰두해야 하는 시간이 필요하고 정신이 산만해지기 쉽다.

난해한 문제에 대한 학문적 연구를 하기 위해서는 '일상적인' 세계와 떨어져 눈앞에 가물거리는 상징들의 세계 속에서 정신을 배회해야 한다. 그 세계는 일상적이고 구체적인 현실 세계의 방해를 받으면 한순간에 사라져 버릴 수도 있다. 이런 이유로 프리먼 다이슨은 글을 쓸 때 도서관에 '숨는다'고 말한다. 마르셀 프루스트는 〈잃어버린 시간을 찾아서〉를 집필하기 위해 방음이 된 창문 없는 방에 스스로를 가두곤 했다. 아주 미세한 소음조차 흔들리는 상상력의 끈을 끊어 버릴 수 있기 때문이다.

6) 자기 자신, 시간 그리고 주변을 잊어야 한다.

주의력을 방해하는 일들이 사라지고 몰입할 수 있는 모든 조건이 갖추어지면 창조 과정이 시작된다. 시인 마크 스트랜드는 현재의 연장과 어떤 방식으로든 할 수밖에 없다는 강한 느낌이 함께하는 몰입 상태를 정확히 포착하는데, 그런 몰입 상태가 자주 일어나는 것은 아니지만 그 순간만큼은 모든 노력에 대한 보상이 돌아온다고 한다.

7) 경험 자체가 목적이 되어야 한다.

학자들은 가끔 진리와 미를 추구하면서 얻는 기쁨이 어떤 활동 자체에 몰입하는 이유라고 기술한다. 그들이 말하는 것은 발견이나 문제의 해결, 대상을 단순하고도 우아하게 표현할 수 있을 때 느끼는 기쁨일 것이다. 그러므로 그 보상은 신비롭고 말로 표현할 수 없는 어떤 외부적인 목표가 아니라 학문 활동 그 자체다. 중요한 것은 결과가 아니라 과정이다. 물론 이러한 정의는 어느 정도 오해의 소지가 있다. 왜냐하면 누구라도 가끔씩 성공을 맛보지 못한다면 좌절할 수 있기 때문이다. 그렇다고 해도 학문에서 본질적으로 보람을 느끼게 해 주는 것은 드문 성공이 아니라 매일의 실행이다.

확실히 그들은 아무도 돈이나 명성을 추구하지 않았다. 일부는 발명이나 책으로 어느 정도 부유해졌지만 아무도 그것을 중요하게 여기는 사람은 없었다. 그들이 의미를 두는 것은 자신이 좋아하는 일을 하면서 생계를 유지하고, 더불어 인류에게 도움을 준다고 느끼는 사실이다.

몰입과 행복

몰입과 행복은 무슨 관계가 있을까? 이것은 매우 흥미롭고 까다로운 질문이다. 처음에는 두 가지가 같은 것이라고 생각하기 쉽다. 그러나 실제로 그 관련성은 좀 더 복잡하다. 우선 우리가 몰입 상태에 있을 때는 보통 행복하다는 느낌을 갖지 못한다. 몰입 상태에서는 그 활동에 관련된 것만을 느낀다. 행복감을 느낀다는 것은 이미 주의가 흩어진 상태이다. 한창 글을 쓰고 있는 시인이나 방정식을 풀고 있는 과학자는 사고의 끈을 놓치지 않는 한 몰입 상태에서 행복을 느낄 수 없다.

우리가 행복감에 빠질 수 있는 것은 몰입 상태에서 벗어난 후이거나 정신이 흐트러지는 순간이다. 시가 완성되거나 법칙이 증명된 후에야 비로소 만족감과 행복감이 밀려온다. 어쨌든 살면서 몰입 상태를 많이 경험할수록 더 많은 행복을 느낄 수 있을 것이다. 그러나 그것도 어떤 활동에 몰입하느냐에 따라 문제는 달라질 수 있다. 불행히도 많은 사람들이 폭력, 도박, 난잡한 섹스 또는 마약에 몰입한다. 이러한 경험들은 즐거울 수도 있으나 지속적인 만족감과 행복을 주지는 않는다. 쾌락은 창의성으로 이어지지 못하며, 얼마 안 가 중독 상태, 즉 엔트로피의 노예로 전락한다.

그러므로 몰입에서 행복을 발견하기 위해서는 몰입을 유도하는 활동이 새로운 도전과 개인적이며 문화적인 성장을 선도하는 것이어야 한다. 그렇다면 우리의 인터뷰에 답한

응답자들 모두는 행복한 사람들이라고 말할 수 있을 것이다. 그들은 분명 자신의 일을 즐기고 있으며, 분명 도전적인 일을 하고 있기 때문이다. 그런데 또 한 가지 복잡한 문제가 있다. 예를 들어, 만일 30년간 물리학자로 행복하게 살던 사람이 자신의 연구가 수백만 명의 사람들을 죽인 핵무기를 만드는 데 사용된 것을 알게 된다면 어떨까? 만일 조너스 소크가 발견한 백신이 생명을 구하는 대신 화학전에 사용된다면 그는 어떤 감정을 느낄까? 분명 요즘 세상에서는 그런 일이 얼마든지 일어날 수 있다. 어찌 되었건 일을 즐기면서 할 수 있다면 행복해지기가 훨씬 더 쉬운 것은 사실이다.

창의성의 심리학 #6

처음 방문한 레스토랑에서 메뉴판을 펼치자 애피타이저부터 평소와 자릿수 하나가 다른 가격의 요리가 죽 나열되어 있다. 아무래도 터무니없이 비싼 고급 식당에 들어온 듯하다. 메인 요리 페이지까지 넘겨 본 고객들은 다음 중 어떤 생각을 더 많이 할까?

A. 우와, 이 정도 가격이라면 파산하고 말거야!
B. 애피타이저가 그 가격이라면 메인 요리 가격도 납득할만하네

물론 사람에 따라 반응은 제각각이겠지만 이 경우에는 B처럼 생각하는 사람이 더 많다. 바로 '앵커링 효과(anchoring effect)'라는 심리가 작용하기 때문이다. '앵커(anchor)'는 배를 정박시킬 때 배가 떠내려가지 않도록 고정하는 닻을 의미한다. 배를 고정하는 닻을 내리듯 사람 머릿속에 특정 기준이나 이미지를 심어 놓으면 그것이 그 이후의 판단에도 크게 영향을 미치는데, 이러한 현상을 바로 앵커링 효과라고 부른다.

고객은 눈이 튀어나올 것 같은 애피타이저의 가격을 보고 나서 그것을 가격 판단의 기준으로 삼는다. 그래서 터무니없이 비싼 메인 요리 가격을 보고도 놀라지 않게 되는 것이다. 이미 높은 가격에 익숙해졌기 때문이다. 결혼 전 커플이 약혼반지를 살 때도 이와 같은 심리 법칙이 작용한다. 처음에는 진열장에 늘어선 반지의 높은 가격에 깜짝 놀라 주춤하지만, 계속 구경하는 사이 점점 익숙해진다. 높은 가격이 기준이 된 탓이다. 결국 커플은 '저 반지는 너무 비싸서 어렵겠지만, 이 반지는 디자인도 괜찮고 이 정도 가격이면 어떻게든 살 수 있겠다'와 같은 대화도 나누게 된다. 어느새 이들은 실제로는 비싸지만 앵커링 효과로 인해 적당하다고 느껴지는 금액의 반지를 사고 만족스러운 마음으로 가게를 나선다.

앵커링 효과의 힘은 상당하므로 다양한 상황에서도 활용할 수 있다. 예를 들어 해외 여행지에서 물건 가격을 흥정할 때라면 어떨까? 판매자는 신경 쓰지 말고 일단 그가 절대 받아들이지 않을 법한 금액을 제시하자. 제품에 표시된 가격이 100달러라면 과감하게 '10달러라면 사겠다'고 말해 보는 것이다. 그러면 '10달러'가 서로의 '닻'이 된다. 협상만 잘된다면 처음 제시된 가격의 반값 이하로 살 수도 있다.

☆ 창의적 사고 훈련 6 한국판 Wallach & Kogan

지금부터 **15분 동안** 1~6번 문제를 편안한 마음으로 자유롭게 생각나는 만큼 쓰면 됩니다. 이 문제들의 정답은 없습니다. 단, **아무도 생각하지 못한 새롭고 기발한 생각(아이디어)을 최대한 많이** 떠올려 쓰면 됩니다.

1. 바퀴로 움직이는 것을 **생각나는 대로 많이 쓰시오.**

2. 소음(시끄러운 소리)을 내는 것을 **생각나는 대로 많이 쓰시오.**

3. 신문지를 다양하게 사용할 수 있는 방법을 **생각나는 대로 많이 쓰시오.**

4. 단추를 다양하게 사용할 수 있는 방법을 **생각나는 대로 많이 쓰시오.**

5. 우유와 고기의 비슷한 점(공통점)을 **생각나는 대로 많이 쓰시오.**

6. 고양이와 쥐의 비슷한 점(공통점)을 **생각나는 대로 많이 쓰시오.**

Unit 7.

스토리텔링과 창의성

01 스토리텔링의 정의 및 교육적 기능

스토리텔링은 주로 교수·학습 활동에 다양하게 활용되어 왔으며, 최근에는 홍보나 공공 캠페인과 같은 효과적인 의사소통의 수단으로 활용되고 있다. 스토리텔링이란 스토리(story)와 텔링(telling)의 합성어이다. 이를 Oxford 사전에서는 "The action of telling story"로 풀이하고 있다. 그러나 스토리텔링은 단순히 이야기를 들려주는 행위에 그치지 않는다. '이야기'의 향유는 인간의 본원적인 욕구 가운데 하나이며, 이야기는 그 자체로 세상을 이해하고 조직하며 공유하는 가장 기본적인 형태이다. 이런 맥락에서 스토리텔링이란 일어난 상황을 잘 짜인 스토리로 시각, 청각, 후각 등의 감각에 호소하며 감동적으로 전달하는 '담화 예술 혹은 기술'이라고 정의되기도 한다.

스토리텔링은 교육 활동의 중요한 전략으로 활용된다. 최근에는 교수·학습 활동으로서의 스토리텔링이 재개념화되면서, 스토리텔링은 문학의 서사 장르 위상에서 보던 원형적 개념을 넘어 사회·문화적 맥락의 의미 코드들과 결합함으로써 상당한 역동성을 띠고 그 개념이 확장되어 교육 수행의 전략적 활동으로 인식되기도 한다.

외국에서는 스토리텔링에 대한 연구가 1990년대부터 본격화되었다. 스토리텔링은 학습에 많은 순기능을 제공한다. 연구에 의하면 스토리텔링은 이야기를 듣고 들려주는 과정과 지식을 구조화하는 과정에서 학습자의 상상력을 자극하며, 학습자에게 학습 동기를 부여하고 학습 과정 속에서 비판적 사고 및 학습 전략 등에도 중요한 영향을 미친다고 강조하며 효용적 측면에서 논의되었다. 우리의 일상생활과 연관된 흥미로운 이야기는 학습자의 관심을 끄는 데 효과적이다. 특히 사람이 어떤 특정한 상황에 처해 있을 때 그 상황과 관련 있는 이야기 자료를 투입하면 학습자는 이야기에 몰입하면서 일관된 학습의 방향성을 갖게 된다.

스토리텔링의 효과 중에서 몰입의 중요성도 지적된 바 있다. 그러한 몰입의 경험은 인간의 사고력과 함께 정의적 능력 신장에 깊이 관여하게 된다. Clothier(2003)도 교육적 관점에서 스토리텔링에 접근하면서 몰입과 흥미야말로 적극적인 학습에서 꼭 필요한 집중과 참여를 촉발하는 수단으로 보았다.

또한 스토리텔링은 감정 이입을 원활하게 하는 효과도 있는 것으로 밝혀졌다. 국어사전에서 감정 이입이란 "어떤 대상에 자신의 감정을 불어넣거나, 다른 사물로부터 받은 느낌을 직접 받아들여 대상과 자신이 서로 통한다고 느끼는 일"로 풀이하고 있다. 학자들은 감정 이입을 자극물 또는 자극에 대해 대리적인 관점에서 반응하는 것, 또는 타인의 사적인 세계에 대해 마치 나의 것처럼 느끼는 능력 등으로 보고 있다.

스토리텔링은 제시된 이야기 속으로 독자를 흡인해 사실을 이해하는 수준을 넘어 공감과 상상, 감성까지도 자극할 수 있는 좋은 학습 효과를 지닌다. 스토리텔링을 통해 감정 이입을 경험하는 것은 학습자들이 상대방의 생각과 감정, 그가 처한 상황 인식은 물론 그 상황에서 경험하는 느낌 등을 적극적으로 공감하도록 이끈다. 이는 상대의 입장을 이해하고 그 감정까지도 공감하게 하는 능력이며, 나아가 그 과정을 통해 공감한 내용을 자신의 마음속에 내면화하는 능력을 길러 주게 된다. 이렇게 볼 때 스토리텔링을 활용한 창의성 함양 프로그램 개발은 창의성과 인성을 함께 신장하고자 하는 우리나라 교육 시책과도 부합된다고 하겠다.

▶ 스토리텔링의 교육적 기능을 정리하면 다음과 같다.

① 스토리텔링의 제재인 이야기는 동기를 부여하고 학습에 대한 긍정적인 자세를 갖게 하며, 학습자들의 지속적인 학습 욕구 유발을 돕는다.

② 학습자들이 이야기에 몰입하고 등장인물과 동일시하며 이야기의 다음 내용이 어떻게 전개될지를 예상하는 활동을 통해 학습자의 상상력이 신장된다.

③ 이야기는 판타지와 현실 세계를 연계하는 유용한 도구가 되어 창조성을 발달시킬 수 있으며, 학습이나 드라마, 광고나 매체를 통해 그 의미를 해석하려는 과정에서 몰입을 경험하게 된다.

④ 스토리텔링은 학습자들의 의사소통 능력을 길러 준다. 스토리텔링을 통해 학습자들은 이야기에 대한 질문이나 자기 생각을 표현할 수 있는 기회를 갖게 되며, 나아가 학습자들의 자신감과 더불어 사회성 및 감성 계발에도 도움을 준다.

02 스토리텔링과 창의성과의 상관성

인간의 언어 수행 과정은 사고 능력과 불가분의 관련을 맺고 있다. 즉 읽고 쓰고 듣고 말하는 과정은 필연적으로 사고 능력을 기반으로 한다. 언어심리학자인 폰 훔볼트(Von Humboldt)는 언어는 만들어진 생산물이 아니라 그 자체로 정신적인 작용이며 활동이라고 하였다. 학자들은 언어를 통해 인간의 창의성을 신장할 수 있다는 관점에서 '언어적 창의성'이라는 용어를 사용하였다. 언어적 창의성이란 언어의 이해와 표현 과정에서 보다 창조적으로 의미를 구성하고 확장하는 능력을 말한다. 여기에서 언어적 창의성을 '창조적으로 의미를 구성하고 확장하는 능력'이라고 정의한 대목은 곧 일반적 의미의 창의성으로 그 범위를 확장할 수 있는 가능성을 시사한다.

또한 스토리텔링을 통해 '언어의 이해와 표현 과정에서 창조적으로 의미를 구성하고 확장하는 능력'을 기른다면, 이는 스토리텔링과 언어적 창의성이 상관성을 갖게 되며 나아가 언어적 창의성이 곧 일반적 의미의 창의성과도 연결되는 이론적 기틀이 마련될 수 있을 것이다. 언어적 창의성이 일반적 창의성 혹은 창의적 사고와 상통한다고 강조하면서, 언어 기능과 사고 기능이 다르지 않다는 전제 아래 언어 사용 기능과 유사한 개념으로 창의적 사고를 정의하고 있다. 다시 말해, 창의성을 영역 일반적 관점으로 볼 것인가, 영역 특수적 관점으로 볼 것인가의 문제와 연관되는 바, 이에 대한 논의는 지금도 계속되고 있으며 이 두 관점을 통합하려는 시도 또한 지속적으로 이루어지고 있다.

창의성이란 반드시 '언어적 창의성', '과학적 창의성', '음악적 창의성' 등 특정 전문 영역에서의 창의성을 의미하며, 음악적 창의성이 있다고 해서 과학적 창의성이 발휘되는 것은 아니라고 한다. 그러나 한편으로 언어적 창의성은 그 특수한 성격으로 말미암아 일반적 창의성과 긴밀하게 연관된다는 점을 간과해서는 안 된다. 인간은 언어 사용 영역인 읽기와 듣기, 쓰기와 말하기를 통해 새롭고 독창적인 산물을 만들어 가는 동시에 그러한 활동을 통해 적절성과 유용성을 고려하게 된다. 따라서 언어를 사용하는 행위는 그 자체가 곧 정신적 활동이다. 다시 말해 인간은 언어 사용 영역의 활동을 통해 창조적으로 의미를 구성하고 확장해 나가는 것이다. 그러므로 이에는 필연적으로 분석적·비판적 능력이 수반될 뿐 아니라 창의적인 활동이 자연스럽게 일어날 수밖에 없다.

비고츠키는 언어와 사고가 발달 과정에서 처음에는 독립적이지만 점차 두 체계가 상호 관련적인 체계로 변화되어 간다고 주장하면서, 언어적 창의성은 창의적 사고와 비판적 사고, 의사 결정 능력 등 비교적 높은 수준의 지적 작용이 개입되는 인지적·정의적 활동이라고 하였다. 창의적인 글쓰기를 수행할 경우 글을 쓸 내용을 구상하기 위한 비판적이고 창의적인 사고뿐만 아니라 내용을 조직하기 위한 논리적 사고력, 효과적인 전달을 위한 전략적 사고, 그리고 그러한 모든 사고 작용을 통합하고 조정하기 위한 상위인지 등의 복합적인 요인들이 긴밀하게 작용한다. 이처럼 창의적 언어 사용 능력은 높은 수준의 복합적인 사고가 서로 관련되어 작동함으로써 새롭고 유용한 산물을 만들어 내는 창의적인 활동을 수반한다. 따라서 언어적 창의성은 단지 원활한 언어 사용 능력에만 한정되지 않고, 그 자체로 일반적인 창의성과 깊이 연관되어 있다고 하겠다.

언어적 창의성과 유창성과의 상관성

유유창성이란 특정한 문제 상황이나 주제에 대해 주어진 시간 안에 많은 양의 아이디어나 해결책을 산출하는 것을 의미한다. 아이디어의 양이 많다고 해서 질적으로 우수한 해결책이 나오는 것은 아니지만, Osborn이 주장한 바와 같이 많은 아이디어 가운데 질적으로 우수한 아이디어와 해결책이 나온다는 기대를 가지고 아이디어를 내는 것이다.

이를 언어적 창의성과 연관 지어 접근해 보면, 언어 활동에서 특정 단어나 속담, 격언 또는 흥미로운 일화를 제시하고 그와 관련되는 아이디어를 가능한 한 많이 산출하는 활동을 하도록 이끌어 줌으로써 유창성을 함양하도록 할 수 있다. 물론 유창성을 기르기 위한 활동을 구안할 때 언어만을 그 도구로 활용할 수 있는 것은 아니다. 그림이나 음악 등을 그 도구로 사용할 수도 있겠지만, 언어를 통한 활동이 학습자의 흥미를 유발하는 데 유리하다는 점에서 유창성을 신장시키기 위한 활동에 매우 적합하다고 하겠다.

언어적 창의성과 융통성과의 상관성

융통성이란 사회의 일반적인 사고방식, 관점, 시각에서 벗어나 다양하고 광범위한 아이디어나 해결책을 산출해 내는 창의적 능력을 의미한다. 다시 말해 융통성이란 시간적으로는 과거, 현재, 미래를 뛰어넘어 다양한 각도에서 현상을 파악할 수 있는 능력으로, 고정적이고 경직된 기존 사고의 틀을 벗어나 유연한 사고를 요하는 능력이다.

이를 언어적 창의성과 연관 지어 보면, 언어 활동에서 효과적인 표현을 하기 위해 앞뒤가 맞지 않는 말을 함께 사용하는 표현 방법, 즉 모순어법(矛盾語法)에 해당하는 표현들을 제시하고 그러한 형태의 비유법을 만들어 보게 하는 활동 등을 제시할 수 있다. 또는 서로 관련이 없어 보이는 단어들을 제시하고 나름대로의 논리를 적용해 그 단어들을 강제적으로 연결해 보는 활동, 혹은 고정관념 깨뜨리기 퀴즈 등 다양한 언어 활동을 구안해 융통성을 함양하도록 이끌 수 있을 것이다.

언어적 창의성과 독창성과의 상관성

독창성이란 기존의 사고에서 탈피해 희귀하고 참신하며 독특한 아이디어나 해결책을 산출하는 능력으로, 창의적 사고의 궁극적인 목표라고 할 수 있다. 유연한 사고에서 더 나아가 자기만의 독특한 아이디어를 산출하는 능력으로, 의식적인 노력을 통해 독특한 아이디어가 나올 수 있다. 이를 언어적 창의성과 연관 지어 설명해 보면, 실제 일상생활에서 일어날 수 있는 문제 상황이 내재된 글을 제시한 후 그 상황에서 벗어나거나 문제를 해결하기 위한 자신만의 독특한 방법을 구안해 보는 활동 등을 제시할 수 있다.

이렇게 볼 때 언어적 창의성은 인간의 언어 활동에 작용하는 사고력의 요인들 간 상호작용을 통해 새로운 의미를 구성해 가는 고도의 정신적 활동이다. 언어적 창의성은 단순한 언어 사용 능력을 기르기 위한 것이 아니라 창의적 사고력을 기르기 위한 교육의 활성화를 위해 매우 유용하며, 나아가 인간의 사고력이나 사고 방법을 중심으로 하는 통합적 인간 교육을 지향하게 된다.

이상의 논의를 통해 볼 때 언어적 창의성은 곧 일반적 의미의 창의성으로 확대될 가능성을 안고 있다. 또한 앞서 언급한 것처럼 스토리텔링의 효과를 전략적으로 활용하면 언어적 창의성을 함양할 수 있다. Ellis와 Brewster(1991)는 스토리텔링의 교육적 기능으로 의사소통 능력을 길러 주며 효과적인 표현 능력을 신장시킬 뿐만 아니라, 나아가 자신만의 생각을 표현할 수 있는 기회를 부여한다고 하였다. 즉 스토리텔링을 통해 언어의 이해와 표현 과정에서 창조적으로 의미를 구성하고 확장하는 능력을 기르고, 스토리를 구상하는 과정을 통해 내용을 조직하기 위한 논리적 사고, 효과적인 전달을 위한 비유와 상징 등을 체계적으로 활용한다면 이는 곧 언어적 창의성을 함양하는 방법이 될 것이다.

쉬케단츠라는 학자는 이야기의 구조, 즉 이야기가 구성되는 방법을 이야기 문법(story grammar)이라고 하였다. 그는 이야기마다 구성(plot)과 주제가 있으며, 이야기 구성을 이루는 특정 에피소드는 이야기마다 다르고 각 에피소드는 배경, 등장인물, 극복해야 할 문제로 이루어진다고 하였다. 또한 묘사, 비교, 원인·결과 관계, 문제 제기와 문제 해결 체제 등을 활용하는 데 쓰인다고 하면서 스토리텔링의 기능을 언급하였다. 이 역시 스토리텔링이 언어적 창의성을 함양할 수 있음을 보여 주는 부분이다. 이상을 통해 스토리텔링을 활용해 언어적 창의성을 함양할 수 있으며, 나아가 언어적 창의성이 곧 일반적 의미의 창의성으로 확장될 수 있음을 알 수 있다.

03 스키조타이피(schizotypy)와 파라코즘(paracosm)

창의적인 사람들에 대한 이해와 오해

창의성 검사에서 높은 점수를 받은 사람들은 대체로 그들이 속한 조직에서 인기가 있었으며, 회사의 경우 근무 평가가 좋았던 사람들이 창의성에서도 좋은 평가를 받았다고 한다. 그렇다면 창의적인 사람들이 부적응적일 것이라고 오해받는 이유는 무엇 때문일까? 간단히 요약하자면 그들은 민감하며 애매한 상태를 즐기고, 양면적인 성격을 지니고 있다.

예를 들면 언제는 어린아이처럼 장난스럽다가 또 언제는 세상을 다 알아버린 어른처럼 진지하게 행동하는 것처럼, 상황에 따라 성격이 달라지는 이런 모습을 보고 우리는 그들이 조금 사이코 같고 조직에 잘 적응하지 못하는 것은 아닌가 하는 의문을 갖기 쉽다. 또한 자신이 흥미로워하는 작업에 푹 빠져 있는 몰입의 순간만큼은 남들과 잘 소통하지 않고 독립적인 공간에서 작업하기를 선호하는 이런 경향도 오해를 사는 데 한몫을 하기도 한다.

내 등에 날개가 달려서 어디론가 날아가는 듯한 느낌, 이따금씩 내 손이 마음대로 움직이는 것 같은 경험 등 우리는 누구나 약한 환각이나 공상을 가져 본 경험이 있다. 이런 약한 환각과 공상을 포함해 별난 지각을 경험하는 현상, 그리고 정신분열을 겪을 가능성이 있는 초기 증세를 심리학적 용어로 스키조타이피(Schizotypy)라고 하는데, 이런 스키조타이피와 창의적 활동 간에 유의미한 상관관계가 발견됐다고 한다. 창의적인 사람이 스키조타이피를 더 강하게 가지고 있는지 아직 확신하기에는 이르지만, 만약 그 말이 맞다면 창의적인 사람들이 일반적인 사람들과는 조금 다르며 부적응적일 것이라는 오해를 받기 쉬울 것이다.

스키조타이피(Schizotypy)란?

스키조타이피는 특정한 정신 질환이라기보다는 일반적인 사람들도 겪을 수 있는 약한 정신분열의 경험이라고 볼 수 있다. 내 신체 일부가 마음대로 움직이는 것 같은 경험이라든지 마법적인 공상을 생각해 볼 수 있다. 그렇다고 해서 우리 모두가 평소 스키조타이피를 겪고 있다는 뜻은 아니고, 스키조타이피를 경험할 수 있는 잠재력이 보편적이라고 이해하면 된다. 스키조타이피를 겪고 있는 사람들에게서는 다음과 같은 증상이 나타난다고 한다.

ⓐ 특이한 경험: 현실에서 일어날 수 없는 일을 경험했다고 느낀다.
ⓑ 인지적 해체: 형식적이고 일반적인 생각에서 벗어나려 한다.
ⓒ 무쾌감증: 내·외적 자극에 둔감하고 반사회적 행동 경향을 보인다.
ⓓ 충동 부적합: 충동적인 모습을 더 자주 보인다.

스키조타이피와 창의성

스키조타이피 현상은 창의성뿐만 아니라 학업 성취와도 상관관계가 있다고 하는데, 그 이유를 스키조타이피를 겪고 있는 사람들의 증상 중 ⓐ와 ⓑ에 해당하는 특이한 경험, 그리고 인지적 해체 때문이라고 한다. 물론 후속 연구가 더 필요하겠지만, 자신만의 특별한 경험과 형식적인 생각에 대한 거부는 확실히 창의적인 활동을 하는 데 도움을 줄 수 있을 것이다.

파라코즘(Paracosm)이란?

애니메이션 '하울의 움직이는 성'에서 볼 수 있듯이 성에 발이 달려 세계를 돌아다니는 상상을 하거나, 자기 등에 날개가 돋아나 하늘을 날아다니는 상상과 같이 사람들은 나만의 상상 속 세계를 가져 본 경험이 다들 있을 것이다.

파라코즘은 이런 한 개인의 상상 속 세계를 말하는 것으로, 일반적으로 어린 시절에 생기기 시작해 몇 달 또는 몇 년 동안 유지된다고 하는데, 이는 어른이 되어서도 파라코즘을 가지고 있을 수 있으며 가끔씩 그 세계에 다녀올 수도 있다는 것을 의미한다. 따라서 어른이 되어서도 자신이 만든 상상의 세계에 빠져 보는 일은 창피한 게 아니다. 그리고 파라코즘은 꼭 상상의 세계뿐만 아니라 어린아이들이 자신만의 가상의 친구를 만드는 형태로 나타나기도 한다.

스키조타이피뿐만 아니라 파라코즘도 창의성과 유의미한 상관이 있다고 하는데, 파라코즘을 어린아이들의 창의적 잠재력이나 문제 해결력의 지표로 평가하는 사람들도 있다. 영재 전문가인 마이클 루트 번스타인은 파라코즘이 창의성과 높은 지능의 지표라고 하면서 어린아이들의 상상을 더 주목해 볼 필요가 있다고 지적했다. 즉 높은 수준의 파라코즘을 가지고 있는 아이는 높은 창의성을 가지고 있을 것이라는 예측이 가능하다는 것이다.

뿐만 아니라 유명한 작가들 중 다수가 자신이 쓴 이야기는 어릴 적 상상의 세계로부터 시작되었다고 증언한다. 『반지의 제왕』의 작가 톨킨도 그 이야기를 상상하기 시작한 것이 아마도 십 대부터였다고 회고하고 있는 것을 보면, 무작정 파라코즘을 어린아이들의 허무맹랑한 상상이라고 치부해서는 안 될 것이다. 우리 어른들은 어린아이들이 더 자유롭게 상상하고 그것을 부끄럽다고 느끼지 않도록 그들의 파라코즘을 존중해 줘야 한다.

창의성의 심리학 #7

첫 데이트 하는 날.
심리학적으로 서로의 마음을 더 가깝게 만들어 주는 장소는 둘 중 어느 곳일까?

A. 은은하게 달콤한 향이 나는 디저트 가게
B. 작은 새가 지저귀는 공원

정답은 A다. 달콤한 향은 우리를 다정한 사람으로 변화시키기 때문이다.

달콤한 향의 긍정적 효과

미국 오클라호마대학 심리학자 로버트 배런이 이에 관한 실험을 했다. 그는 대형 쇼핑몰에서 지나가는 사람을 붙잡고 지폐를 바꿔 달라고 부탁하거나, 오가는 사람들 근처에 펜을 떨어뜨렸을 때 얼마나 많은 사람이 친절하게 대응하는지를 조사했다. 실험은 쇼핑몰 내에 있는 여러 업종의 가게 앞에서 이루어졌다.

실험 결과, 도움을 준 사람은 남성이 23.6%, 여성이 15%로 평균 20% 정도였다. 그런데 특정 업종의 가게 앞에서 했을 때만큼은 성별과 관계없이 절반 이상이 도움을 주었다. 바로 달콤한 향이 나는 디저트 가게 앞이었다. 이곳에서는 남성의 50.3%, 여성의 59.9%가 선뜻 나서서 도왔다. 달콤한 향을 맡았을 뿐인데 놀랍게도 남성은 약 2배, 여성은 약 4배나 더 많은 도움을 준 것이다.

그런데 어째서 달콤한 향을 맡으면 다정한 마음이 들까? 그 이유는 달콤한 향을 맡으면 기분이 좋아지고, 그 기분을 누군가와 나누고 싶은 마음이 생기기 때문이다. 또한 달콤한 향은 뇌의 보상 체계를 활성화해 긍정적인 행동을 유발한다.

대학생을 대상으로 냄새가 인내심에 어떤 영향을 미치는지 조사했다. 인내심은 차가운 물에 얼마나 오래 팔을 담그고 있는지로 평가하였다. 프레스콧은 먼저 학생들을 세 그룹으로 나누어 각각 '달콤한 향', '불쾌한 냄새', '맡으면 기분은 좋지만 달콤하지는 않은 냄새'를 맡게 했다. 그리고 차가운 물에 팔을 담그고 참을 수 있는 만큼 견디라고 말했다. 실험 결과, 달콤한 향을 맡은 학생들이 차가운 물에 팔을 담근 채로 가장 오래 버텨 냈다. 즉, 달콤한 향이 우리 마음을 강인하게 만들어 준 것이다.

151명의 실험 참가자들을 대상으로 향기가 기억력에 얼마나 영향을 미치는지 연구했다. 그 결과 참가자들은 향기 나는 물건을 상대적으로 더 오래 기억하는 경향이 있었고, 향기로 강화된 기억력은 적어도 2주 동안은 지속된다는 결과가 나왔다.

창의적 사고 훈련 7 Storytelling 연습

다음에 제시된 만화를 살펴보자. 만화에서 제시된 하나의 사건은 관점, 패러디, 이야기에 대한 해석 등에 의해 달라질 수 있다. 아무리 단순하고 평범한 이야기도 그것이 표현되는 방식과 맥락에 따라 매우 다양한 서로 다른 이야기가 펼쳐질 수 있다. 다음 페이지의 만화에서 필요한 말을 넣어 여러분 만의 이야기를 만들어보자.

나의 이야기

• 이야기 주제:

Unit 8.

사고의 전환과 문제해결

01 평범한 사고와 창의적 사고

평범한 사고의 인지적 요소

인간은 의식이 있는 상태에서는 무엇인가를 사고(thinking)한다. 사고라는 행위에는 여러 가지 동작이 포함되지만, 그중 일부는 아래와 같다.

- 무엇인가를 기억하기
- 기억에 의존해 목격한 사건을 상상하기
- 상상과 기억에 의존해 어떤 일을 어떻게 실행할지 계획하기
- 상상에 의존해 어떤 행동의 결과를 예측하기
- 상상과 판단에 의존해 어떤 행동의 결과가 인정될 수 있을지 판단하기
- 상상과 판단에 의존해 두 가지 대안 가운데 어떤 것을 택할지 결심하기
- 연역적 추리를 통해 일어난 사건들의 결론을 결정하기
- 특정한 경험의 집합 속에서 귀납적 추리를 통해 일반적인 패턴을 지각하기
- 언어적 메시지를 이해하기
- 두 진술이 서로 모순됨을 깨닫기
- 사진이나 도표를 해석하기

차가 고장이 나서 내일 회의에 어떻게 갈까에 관해 생각하는 경우, 이 사고는 문제해결을 의미한다. 거기에는 계획을 짜고 구체적인 사건을 상상하는 일이 포함된다. 누군가 소득 공제 신고서를 작성하고 있다면 그의 사고에는 읽기, 이해하기, 지시 따르기 등을 비롯해 논리적으로 추리하여 결론을 끌어내는 과정이 포함될 것이다.

창의적 사고의 인지적 요소

창의적 사고는 평범한 사고로부터 크게 벗어나지 않는 인지적 요소를 가지고 있다. 예를 들어 창의성에서는 논리적 추리, 즉 귀납과 연역 모두와 기억이 중요하다. 또한 잠재적인 오류를 예측하고 수정하는 것을 포함한 계획(planning)이 요구된다. 언어적 정보와 비언어적 정보를 이해하는 능력도 필요하다.

DNA 구조인 이중 나선의 발견과 피카소의 〈게르니카〉 작품은 둘 다 초기의 작업을 발판으로 했기 때문에 당연히 창의자들의 기억에 의존했다. 이중 나선의 발견에서는 왓슨과 크릭이 서로 다른 크기의 염기들이 지주 사이에 쉽게 들어맞지 않는 것을 보고, 처음 모형에서 염기들이 바깥쪽에 있을 것이라고 결정했다. 또한 그들은 프랭클린의 정보를 이용해 두 개의 지주가 포함될 것임을 추론할 수 있었다.

피카소가 〈게르니카〉에 관한 작업을 시작하면서 구성 스케치들을 사용했다는 점은 그가 계획을 세웠다는 증거로 해석할 수 있다. 이와 같이 창의적 사고에서도 평범한 사고의 기본적인 인지적 요소가 활용됨을 알 수 있다.

피카소의 〈게르니카〉

평범한 사고와 창의적 사고의 구조

'왜 그렇게 생각하느냐?'라는 질문을 통해 그 사고로 이어지는 경로나 흐름을 추적할 수 있는데, 이러한 추적이 가능한 것은 평범한 사고가 여러 면에서 구조화되어 있기 때문이다. 우리의 사고는 때때로 우리가 겪은 과거 사건들에 관한 연상의 끈을 통해 연결되어 있다. 시간적으로 가깝게 발생한 사건들은 더욱 견고하게 연결된다. 홉스는 하나의 사고가 다른 하나의 사고로 이어지는 것은 그 사고에 해당하는 사건들이 함께 경험되기 때문이라고 주장한다.

한 사고가 다른 사고에 뒤따르는 경향은 이 둘 사이에 유사성(similarity)이 있기 때문이다. 야구 경기장에 가 있을 때 이전의 야구 경기들이 생각날 수 있는 것처럼, 어떤 주위의 사건이 우리로 하여금 과거의 유사한 사건을 상기시키기도 한다. 유사성의 경우 우리는 시간과 공간을 가로질러 사건들 간을 연결한다. 창의적 사고에서도 유사성의 구조를 가지고 있다.

왓슨과 크릭이 DNA 구조 연구에서 폴링의 나선 관점을 채택한 부분적인 이유는 알파 케라틴과 DNA 간의 유사한 관계 때문이었다. 둘 다 반복되는 단위로 구성된 커다란 유기 분자인 것이다. 세상에는 어느 한 생각이 어디에서 왔다고 이야기할 수 없는 상황들도 존재한다. 무엇보다도 통찰의 도약이나 '아하!' 경험을 통해 문제를 해결할 때 우리는 그 생각이 어디에서 왔는지 이야기할 수 없게 된다.

평범한 사고와 창의적 사고의 특징 - 과거와의 연속성

평범한 사고는 경험과의 연결 고리가 강하다. 우리는 평범한 사고 활동 중에 끊임없이 과거를 참조하고 또 이용하고 있다. 요리하는 사람은 무슨 요리를 해야 할지를 결정해야 하고 요리 재료를 생각해야 하며, 맛을 내는 과거의 비법 등을 기억해 내야 한다. 반복되는 요리가 비록 창의적 사고에 해당하지는 않지만, 과거에 의존해 요리 계획을 수립해야 하는 것이다. 창의적 사고에서도 과거와의 연속성이 존재한다. 창의적 작업에서는 과거가 혁신을 위한 기반 역할을 하기 때문에 선례가 있어야 한다.

예를 들어 왓슨과 크릭이 DNA 구조를 발견할 때 폴링의 아이디어 중 몇 가지를 채택했다. 피카소의 〈게르니카〉에서도 고야의 〈전쟁의 참상〉을 비롯해 피카소 자신의 〈미노타우로마키아〉를 포함한 많은 선례와의 연관성이 있다.

평범한 사고에서 우리는 우리가 아는 것을 훨씬 뛰어넘는 대단한 도약을 전혀 볼 수 없다. 창의적 사고에서도 과거에 대한 유사한 의존성이 보여야 한다. 창의적인 작품은 이전에 이루어진 것을 넘어 점진적으로 이동한 결과로 발달해야 한다. 창의적인 분야에서도 평범한 분야에서와 마찬가지로 학습 곡선이 존재한다. 자동차 정비공이 경험이 쌓일수록 수리에 능숙해지는 것처럼, 창의적인 분야에서 일하는 사람들도 시간이 지나면서 자신이 하는 일에 능숙해지기 마련이다.

독창적인 아이디어를 개발하는 사람은 시간이 흐르면서 독창성이 더욱 발전한다. 그는 시간이 흐름에 따라 더 많은 작품을 생산하고, 독창성이 증가하는 작품을 만들어 낸다.

평범한 사고와 창의적 사고의 특징 - 상향 처리와 하향 처리

인간의 사고방식은 크게 두 가지, 즉 상향 처리(bottom-up processing)와 하향 처리(top-down processing)로 구분된다. 상향 처리에서는 사고의 대상을 주위 환경으로부터 얻는다. 예를 들어 어떤 사람이 친숙한 얼굴을 마주하는 자극을 받으면, 그 사람은 상대방의 얼굴에 주의를 기울이게 되고, 그 자극은 시각계를 거쳐 이전 만남이 저장되어 있는 기억 부위에 도달한다.

이 시점에서 그 입력 정보는 기억 속의 어떤 기록과 일치하고, 그 결과 그것이 인식됨과 동시에 그 사람은 '철수가 보인다.'와 같은 말을 하게 된다. 상향 처리에서는 정보의 흐름이 도표의 바닥에서 출발해 체계를 뚫고 '올라가서' 마침내 관련 정보가 발견되고 자극이 인식된다. 오늘 철수를 보고 있는 행위 역시 기억 안에 새로운 정보로 추가된다.

하향 처리에서는 우리가 알고 있는 지식을 바탕으로 사고를 추진한다. 우리가 어떤 서류를 어디에 두었는지 잊어버리면, 그 서류를 두었을지도 모르는 곳은 물론 그것을 최근에 어디에 두었는지에 관한 지식을 바탕으로 주변을 탐색한다. 만일 우리가 어떤 서류를 어쨌는지 도무지 생각이 나지 않는 경우는 서류에 관한 지식이 없는 것과 마찬가지이며, 이때에는 그 서류를 찾기 위해 마치 어린아이처럼 사방팔방을 뒤질 것이다. 이와 같이 지식을 바탕으로 각종 인지 기능을 처리하는 하향 처리를 개념 주도적 처리라고도 부른다.

그러나 사람의 사고는 실제로 상향 처리 혹은 하향 처리만으로 진행되지 않는다. 우리가 상향 처리함에 있어서도 이미 기억되어 있는 정보나 지식이 언제든지 적극적인 역할을 하기 때문에 상향 흐름은 불완전하다. 외부로부터 입력된 하나의 사건을 인식하는 과정은 이미 기억 속에 저장되어 이용 가능한 그 사건에 관한 정보에 의해 영향을 받는다. 상향 처리에서 체계의 꼭대기에 있는 정보가 이전의 정보 흐름을 뚫고 '내려가서' 그 과정에 영향을 미치기 때문에 이를 하향 처리라고도 부를 수 있다. 이와 같이 인간의 사고 방식은 상향과 하향의 협의로 이루어진다.

우리는 낯선 사건들보다 친숙한 사건들을 더 쉽게 처리할 수 있다. 우리는 어떤 상황에 대해 많이 알수록 그 상황에서 정보를 더 잘 얻을 수 있다. 우리는 우선 그 상황으로부터 더 많은 정보를 추출할 수 있을 뿐만 아니라, 그 상황 안의 사건들에 더 효과적으로 주의를 기울여 발생하는 일을 더 잘 추적할 수 있다. 많이 아는 사람은 나중에 그 상황으로부터 사건들을 회상하는 일도 더 잘할 수 있다. 그러므로 하향 처리는 정보에 주의를 기울이고, 상황으로부터 정보를 추출하며, 그 정보를 회상하는 데 중요한 역할을 한다.

창의적 사고에서도 하향 처리는 중요하다. 이러한 증거로 효과적인 문제 해결과 창의적 사고는 일반적으로 지식과 과거 경험에 깊이 의존한다는 연구가 있다. 이중 나선의 발견에서는 DNA가 나선이라는 최초의 결정이 뒤따르는 모든 작업을 지휘했다. 피카소의 〈게르니카〉에서도 그는 먼저 전체적인 구조를 선택한 다음 세부 사항을 풀어 갔을 것이다.

창의적 사고의 민감성

평범한 사고는 주위의 사건에 민감하다. 이러한 민감함은 종종 사고와 행동의 방향을 바꾸어 놓는다. 예를 들어 우리의 자동차가 고장이 날 경우 어떻게 회사에 출근할 수 있을지를 궁리해야 한다. 이때 직장 동료가 같은 동네에 살고 있다면 그 사람의 차를 타고 출근하는 방법을 생각하게 된다.

외부 사건은 우리가 사고하고 행동하는 방식을 바꿀 수 있는 정보를 제공하기도 한다. 창의적 사고 역시 외부 사건에 민감하다. DNA 구조 발견에서 프랭클린의 연구 데이터는 왓슨과 크릭의 연구 방향을 결정하게 만들었다. 피카소의 사례에서는 마을의 폭격이 〈게르니카〉를 그리도록 자극했다.

창의적 사고에서도 평범한 사고에서와 마찬가지로 주변 환경의 변화에 민감하게 반응해 자신의 창의력을 산출물에 반영한다. 창의력의 민감성은 특히 주변 환경에 대한 관찰에서 명확히 드러난다. 일반인들과 달리 창의자들은 새로운 환경을 접할 때 호기심을 가지고 집중해 관찰하며, 자신의 기존 지식과 부합하지 않는 사항들에 대해 민감하게 반응한다.

02 문제해결을 위한 아이디어 창출

문제해결이란 무엇인가?

우리는 일상생활을 살면서 어려움을 느끼거나 장애를 만나게 되면 우선 문제(problem)가 발생했다고 생각한다. 문제에 대한 가장 기본적인 정의는 원하는 목표와는 다른 현재 상황 때문에 불편하고 답답하며 고통스러운 딜레마 또는 어려움을 의미하며, 학문적으로는 기존 이론이나 현상과의 불일치, 모순 등을 뜻한다.

문제 해결이란 문제 해결자가 도달해야 하는 목표와 현재 상태의 차이를 인식하고, 그 차이를 유발하는 장애물을 해소하는 활동이며, 문제 해결력은 이러한 차이를 신속하고 효과적으로 해소할 수 있는 지적이고 창의적인 능력이라고 정의할 수 있다. 사람들은 계획한 목표를 이루지 못했거나 이루지 못할 것으로 생각될 때, 또는 현재와 목표 간의 차이를 인식하게 될 때 문제가 있음을 지각한다.

메이어(Mayer)는 주어진 상황을 문제 해결의 목표 상황으로 전환해 가는 인지 과정을 문제 해결이라고 정의했다. 문제가 일어났을 때 문제 해결자는 목적을 달성하기 위한 확실한 방법이 없더라도 명확한 목표를 가져야 하며, 문제에 주어진 상황, 목표, 허락할 수 있는 여건들을 고려해 원하는 방향으로 상황을 전환하고 문제를 해결할 수 있는 방향으로 적용하고 계획해 가야 한다는 것이다.

판즈(Parnes)는 문제 해결을 일상생활 속에서 장애나 어려움을 감지해 그 문제에 관한 다양한 해결책을 선택하는 인지 과정으로 보았다. 다양한 해결책을 끌어내기 위해서는 지적 요인의 유창성뿐만 아니라 문제 해결 과정에서 직면하는 좌절이나 어려움을 끝까지 극복할 수 있는 동기적 요인이 필요하다고 주장했다.

현재 상황이 우리가 원하는 상황이 아닌데도 좀 더 만족스러운 상황으로 바꿀 방법을 당장 알지 못할 때, 우리는 문제를 가지고 있다고 말한다. 불만족스러운 상황은 문제 상태(problem state)라고 부른다. 이러한 문제 상태를 바꾸어 우리가 가고자 하는 상황을 목표 상태(goal state)라고 한다. 문제 해결이란 문제 상태를 목표 상태로 변형시키는 방법을 고안하는 것이다.

우리가 문제를 해결하기 위해 시도하는 활동을 조작자(operator) 혹은 조치(move)라고 한다. 조치나 조작자는 현재의 상황이나 상태를 다른 상태로 변화시킨다. 어떤 문제를 해결함에 있어 한 번의 조작자를 실행했는데도 문제 해결에 도달할 수 없다면, 우리는 중간 상태(intermediate state)에 도달하게 된다. 따라서 대부분의 문제에는 하나의 문제 상태, 하나의 목표 상태, 하나 이상의 중간 상태가 포함된다.

예를 들어 누군가에게 전화를 걸려는데 전화번호를 모르는 경우, '전화번호를 검색한다'라는 조작자를 적용하면 현재 상태(전화번호를 모름)가 새로운 상태(전화번호를 앎)로 바뀐다. 모든 문제는 어떤 맥락 안에서 제기되는데, 이러한 맥락을 과제 환경(task environment)이라고 한다.

문제해결과 창의적 사고

문제 해결의 중요한 특징은 상황이 새로워야 할 뿐만 아니라, 당사자가 문제를 목표로 바꾸는 일련의 조작자를 고안해야 한다는 점이다. 이전에 경험한 적이 없는 새로운 상황에서 우리가 그 문제를 해결하려면 창의적 사고가 필요하다.

문제 해결에서 이루어지는 혁신은 그 정도에 따라 단계를 이룬다. 예를 들어 우리가 두 자리 숫자 두 개를 곱하는 문제를 대하면 기본적인 산수 지식으로 그 문제를 쉽게 풀 수 있는데, 이러한 단계는 가장 아래 단계의 창의적 사고에 해당한다. 만일 대수에 속하는 새로운 문제를 받는다면 이는 새로운 방정식을 세워야 하고 곱셈의 예보다 더 많은 사고를 요구할 것이므로 사고 혁신이 약간 더 수반된다. 만일 수학자가 어떤 종류의 문제를 풀기 위한 새로운 방법을 고안한다면 이는 더욱 많은 혁신을 보여 준다. 대수를 발명하는 것은 우리가 배웠던 대수를 사용해 새로운 문제를 푸는 것보다 훨씬 더 혁신적인 것이다.

문제 해결은 창의적 사고의 한 예이다. 예를 들어 왓슨과 크릭은 당시 X선 연구와 기타 조사로부터 그 분자에 관해 알려진 내용과 모순되지 않는 DNA의 분자 구조를 고안하는 문제에 마주쳤다고 말할 수 있다. 다윈은 종의 진화 방식을 설명해 내는 문제에 직면했다. 에디슨은 어둠을 밝히는 데 사용될 수 있는 전구를 개발하는 문제에 마주쳤다. 시인의 경우에도 사랑하는 연인과의 이별을 어떤 식으로 묘사해 감동적인 시를 쓰려는 문제에 직면할 수 있을 것이다. 소설가 역시 인상적인 줄거리를 만들거나 그 줄거리에 맞으면서도 현실주의를 전달할 대화를 창작하려는 문제에 마주칠 수 있을 것이다.

화가는 인상적인 초상화가 나올 수 있도록 그 사람의 모습을 캔버스에 표현하는 방식을 결정하는 문제에 마주치게 된다. 피카소는 게르니카 마을이 폭격되었다는 사실을 알게 된 후 그 사건에 관한 자신의 느낌을 적절하게 표현할 수 있는 그림을 창작하는 문제에 마주쳤다고 말할 수 있다.

문제 해결을 위한 이해와 문제 표상

어떤 문제를 마주친 사람은 그가 어떤 과제 환경에 놓여 있는 것이다. 어떤 사람이 어떤 문제를 풀려 할 때 이해(understanding)의 과정이 작동하기 시작한다. 그 사람은 그 문제에 관한 지시 사항을 해석함으로써 문제를 다루기 시작할 수 있다. 따라서 과제 환경은 이해 과정을 통해 문제의 내적 표상으로 변형된다. 이러한 내적 표상에는 이용 가능한 대상들과 지시 사항의 해석, 목표의 표상 등을 포함해 문제 상황에 대한 최초의 분석이 포함된다.

문제 해결자의 표상은 문제 출제자의 표상과 큰 차이가 있을 수 있다. 예를 들어 '고객이 매장 관리자에게 인상된 고기 값에 관해 이야기했다.'라는 문장을 암기하라는 지시를 받은 실험 참여자들은 '고객이 매장 관리자에게 인상된 고기 값에 관해 불평했다.'라고 잘못 기억하는 경향이 있다. 이러한 실수의 원인은 참여자들이 제시된 문장을 암기할 때 그것을 이해하는 과정에서 명시적으로 제시된 것보다 더 많은 정보를 포함한 의미 표상이 형성되었기 때문이다. 참여자들은 제시된 문장을 이해하는 과정에서 고객이 관리자에게 인상된 고기 값에 대해 불평했을 것이라고 추론한 것이다. 문장을 읽는 사람은 문장에서 명시적으로 제시된 정보에 의미를 추가한다. 이러한 실수는 우리가 언어적 메시지를 마주할 때 일어나는 해석과 이해의 과정을 잘 보여 준다.

문제 출제자가 방정식 문제를 제시했는데 대수를 모르는 문제 해결자라면 이를 어떻게 풀어야 할지 막막할 것이다. 이처럼 문제 출제자가 인식하는 문제 표상과 참여자가 형성한 문제 표상 간에는 상당한 차이가 발생할 수 있다. 문제 출제자는 참여자가 문제를 해결할 때 주어진 어떤 대상을 사용할 것이라고 믿고 있는데, 그 대상을 사용하지 않으면 놀랄 수도 있다. 그러나 문제 해결자는 그 대상을 문제 해결에 이용 가능한 것으로 표상하지 않았기 때문에 그것을 사용하지 않았을 수도 있다.

문제 출제자가 어떤 조작이 명백하고 잠재적으로 유용하다고 생각하더라도 참여자가 문제를 풀면서 그 조작을 실행하지 않을 때 출제자는 놀라게 된다. 성냥개비 산수 문제에서는 대수식과 달리 각 변에서 연산이 다르게 실행될 수 있으므로, 문제 해결자는 평범한 산수나 대수에서 알고 있던 사고의 틀을 넘어설 필요가 있다.

대수에서는 문제를 풀 때 연산 기호(+, −, ÷, ×)를 바꾸지 않지만, 성냥개비 산수에서는 연산 기호를 바꾸는 것이 가능하다. 결론적으로 어떤 사람이 문제에 접근하는 방식을 이해하려면 그가 형성한 문제의 표상을 이해해야 한다. 우리는 문제 해결을 위해 형성한 내적 표상을 바탕으로 문제 공간을 설정한다.

문제 공간이란 문제를 해결하려고 시도하면서 적용할 수 있는 가능한 조치들의 집합이다. 문제 공간을 설정한 사람은 지시 사항과 문제가 제시된 맥락에 대한 해석을 바탕으로 해결 과정을 시작하는데, 이는 해답으로 이어지는 경로를 찾기 위해 공간을 탐색하는 것과 유사하다. 문제를 풀기 위해 이론적으로 가능한 모든 연결 고리를 포함하는 문제 공간과 실제로 탐색하는 연결 고리는 구분해야 한다.

우리는 문제 공간을 선택적으로 탐색한다. 이러한 탐색 실행을 통제하는 방법들은 인간의 문제 해결 과정을 이해하는 데 매우 중요하다. 예를 들어 바둑을 둘 때 비어 있는 곳이면 어디든지 둘 수 있지만, 실제로는 승리 가능성이 높은 위치만을 선택해 두는 것과 같다.

03 문제 정의와 문제 발견

잘 정의된 문제와 빈약하게 정의된 문제

우리가 대하는 문제는 크게 두 가지, 즉 잘 정의된 문제(well-defined problem)와 빈약하게 정의된 문제(ill-defined problem)로 구분된다. 잘 정의된 문제에서는 하노이의 탑에서와 같이 초기 상태가 문제 안에 제시되고 목표 상태도 정확하게 기술되며, 조치와 그것을 적용하는 조건도 상세히 기술된다. 이러한 문제를 풀기 위해서는 단순히 문제 상태를 목표 상태로 변형시킬 일련의 적법한 조치들을 찾기만 하면 된다.

잘 정의된 문제는 마치 시험지의 수학 방정식 문제처럼 어떤 수학적 지식을 활용해야 풀 수 있는 문제인지 알고, 어떤 공식을 어떤 절차로 사용해 해결해야 하는지의 과정을 명확히 제시할 수 있다. 즉 잘 정의된 문제는 일반적 지식이나 조작을 필요로 하는 문제이다.

잘 정의된 문제 중에서 틱택토(tic-tac-toe) 게임은 목표 상태가 하나뿐인 하노이의 탑과는 달리 여러 개의 구체적인 해답을 가진다. 3×3 틱택토 게임에서는 세 개의 X나 O를 가로로, 세로로 또는 대각선으로 나란히 채우면 이길 수 있기 때문에 여덟 가지의 구체적인 해답이 있는 셈이다.

빈약하게 정의된 문제에서는 문제 요소들 가운데 최소한 한 요소 이상이 상세히 기술되어 있지 않다. 상담자를 찾아온 내담자가 자신은 불행하고 자신의 인생을 바꾸고 싶다며 불평을 늘어놓는다고 하면, 실제로 그는 정확히 무엇이 자신을 괴롭히고 있는지에 관해 분명히 알지 못한다. 그 내담자는 그저 자신이 행복하지 않다는 사실만 알고 있을 뿐이다. 그의 문제 상태는 정확하게 상술되지 않으며, 목표 상태 또한 상술되지 않는다. 또한 이 사람의 인생을 바꾸기 위해 어떤 조작을 해 볼 수 있는지도 분명하지 않다.

우리가 일상생활에서 만나는 대부분의 문제는 빈약하게 정의된 문제로, 이러한 문제를 어떻게 잘 정의된 문제로 재구성해 해결할 수 있는가는 일상생활에서의 적응에 중요한 의미를 가진다. 문제를 해결하기 위해서는 우선 문제 발견 과정이 반드시 선행되어야 한다.

문제 발견은 문제를 해결하기 위해 도달해야 할 목표와 현재 상태의 차이를 발견하는 과정으로, 빈약하게 정의된 문제는 문제가 암시적이거나 잠재되어 있어 문제 해결자가 자신의 자원을 사용해 문제를 찾고 문제 해결 활동을 스스로 구조화해야 한다.

잘 정의된 문제라고 해서 어떤 의미에서든 빈약하게 정의된 문제보다 더 좋은 문제이거나 더 쉬운 문제는 아니다. 이 둘의 구분은 단지 문제 해결을 시작하기 전에 우리에게 얼마나 많은 정보가 주어지는지를 보여 줄 뿐이다. 빈약하게 정의된 문제는 문제 해결자가 빠진 요소들을 상술한 이후에야 해답이 도출될 수 있다.

문제 발견

왓슨과 크릭이 DNA의 구조를 결정하려고 노력하는 동안, 그들은 빈약하게 정의된 문제를 마주하고 있었다. 그들은 DNA가 나선일 것이라고 가정했지만, 여전히 결정해야 할 추가적인 구조 요인들이 많이 남아 있었다. 마찬가지로 피카소도 게르니카 마을의 폭격에 응답해 그림을 그리고자 마음먹었을 때 스스로 빈약하게 정의된 문제를 설정했다.

빈약하게 정의된 문제의 한 예로, 어떤 가상의 화가가 단지 작업을 하고 싶다는 마음만으로 무엇을 그릴지에 대한 구체적인 생각 없이 이젤로 가는 경우를 들 수 있다. 이 가상의 화가가 마주한 상황을 문제 발견(problem finding)이라고 부른다.

게젤과 칙센트미하이는 정물화를 그리고 있는 미술학도들을 관찰했다. 각 학생은 특정한 사물들을 골라 자신이 원하는 방식으로 배열한 뒤 그것을 그렸다. 더 높은 등급의 그림을 생산한 학생들은 어떤 사물을 고르고 그것을 어떻게 배치할지를 결정하는 데 오랜 시간을 들였는데, 게젤과 칙센트미하이는 이러한 준비 과정을 문제 발견이라고 불렀다.

그들은 훌륭한 학생 화가일수록 문제 발견 능력이 더 뛰어나다고 보았다. 이러한 문제 발견의 상황은 빈약하게 정의된 문제에 해당한다. 학생들이 그리고 싶은 배열을 결정하는 것은 빈약하게 정의된 문제 해결에 해당하며, 이를 마음에 드는 방식으로 그림 안에 표현하는 것 역시 빈약하게 정의된 문제에 해당한다.

문제 공간 탐색을 위한 발견적 방법

문제 공간이 너무 큰 경우에는 이를 감당할 수 있는 크기로 축소할 필요가 있으며, 이때 발견적 방법(heuristics)이 사용된다. 발견적 방법은 경험 법칙(rule of thumb)으로서 문제 공간을 축소하는 데 도움을 준다. 발견적 방법은 문제의 해답을 보장하지는 않지만, 해답에 도달하는 데 유용하다. 사람들은 문제 해결을 위해 다양한 유형의 발견적 방법을 개발해 왔다.

첫 번째 발견적 방법은 현재 상태를 목표 상태와 좀 더 닮게 바꾸는 것으로, 이를 언덕 오르기(hill climbing)라고 부른다. 산에 오를 때 짙은 안개로 목표 봉우리가 보이지 않는 경우, 우리는 여러 경로를 실제로 시도해 보며 더 높은 방향으로 나아간다. 이 방법을 사용하면 최소한 대략적으로 올바른 방향으로 이동할 수 있다. 언덕 오르기 전략은 현재 상태로부터 목표에 가까워 보이는 조치들을 반복적으로 시도하는 방식이다.

그러나 언덕 오르기 전략에는 국소 최대치(local maximum)에 도달할 위험이 있다. 계속 올라가기만 하면 산의 정상에 이르지 못하고 그보다 낮은 봉우리에 머무를 수 있기 때문이다. 이는 궁극적인 목표가 아닌 상태에 도달한 경우이다. 목표 봉우리에 오르기 위해서는 오히려 내려가야 할 수도 있지만, 안개로 인해 이를 인식하지 못할 수 있다. 따라서 언덕 오르기 전략은 앞을 내다보는 능력이 제한된 상황에서는 유용하지만, 국소 최대치에 머무를 위험이 항상 존재한다.

두 번째 발견적 방법은 목표 상태로부터 초기 상태로 거슬러 올라가는 후진 작업(working backward)이다. 이 방법은 특정 시점에서 고려해야 할 가능한 조치의 수를 줄여 준다는 장점이 있다.

세 번째 발견적 방법은 수단-목표 분석(means-end analysis)이다. 이 방법은 매 단계마다 무엇이 목표가 되어야 하는지와 그것을 달성하기 위해 무엇을 해야 하는지를 결정한다. 목표 상태와 현재 상태를 비교해 그 차이를 파악한 뒤, 그 차이를 줄일 수 있는 조작자를 선택한다. 이 과정은 문제를 더 작은 하위 문제로 나누어 차례로 해결함으로써 궁극적인 해결에 이르는 방식을 포함한다. 예를 들어 어떤 사람이 아들을 어린이집에 데려

다주는 문제를 생각해 보자. 현재 상태와 목표 상태의 차이는 거리이며, 이를 해결할 수 있는 수단은 자동차이다. 자동차가 고장 났다면 배터리를 교체해야 하고, 배터리는 정비소에서 교체할 수 있다. 이처럼 문제를 단계적으로 분해해 해결하는 과정이 수단-목표 분석이다.

네 번째 발견적 방법은 계획하기(planning)이다. 이는 상상을 통해 마음속으로 해결 과정을 실행해 보고, 그 결과를 예측한 뒤 실제 행동 여부를 결정하는 방법이다. 세 개의 원반으로 이루어진 하노이의 탑 문제는 이러한 계획하기 전략으로 해결할 수 있지만, 일곱 개의 원반이 있는 경우에는 문제 공간이 급격히 커져 많은 작업 기억을 요구한다. 인간의 작업 기억은 한계가 있으므로, 복잡한 문제에서는 수단-목표 분석이나 언덕 오르기, 후진 작업과 같은 발견적 방법을 활용해야 한다.

다섯 번째 발견적 방법은 알고리즘(algorithm)이다. 알고리즘은 정해진 규칙의 집합으로, 초등학생들이 덧셈 문제를 풀 수 있는 것도 이러한 알고리즘을 배웠기 때문이다. 문제 해결 시 적용 가능한 알고리즘이 있는지를 검토할 필요가 있지만, 인간이 직면하는 대부분의 문제는 알고리즘만으로는 해결할 수 없다.

문제 해결에서의 약한 발견적 방법

문제에 주어진 정보만을 사용하고 다른 정보는 거의 활용하지 않는 발견적 방법을 문제 해결의 약한 방법(weak method)이라고 부른다. 이 방법은 일반적으로 적용 가능하지만, 그만큼 문제 해결에 필요한 구체적인 정보를 충분히 제공하지는 않는다.

약한 발견적 방법의 대표적인 예로 하노이의 탑 문제가 있는데, 이는 저지식 문제(knowledge-lean problem)에 해당한다. 이 문제를 해결하는 데에는 특별한 사전 지식이 필요하지 않으며, 오직 문제 해결 과정에서의 탐색이 중요하다.

약한 발견적 방법은 응용 범위가 넓다. 예를 들어 왓슨과 크릭이 DNA가 나선 구조일 것이라고 가정했을 때, 그들은 목표로부터의 후진 작업이라는 발견적 방법을 사용했다. 모든 요소를 완벽히 측정할 수는 없었지만, 핵심 증거에 집중하고 나머지를 배제함으로써 문제 공간을 효과적으로 축소할 수 있었다.

피카소가 〈미노타우로마키아〉를 〈게르니카〉의 기본 구조로 활용한 것 역시 목표로부터의 후진 작업에 해당한다. 그는 이미 존재하는 구조를 활용함으로써 과제의 범위를 제한하고 작업을 시작할 수 있었다. 이러한 조치가 문제를 즉시 해결해 주지는 않았지만, 창작의 출발점을 제공했다는 점에서 약한 발견적 방법은 창의적 사고와 깊은 관련성을 지닌다고 할 수 있다.

창의성의 심리학 #8

이메일과 소셜 미디어 서비스(SNS)의 보급으로 사람 사이의 소통이 매우 편리해졌다. 그런데 발신자가 전하려는 의도나 미묘한 뉘앙스가 수신자에게 얼마나 명확하게 전달될까? 여러분은 평소 자신이 보낸 메시지가 상대에게 얼마나 제대로 전달되고 있다고 생각하는가?

A. 90% 이상
B. 50% 정도

2005년 「성격 사회심리학」이라는 학술지에 실린 논문에 따르면, 이메일을 받은 사람 중 메시지에 담긴 의미를 올바르게 파악한 사람은 50% 정도였다. 반면 메시지를 보낸 사람은 받은 사람의 90% 정도가 올바르게 해석했을 것이라고 예상했다. 이는 메시지를 보낸 사람과 받는 사람 사이에 상당한 간극이 있다는 의미다. 미국 시카고대학의 니컬러스 에플리와 뉴욕대학의 저스틴 크루거는 다음과 같은 실험을 진행했다.

- 학생 두 명을 한 팀으로 구성해 총 30개 팀을 만든다.
- 각 팀의 한 학생에게 교내 식당의 음식, 날씨 등에 대한 20개의 의견이 적힌 목록을 건넨다.
- 목록을 받은 학생은 건네받은 의견이 진심으로 하는 말인지 비꼬는 말인지를 추측한 다음, 선택한 의견을 자신이 속한 팀의 다른 학생에게 이메일로 보낸다.
- 이메일을 받은 학생은 메시지에 담긴 의미를 추측하고, 동시에 그 판단에 얼마나 자신 있는지 답한다.

이메일을 보낸 학생들은 상대방이 메시지에 담긴 의미를 올바르게 해석할 확률이 약 90%라고 예측했다. 그러나 실제로 이메일을 받은 학생 중 보낸 이가 의도한 의미대로 받아들인 사람은 50%를 살짝 웃도는 수준에 그쳤다. 에플리 박사는 이 결과에 대해 이렇게 설명했다.

"메시지를 적은 사람이 그곳에 담긴 의미나 감정이 상대에게 제대로 전달될 것이라고 생각하는 이유는, 메시지를 적으면서 자신이 의도하는 바를 머릿속으로 '이해'하기 때문이다."

즉 메시지를 적는 사람은 필자이자 독자이므로 '이 정도면 받는 사람도 분명 이해할 수 있을 거야'라고 멋대로 판단을 내리기 쉽다. 실제로 상대방은 절반 정도만 이해하는데도 말이다.

에플리 박사는 이러한 간극이 생기는 원인이 '자기중심성'에 있다고 보았다. 자신이 이해했으니 상대도 이해할 것이라고 생각한다는 의미다. 사람은 그만큼 상대의 입장에서 이해하는 데 서툴다.

논리성을 중시하는 서양권 사회에서조차 이러하다면, 듣는 이를 배려해 돌려 말하기를 미덕으로 삼는 동양권 사회에서는 과연 메시지의 의미가 얼마나 제대로 전해지고 있을지 걱정이 된다. 여러분은 자신이 보낸 메시지의 의미가 상대방에게 얼마나 제대로 전달될 것이라고 자신하는가?

창의적 사고 훈련 8 TTCT 도형검사

지금부터 S를 이용하여 가능한 그림을 될 수 있는 대로 많이 만들어 그림을 완성해 보시오. 아무도 생각해 내지 못할 것 같은 것을 생각해 보도록 합시다. 각각의 빈칸에 이름이나 제목을 넣으시오.(7분)

S	S	S
제목:	제목:	제목:
S	S	S
제목:	제목:	제목:
S	S	S
제목:	제목:	제목:
S	S	S
제목:	제목:	제목:

Unit 9.

일상생활과 창의성

01 일상생활과 창의성

'창의성과 가장 연관된 분야는 무엇일까?'에 대해서 생각해 보면 우리는 대부분 과학 또는 예술 영역이라고 많이 이야기하곤 한다. 물론 이러한 분야에서 창의성이 많이 발현되는 것은 사실이다. 하지만 앞서 설명했듯이 창의성은 소수의 위대한 과학자 및 예술가 등 기발한 아이디어와 재능을 가진 사람들만이 지니는 특성이 아니라, 누구나 가지고 있는 보편적이며 연습을 통해 계발될 수 있는 능력임을 볼 때 누구든지 창의적인 사람이 될 수 있다.

부모들이 비가 와서 자녀들이 밖에 나가지 못하는 상황에서 집 안에서도 활동적으로 놀 수 있는 기발한 방법을 생각하는 것이나, 상인들이 물건을 팔기 위해 새로운 아이디어를 고안해 내는 모습, 사랑하는 연인들이 서로를 위해 깜짝 선물을 생각하고 준비하는 모습, 일상생활 속의 불편함을 해소하기 위해 기존의 것을 바꾸고 결합하고 빼고 용도를 변경하는 등의 여러 가지 사고 과정을 거쳐 나온 다양한 결과물들은 누구나 창의성을 가지고 있다는 점을 뒷받침해 주는 사례라고 할 수 있을 것이다.

한 나라의 문화는 단시간에 형성되지 않는다. 문화란 일반적으로 한 사회의 주요한 행동 양식이나 상징 체계를 말하는 것으로, 인간이 주어진 환경을 변화시키고 본능을 적절히 조절하여 만들어 낸 생활 양식과 그에 따른 산물들이라고 할 수 있다. 우리나라의 문화도 그런 의미에서 볼 때 오천 년의 긴 세월 동안 우리 조상들이 살아오면서 만들어 낸 생활 양식이며, 매우 융통성 있고 독창적인 정신문화라고 할 수 있는데, 예를 들면 다음과 같이 분류해 설명할 수 있다.

첫째, 의복의 융통성을 들 수 있다. 한복은 양장과는 달리 품이 넉넉해 여유가 있으며, 신체의 결함을 잘 감싸 주어 편하게 몸을 움직일 수 있도록 만들어진 의복이라는 점에서 융통성을 찾을 수 있다.

둘째, 우리나라의 대표적인 건축물인 한옥의 안방은 이야기를 나누는 공간이면서 식사를 할 수 있는 공간이며, 또한 잠을 잘 수 있는 공간이다. 이렇게 하나의 공간이 여러 가지 역할을 하는 융통성이 있으며, 안방에 병풍을 두게 되면 하나의 공간 안에서도 적절히 공간을 분리해 개별적인 공간을 마련할 수 있다. 또한 온돌의 구조는 겨울을 나는 공간으로서 폐쇄성이 강해 보이지만, 마루는 여름을 나는 공간으로 개방성을 추구하는 공간이다.

셋째, 음식의 독창성을 들 수 있다. 한국 음식 중 대표적인 음식으로 비빔밥을 들 수 있다. 비빔밥은 온갖 재료가 어우러져 고유한 맛을 내며, 특히 그 지역에서 생산되는 음식을 배합하면 그 고장만의 특색 있는 비빔밥이 만들어지기도 한다. 또한 김치와 된장은 전 세계적으로 알려진 우리나라만의 독특한 음식문화이다. 이 외에도 겉으로 보이는 유형의 문화뿐만 아니라 눈에 보이지는 않지만 우리나라만의 독창적인 문화유산도 많다.

예술과 창의성

흔히 창의성은 아무것도 없는 것에서 새로운 것이 솟아 나오는 것으로 오해하기 쉽지만, 사실 창의성은 기존의 것에 새로운 것을 결합하거나 변형을 통해 나오게 된다. 창의성이 넘치는 예술가들의 작업은 그 시대의 재료, 기술 및 지식의 총체적 결합물이었음은 유명 예술가들이 작업에 참고했던 많은 자료들이 증명해 준다고 할 수 있다.

미술작품 속에서의 창의성

1) 피카소의 여러 작품

유명한 화가들의 경우 작품에 반복되어 나타나는 대상이나 스타일을 발견할 수 있으며, 이는 작가의 개인적인 창의적 사고 기법을 반영하고 있다. 미술 분야에서 창의성 하면 피카소를 빼놓을 수 없다. 피카소는 20세기를 대표하는 입체파의 거장이지만, 처음부터 입체적인 그림을 그렸던 것은 아니었다.

피카소는 그림 속의 얼굴과 여러 요소들을 다양한 시각적 관점에서 정교하게 분리하기도 하고 통합하기도 하였다. 정면에서 보는 시선과 측면에서 보는 시선을 한 얼굴에 그려 넣은 '도라 마르의 초상'과 같은 작품이 바로 그것이라 할 수 있다. '아비뇽의 처녀들'에서는 작품 곳곳에서 아프리카 원시 미술의 영향을 찾아볼 수 있다. 가장 오른쪽 하단의 얼굴의 경우 아프리카 토속 가면에서 그 소재를 활용하여 작품으로 승화한 것으로 보이는데, 이처럼 조형적으로는 유럽의 방식을 쓰면서 소재는 아프리카의 원시 예술에서 가져와 형태를 중요시하는 새로운 장르인 입체파가 탄생하게 된다.

또한 피카소는 '게르니카'를 통해 전쟁의 참혹함을 나타내려 했다. 그런데 작품 속에서는 전쟁하면 떠올리기 쉬운 탱크, 총, 대포 등 전쟁하는 모습을 찾아볼 수는 없다. 그러나 작품 속의 동물과 사람들의 몸이 조각조각 파편화되어 서로 뒤엉켜 있는 모습을 묘사함으로써 전쟁의 참혹함을 표현하고 있다. 창의적 문화예술 작품은 치밀한 의도를 기반으로 만들어지며, 이때 창의성이란 새로운 것을 만드는 '산출물'이 아니라 자신이 생각하는 의도를 표현하는 것이라고 정의할 수 있다.

2) 뒤샹의 「샘」

뒤샹은 피카소뿐만 아니라 20세기를 대표하는 영향력 있는 미술가 중 한 명이다. '샘'은 남자의 소변기를 거꾸로 돌려놓은 작품이다. 일상생활 용품인 변기가 하루아침에 미술작품으로 미술관에 전시되었다는 점에서 미술계는 발칵 뒤집어졌다고 해도 과언이 아닐 만큼 많은 논란이 있었지만, 결국은 뒤샹의 승리로 끝났다고 한다. '샘'이 미술 작품으로 인정되기 시작하면서 이미 만들어진 기성품이라도 작가가 그 물체에 의미를 부여하여 본래의 의도와 다르게 해석된다면 그것은 예술 작품이 될 수 있다는 인식이 자리 잡게 되었다. 뒤샹의 '샘'을 통해 20세기 미술 분야에서는 회화라는 절대적인 장르 이외에 미니멀리즘, 개념미술, 설치미술이라는 새로운 장르가 개척되었으며, 뒤샹의 '샘'은 오늘날 많은 작가들에게 또 다른 창작 활동을 이끌게 하는 원동력이 되었다. 여기에서 작가의 창의적 사고를 찾을 수 있다.

음악작품 속에서의 창의성

앞서 설명했듯이 창의성은 어느 날 갑자기 나타난 새로운 것이 아니라 기존의 것과 새로운 것의 결합이라는 특성을 지니고 있다. 이에 여러 음악가의 작품들을 살펴보면, 그가 살았던 환경과 접했던 여러 문화들이 그의 작품 속에 녹아 표현됨을 확인할 수 있다. 예를 들면 헝가리 태생이었던 리스트의 '헝가리 랩소디' 대부분은 헝가리 집시의 민요 음조에서 따온 것이며, 차이코프스키 역시 민요를 교향곡 속으로 끌어들였다. 차이코프스키는 어릴 적 러시아 민요의 주 무대였던 광산 지대에서 생활했기 때문에 그의 음악에는 러시아 민요의 정서가 녹아 있었고, 그의 곡이 세계로 뻗어 나갈 때 러시아의 민요적 요소도 함께 전해졌다. 우리가 잘 알고 있는 차이코프스키의 현악 4중주 제1번 2악장 「안단테 칸타빌레」와 교향곡 제6번 「비창」은 러시아의 정서가 잘 녹아 있는 대표적인 곡이라 할 수 있다.

창의성의 실체가 '기존의 것과 새로운 것의 결합'이라면, 기존에 무엇이 있었는지를 아는 것은 매우 중요하다고 할 수 있다. 하워드 가드너는 이를 '10년의 법칙'으로 정리해 설명하였다. 10년의 법칙이란 어떤 한 분야에서 인내와 끈기를 가지고 약 10년 정도 노력하면 그 분야의 전문가가 될 수 있다는 것을 뜻한다. 이와 더불어 '모방은 창조의 어머니다'라는 아리스토텔레스의 명언이 떠오른다. 어느 한 분야에서 전문가가 된다는 것은 어느 한순간 갑자기 이루어지는 것이 아니다. 처음에는 그 분야를 이해하기 위해 기존에 나와 있던 작품을 단순히 모방하는 단계에서 시작해, 여러 작품을 재구성하고 거기에 자신의 생각을 첨가하는 과정을 거쳐 약 10년이 지난 어느 시점부터 독특한 자신만의 작품이 나타날 수 있다는 것으로 설명할 수 있다.

1) 모차르트

음악의 신동이라 불리는 모차르트는 처음부터 독창적인 음악을 작곡할 수 있었을까? 뛰어난 성취를 이룬 창의적인 개인을 연구한 학자인 헤이즈는 한 사람이 세계적인 수준의 작품을 생산하기까지 한 분야에 몰입하는 것이 필수적이라는 주장에 양적인 증거를 제시한 학자이다. 헤이즈가 확인한 바에 따르면, 모차르트의 첫 번째 걸작은 그가 작곡가의 길로 접어든 지 약 15년 뒤에 쓴 피아노 협주곡 제9번이라고 한다. 그 이전에 나온 모차르트의 곡들은 모차르트만의 독창적인 곡이라기보다는 다른 작곡가들의 작품을 재구성한 것이었으며, 엄밀히 말하면 그의 곡이라 부르기 어렵다고 하였다. 모차르트의 첫 걸작은 경력 15년 차에 처음으로 나타났고, 그 이후부터 그는 작곡가로서 빠르게 발전하며 독창적인 자신만의 곡들을 작곡하게 되었다고 한다.

2) 비틀즈

비틀즈는 1960년대를 대표하는 그룹으로, 1963년 느닷없이 등장한 이후 그들의 음악과 외적인 여러 요소들로 전 세계 사람들을 열광시켰다고 해도 과언이 아닐 것이다. 비틀즈 역시 모차르트와 마찬가지로 자신들만의 독창적인 공연을 하는 그룹이 되기 이전, 존 레넌과 폴 매카트니는 다른 사람들의 작품에 깊이 몰입하는 것으로 경력을 시작했는데, 첫 6년 동안 공연에서 약 90%가 다른 사람들의 노래였다고 한다.

이상에서 여러 미술작품과 음악작품 속에서 나타난 창의성을 살펴보았다. 평범한 사람들과는 다른 타고난 재능과 번뜩이는 영감이 있다 하더라도, 부단한 노력, 즉 10년을 넘어서는 긴 세월의 노력이 있었다는 점을 이해한다면 창의성이란 누구나 가질 수 있는 보편적인 능력임을 알 수 있을 것이다.

영화 속에서의 창의성

첨단 기술과 함께 인간의 무한한 상상력과 독창성이 결집된 영화 한 편의 수익이 수십만 명이 작업해 150만 대의 자동차를 수출해 번 외화와 맞먹는다는 연구 결과가 있다. 이는 창의성이라는 것이 얼마나 엄청난 결과를 가져올 수 있는지를 직접적으로 보여 준다.

창의적인 영화와 관련된 경제 효과의 예로 '해리 포터' 시리즈는 1997년부터 10년 동안 무려 308조 원의 수익을 올렸으며, '반지의 제왕'은 영화 수입 28억 6천만 달러 이외에도 영화 촬영지인 뉴질랜드의 관광 수입과 영화 캐릭터를 활용한 상품 등을 통해 뉴질랜드 국가 브랜드 광고 효과를 누리고 있다고 한다. 미국의 월트 디즈니는 애니메이션의 대명사로 불린다. 디즈니는 '인어공주(1989년)', '미녀와 야수(1991년)'의 히트에 이어 280억 원의 제작비를 들인 '알라딘(1992년)'으로 4천억 원의 수익을 올렸고, '라이온 킹(1994년)'은 약 8천억 원의 경이적인 흥행 수익을 기록하며 애니메이션 산업이 '황금알을 낳는 거위'임을 증명했다.

애니메이션 산업은 1차적으로 영화 한 편만으로도 수익을 창출할 수 있을 뿐만 아니라, 등장 캐릭터를 활용한 상품을 통해 더 큰 부가 수익을 얻을 수 있다. 디즈니의 대표적인 애니메이션 캐릭터인 미키마우스와 미니마우스는 1928년 첫 소개 이후 지금까지도 전 세계 사람들에게 사랑받고 있다. 2014년 한 해를 뜨겁게 달군 '겨울왕국'은 시리즈 영화가 아닌 작품 중 세계적으로 역대 다섯 번째 매출을 기록했으며, 애니메이션 영화로는 '토이 스토리 3'에 이어 두 번째로 높은 매출을 올렸다.

최근 들어 '뽀로로', '라바' 등 한국형 애니메이션이 세계적으로 강세를 보이면서 이러한 작품들이 우리나라 애니메이션 산업의 선두 주자가 될 것으로 기대된다. 특히 '뽀로로'는 '뽀통령', 즉 아이들의 대통령이라 불릴 만큼 선풍적인 인기를 끌고 있으며, 전 세계 110여 개국에 수출되고 출판·완구·DVD 시장에서도 돌풍을 일으키고 있다. 이를 볼 때 우리나라도 애니메이션 산업을 또 하나의 창의적 산물로 인식하고, 상업적·예술적 완성도를 높이기 위한 노력이 필요하다고 하겠다.

02 생활 속의 창의성

창의성은 과학과 예술 분야에서 뚜렷하게 그 특성을 보인다고 생각되지만, 실제로는 우리의 일상생활에서 그 진가를 더 발휘하고 있다. 창의성은 문제 상황에 직면했을 때 그것을 당연하게 여기거나 쉽게 포기하지 않고 해결하고자 하는 태도와 연결된다고 할 수 있으며, 문제를 해결하려는 욕구가 '창의'로 승화된다고 볼 수 있다.

음식에서의 창의성

최근 들어 '먹방', '쿡방', '셰프' 등 음식과 관련된 단어들이 많이 등장하고, TV 프로그램에서도 요리 관련 프로그램들이 인기를 끌고 있다. 음식에 창의성이 더해져 '먹는 즐거움'에 '보는 즐거움'까지 더해진다면 더없이 즐거울 것이다. 음식에 창의성이 더해진 예로 우리가 즐겨 마시는 커피를 들 수 있다. 최근 들어 기호식품으로 가장 많이 선호되고 있는 커피는 위에 거품으로 그림을 그려 먹는 즐거움과 보는 즐거움까지 느끼게 한다. 커피를 내리면서 형성되는 고유의 단백질과 우유의 온도, 거품의 두께와 양에 따라 그림의 효과는 다르게 나타난다.

또 한국인뿐 아니라 외국인도 즐겨 찾는 김치와 스파게티의 만남인 김치 파스타를 들 수 있다. 한국을 대표하는 음식인 김치와 서양 음식을 대표하는 파스타가 만나 김치 파스타가 만들어졌다. 보통 파스타를 느끼하다고 생각하는 사람들도 김치가 들어간 새콤매콤한 파스타는 어른들의 입맛에도 잘 맞는 요리인 듯하다.

옷에서의 창의성

1) 청바지

우리가 현재 즐겨 입는 청바지는 처음에는 광산에서 일하는 광부들을 위한 작업복에서 출발했다고 한다. 청바지를 처음 고안한 사람은 1850년대 골드러시를 따라 미국 서부에 온 독일 출신 이민자 리바이 스트라우스(Levi Strauss)이다. 그는 광부들에게 천막이나 포장마차용 질긴 천을 팔기 위해 캘리포니아 금광에 찾아왔지만, 광부들이 앉아서 해진 작업복 바지를 기우는 모습을 보면서 광부들에게 필요한 것은 텐트용 천이 아니라 튼튼한 작업복이라는 생각을 하게 된다. 그는 질긴 텐트용 천으로 바지를 만들어 광부들에게 공급했고, 잘 찢어지지 않는 텐트용 천의 특성 때문에 작업복 바지는 당시 폭발적인 인기를 얻었다고 한다.

그는 거친 광부 일에도 옷이 찢어지지 않도록 솔기를 튼튼한 실로 꿰매고, 뒷주머니가 떨어지지 않도록 굵은 구리 못인 리벳(rivet)도 박아 넣었는데, 이 옷이 바로 오늘날의 대표적인 청바지 브랜드가 된 리바이스(Levi's)의 시초가 되었다고 한다. 광부의 작업복에서 출발한 청바지는 이후 여러 가지 창의적인 아이디어가 첨가되면서 현재는 멋쟁이들의 필수 아이템이 되었다.

2) 퓨전 한복

또 다른 예로 퓨전 한복을 들 수 있다. 퓨전 한복이란 퓨전과 한복이 합쳐진 합성어로, 퓨전(fusion)이란 종래에 지켜져 오던 순수주의적 태도를 배격하고 이들을 혼합해 생산하고자 하는 새로운 경향을 일컫는 말이다. 실제로 우리가 존재하고 있는 자연계에서의 진화의 의미를 살펴보면, 진화란 잡종화의 역사라고 해도 과언이 아닐 것이다.

잡종화 또는 퓨전의 요점은 물리적인 잡종화 그 자체가 아니라 잡종화의 과정에 내재된 창조성에 초점을 맞추는 데 있다. 이러한 퓨전화의 관점이 우리나라 고유의 한복에 적용되어 퓨전 한복이라는 장르를 탄생시켰다. 우리나라 고유의 한복은 우아하고 고전미가 있어 세계 어디에 내놓아도 그 아름다움과 우수성을 인정받고 있지만, 일상생활에서는 길이가 길어 활동하는 데 많은 불편함이 있었다. 이러한 단점을 보완해 퓨전 한복이 개발되었다. 우리나라 고유 한복의 우아미를 살리면서도 생활하는 데 불편함이 없도록 개선된 퓨전 한복은 디자이너의 창의성이 더해져 더욱 세련되고 멋진 옷으로 재탄생하고 있다.

3) 업사이클링 가방

버려지는 원단에 창의성이 더해져 업사이클링 가방을 제작한 예를 들 수 있다. 연합뉴스에 의하면 부산의 남성 정장 브랜드인 ㈜파크랜드가 사회적 기업인 에코인블랭크와 업무협약을 통해 잘못 제작되어 버려질 수밖에 없는 원단을 에코인블랭크에 공급해 업사이클링 가방을 제작·판매하기로 했다고 한다.

업사이클링(upcycling)이란 리사이클링(recycling)의 향상된 개념으로, 재활용품에 디자인을 입혀 고부가가치 제품으로 재탄생시키는 것을 의미한다. 파크랜드의 대표이사는 이 협약을 통해 "경미한 하자로 상품화되지 못한 제품을 업사이클링을 통해 새로운 부가가치를 창출하고 환경 문제도 해결하는 좋은 사례가 될 것"이라고 밝혔는데, 이는 버려지는 옷에 대한 창의적 문제 해결의 예라고 할 수 있을 것이다.

생활소품에서의 창의성

1) 마우스

컴퓨터는 이제 우리의 일상생활에서 없어서는 안 될 필수품이 된 지 오래다. 키보드는 컴퓨터의 가상 세계와 현실 세계를 연결해 주는 도구로, 현재까지 사용되고 있는 쿼티 자판은 1868년에 개발되어 지금까지 지속적으로 사용되고 있다. 이러한 컴퓨터 자판의 한계를 근본적으로 바꾼 위대한 발명품, 즉 마우스가 등장하게 되었다. 마우스는 X축과 Y축의 2차원 공간에서의 움직임을 모니터에 표시해 주는 역할을 하는 발명품이다.

마우스는 1968년 미국 스탠퍼드 연구소의 더글러스 엥겔바트(Douglas Engelbart)가 개발한 것이라고 한다. 그러나 마우스는 개발된 이후에도 한동안 널리 사용되지 못하다가, 애플사의 매킨토시 보급으로 1984년부터 본격적으로 사용되기 시작했다. 이후 마이크로소프트사의 '윈도우(window)' 운영체제가 보급되면서 필수적인 컴퓨터 입력 장치로 자리잡게 되었다. 이제는 모든 사람이 자신의 관심 대상을 클릭하면 바로 연결되는 시대로 접어들었으며, 이로써 하이퍼텍스트의 시대가 열리게 되었다.

2) 레고(Lego)

전 세계의 아이들뿐 아니라 어른들에게도 인기가 높은 레고 블록은 처음에는 한 아이의 아버지가 자신의 아들에게 주기 위해 장난감을 만든 것에서 비롯되었다고 한다. 그는 덴마크의 한 작은 마을에 살던 성실한 목수였는데, 본업인 목수 일보다 바퀴 달린 오리 장난감으로 더 유명해지자 회사명을 '레고'라고 짓고 본격적으로 장난감을 생산하기 시작했다. 레고 회사는 처음에는 나무 장난감을 생산했으나, 1945년 제2차 세계대전이 끝난 직후 기존의 나무 장난감에서 플라스틱 장난감으로의 전환을 시도했다. 가볍고 다루기 쉬운 소재인 플라스틱으로 만들어진 레고 블록은 알록달록한 색과 다양한 크기의 벽돌 블록 형태로 출시되어 판매되기 시작했다.

이후 올레 키르크 크리스티안센(Ole Kirk Christiansen)의 아들인 고트프레드(Gottfred)는 블록을 조립할 때의 결합력에 대해 고민하게 되었고, 만년필의 뚜껑이 잘 열리고 닫히는 구조에서 착안해 현재의 레고 블록 뒷면에 원기둥 모양의 튜브를 여러 개 세워 결합과 분리의 문제를 해결했다. 그는 1958년에 이러한 결합 방식에 대한 특허를 출원했고, 현재 우리가 알고 있는 레고 블록의 모습은 이 특허가 적용된 것이다. 이후 레고 블록에 바퀴 블록을 추가해 비행기, 자동차, 기차 등의 탈것까지 재현할 수 있는 획기적인 상품으로 발전하게 되었다.

고트프레드는 다시 아들인 켈(Kjeld)의 의견을 받아들여 레고 블록에 사람 모양의 피규어를 첨가했고, 자동차와 정원, 집 안 곳곳에 작은 사람 피규어가 배치되면서 마치 살아 있는 세상을 보는 듯한 생동감 있는 레고 블록이 되었다. 켈은 "가지고 노는 장난감에서 나아가 장난감을 통해 학습과 교육이 이루어질 수 있는 시스템으로 발전해야 한다"는 생각으로 미국 MIT 공과대학과 협력해 수년간의 공동 연구 끝에 컴퓨터와 연결해 작동하는 '마인드스톰'을 출시했다. 마인드스톰은 프로그램이 가능한 컨트롤러를 내장해 조립한 블록을 자유롭게 조종할 수 있는 제품이다.

덴마크의 레고 그룹과 미국 MIT 교육연구소가 수십 년간 현장 수업을 거쳐 개발한 레고 교육 프로그램은 생활 속의 각종 기계와 도구를 직접 만들어 보며 그 작동 원리와 개념을 이해하고, 논리성과 과학적 탐구 태도를 기를 수 있도록 구성된 고도의 사고력

개발 프로그램이라고 할 수 있다. 인기 있던 나무 장난감에 안주하지 않고 새로운 시대에 맞는 신소재를 도입하며, 놀이를 넘어 교육으로 확장해 온 레고 블록은 할아버지, 아버지, 아들로 이어지는 3대에 걸친 창의적 도전이 결실을 맺은 사례라고 생각된다. 앞으로도 레고 블록의 진화를 기대해 본다.

3) 십자나사못과 십자드라이버

어느 물건에나 쓰일 만큼 일상생활에서 기본적인 부품이 된 십자나사못은 일자나사못의 불편함을 해결하기 위해 발명되었다. 십자나사못의 개발자인 헨리(Henry)는 기계를 수리하는 전파상 직원이었는데, 반복적인 수리를 하다 보면 일자나사못의 홈이 마모되거나 없어져 나사를 조이거나 풀 수 없는 상황이 발생하는 데 큰 불편을 느꼈다.

이에 그는 "일자 홈은 하나이기 때문에 힘이 한곳에 집중되어 쉽게 마모되는 것이 아닐까? 그렇다면 홈을 두 개로 만들어 힘을 분산시키면 어떨까?"라는 생각에 이르렀고, 가로세로 십(+)자 모양의 홈을 낸 십자나사못과 이를 사용할 수 있는 십자드라이버를 개발했다. 이렇게 1907년에 처음 개발된 십자나사못과 십자드라이버는 오늘날 전 세계의 거의 모든 전자제품과 기계 설비에 사용되는 기본 부품이 되었다.

위에서 열거한 여러 가지 일상생활 속 창의성이 반영된 소품들 외에도 다양한 물건들이 우리의 생활을 더욱 편리하게 해 준다. 위의 사례들에서 볼 수 있듯이 창의성이 돋보이는 발명품들은 관점의 변화에서 비롯된다. 일상생활에서의 불편함과 장점을 잘 파악해 생활에 편리하게 적용한다면 그 자체로도 큰 즐거움이 될 것이다. 앞서 정의했듯이 창의성은 새로움과 적절성이라는 두 요소를 포함한다. 마우스나 레고처럼 전 세계적으로 사랑받는 발명품이 아니더라도, 자신의 생활 속에서 불편했던 점이나 개선할 수 있는 부분을 창의적 기법으로 해결해 새로운 결과물을 만들어 낸다면 그것 역시 충분히 창의적이라 할 수 있다.

창의성은 21세기를 살아가기 위해 요구되는 중요한 능력 중 하나이며, 누구나 지니고 있는 보편적인 능력이다. 나도 창의적인 사람이 될 수 있다는 자신감을 가지고 생활한다면 누구나 창의적인 사람이 될 수 있을 것이다.

창의성의 심리학 #9

다이어트 중인 사람을 모아 A, B, C의 세 그룹으로 나눠서 다음과 같은 실험을 했다.

A그룹 : 아무것도 먹이지 않는다
B그룹 : 칼로리가 높은 간식을 소량 먹인다
C그룹 : 칼로리가 높은 간식을 배가 부르도록 먹인다

그 후 잠시 쉬었다가 각 그룹 사람들을 음식이 마련된 다른 곳으로 데려가 얼마나 먹는지 관찰했다. 어느 그룹 사람들이 가장 많은 양을 먹었을까?

'나몰라 효과(what the hell effect)'라는 매우 독특한 심리학 용어가 있다. 이런 이름을 붙인 인물은 캐나다 토론토대학교의 심리학자이자 다이어트 연구자인 재닛 폴리비와 동료인 피터 허먼이다. 이들이 진행한 실험에 따르면, 결과적으로 배부른 상태인 C그룹 사람들이 가장 많은 양을 먹었고, 아무것도 먹지 않은 A그룹 사람들이 가장 적은 양을 먹었다. 어째서 가장 배부른 C그룹 사람들이 제일 많이 먹었을까?

아이러니하게도 원인은 C그룹 사람들이 맨 처음에 칼로리가 높은 간식을 배부를 때까지 먹은 데에 있다. 그들은 다이어트 중인데 간식을 많이 먹었다는 생각에 '나는 이미 선을 넘었어. 나도 몰라!'와 같은 될 대로 되라는 기분에 빠져 버렸다. '나몰라 효과'가 나타난 것이다. 한편 아무것도 먹지 않은 A그룹 사람들은 다이어트를 잘 유지한 상태이므로 아무리 배가 고파도 자제할 수 있었다.

'나몰라 효과'는 다른 실험에서도 증명되었다. 이번 실험 역시 다이어트 중인 사람을 대상으로 이루어졌다. 연구팀은 몸무게를 측정한다는 명목으로 참가자들을 모집한 뒤, 실제보다 무려 3kg이나 많이 나가도록 표시된 체중계에 오르게 했다. 당연히 체중계에 올라선 참가자들은 깜짝 놀라며 우울해했다. 다이어트 중인데도 평소보다 몸무게가 늘어났기 때문이다. 연구팀은 이들에게 실험에 참여해 준 사례라며 간단한 식사를 대접했다. 실험 참가자들이 어떻게 행동했을지는 말하지 않아도 짐작되리라 생각한다.

술이나 담배를 끊기로 마음먹어도 작심삼일로 끝나는 이유 역시 '나몰라 효과'가 작동해 고작 한 번의 실수에도 아예 단념해 버리기 때문이다. 하지만 이런 식으로 생각하면 '역시 나는 안 되는 인간'이라고 단정 지으며 자기 혐오에 빠지기 쉽다. 자신감을 되찾고 싶다면 100점이 아니면 0점이나 마찬가지라는 생각을 버리자. 3일 연속 성공하고 4일째에 실패했다면 지금이라도 바로잡으면 된다고 생각하며 마음을 다잡자. 그리고 5일째부터 다시 새롭게 시작하면 된다. 매일 빠지지 않고 지킬 것이라고 마음먹으면 부담되므로, 매일 '오늘부터 시작한다'는 마음으로 하자. 이것이 꾸준함을 잃지 않는 비결이다.

단 하나만 주의하자. 목표를 지나치게 높게 잡으면 '헛된 희망 증후군(false hope syndrome)'에 빠질 위험이 있다. 이 증후군은 자신의 행동을 쉽게 바꿀 수 있다고 믿어 비현실적으로 높은 목표를 세우는 것을 말한다. 그러나 높은 목표를 세우면 뇌는 '목표를 세웠다'는 행위 자체에 만족해, 그 목표를 달성하고 계획을 실천하는 데 필요한 의욕과 동기를 잃어버리게 된다.

학창 시절 이와 비슷한 실패의 기억은 없는가? 시험을 위해 꼼꼼히 공부 계획을 세우고 표까지 만들어 책상 앞에 붙인 것까지는 좋았지만, 그 상황 자체에 만족해 공부는 거의 하지 않았던 경험 말이다.

물론 커다란 인생의 목표를 세우는 것은 중요하다. 하지만 그곳에 도달하려면 중간중간 작은 목표를 여러 개 세워 그것들을 착실히 이루어야만 자신감과 의욕을 잃지 않고 끝까지 갈 수 있다는 점을 명심하자. 거창한 목표가 아니라 작은 목표를 여러 개 세우자.

9 PMI 기법

PMI 기법(Plus-Minus-Interesting Method)은 1973년 에드워드 드보노(Edward de Bono)가 고안한 기법으로 대상이 가지고 있는 다양한 측면을 고려하고 평가하여 최선의 아이디어가 나오도록 하는 기법이다. 각각의 의견을 장점(Plus), 단점(Minus), 흥미로운 점(Interest)의 측면으로 고려하여 평가하는 방법으로, 처음에는 굉장히 괜찮다고 생각한 의견도 다시 한번 살펴보고 탐색하면서 새로운 부분 또는 놓친 부분을 발견할 수 있고 보완할 수 있으므로 발전시키기 좋다.

Plus(강점)는 아이디어를 실행했을 때 긍정적인 면을 떠올리는 것이고, Minus(약점)는 부정적인 면을 생각하는 것이다. 또한, Interesting(흥미)은 아이디어의 흥미로운 점을 찾아내는 것이다. 궁극적으로 PMI기법은 제안된 아이디어 중 무엇이 최선책인지를 파악하여 결정하는 방법이다.

효율적인 PMI 준비단계

① 주제 설명 : 회의 시작 전 PMI 주제에 관해 배경 설명을 한다.

② 집중하기 : 참여자들은 PMI를 진행하면서 각 단계에만 의도적으로 집중하도록 한다. Plus에 대한 의견을 제시하는 단계에서 Minus와 Interest의 의견이 나오지 않도록 주의한다.

③ 함께 선택 : 아이디어 수집 후 리더와 참여자 모두가 함께 최종 아이디어를 선택한다.

01. 안건 및 의제 선정

조직 내 아이디어 도출을 위한 주제를 선정한다. 이는 리더가 진행해야 할 사항이며, 리더는 PMI에 참여할 참여자들을 위해 충분한 시간을 활용하여 아이디어 도출이 수월하게 이루어질 수 있도록 그에 맞는 적절한 의제를 선정해야 한다.

02. 회의장소, 진행방향 결정

자유롭게 토의할 수 있는 장소와 진행자를 선출한다. 업무의 효율을 높이는 방법 중 가장 많은 비율을 차지하는 것은 바로 주위 환경이다. 그에 맞는 환경이 조성되어 있느냐 없느냐의차이는 크게 작용을 한다. 기록이 자유로운 화이트보드 등이 있으며, 자유롭게 의견을 제시할 수 있는 편안한 장소와 부드러운 분위기를 조성하고 의견분석과 조합이 뛰어난 사람으로 진행자를 선택하는 것이 좋다.

03. 주제에 대한 배경 설명

리더가 선정한 PMI 안건에 대해서 참여자들에게 사전에 배경을 설명한다. PMI를 실시하고자 하는 목적과 그에 따른 필요한 준비 등을 공유하여 실질적으로 회의를 진행할 때 시간을 단축시키고 보다 효율적으로 진행하기 위함이다. 이는 반드시 진행하기 전 필수로 시행되어야 하는 단계이다.

PMI 준비 및 진행 절차

① 주제-PMI 회의 안건을 작성한다.
② 주제 설명-회의의 주제에 대한 배경 설명을 작성한다.
③ Plus 장점-Plus 단계의 의견들을 빠짐없이 작성한다.
④ Minus 단점-Minus 단계의 의견들을 빠짐없이 작성한다.
⑤ Interest 흥미로운 점-Interest 단계의 의견들을 빠짐없이 작성한다.
⑥ 종합 의견-각 단계의 의견들을 종합하여 간단하게 작성한다.
⑦ 최종 결정-제시되었던 의견 중 주제에 맞춰 가장 경쟁력이 있는 최종 결정을 작성한다.

04. Plus(좋은 점, 장점, 긍정적인) 측면 찾기

참여자들은 리더에게 전달받은 주제의 좋은 점, 장점, 긍정적인 측면들을 찾아 의견을 제시한다. 이때 해당하는 장점을 더욱 살릴 수 있는 보완점도 함께 생각하도록 한다. 의견을 제시할 때는 이 단계에만 집중하여 단점이나 흥미로운 점이 생각나더라도 흐름이 끊기지 않도록 다음 단계에서 제시하도록 한다.

05. Minus(나쁜점, 단점, 부정적인 측면) 찾기

참여자들은 리더에게 전달받은 주제의 나쁜 점, 단점, 부정적인 측면들을 찾아 의견을 제시한다.

06. Interest(흥미로운 점. 독특한 점. 새로운) 측면

참여자들은 리더에게 전달받은 주제의 흥미로운, 독특한 점, 새로운 측면들을 찾아 의견을 제시한다. 본 단계에 집중하여 의견을 내며 이미 지나간 단계에 대한 의견은 다음에 다시 제시하도록 한다.

07. 아이디어 선택 및 실행

각 단계에서 제시하지 못한 의견들은 추가적으로 받으며 마무리한다. 리더와 참여자는 PMI를 통해 제시된 의견을 토대로 주제에 맞춰 평가하여 경쟁력이 있는 의견을 선택하도록 한다. 리더는 선택된 아이디어를 통해 어떻게 프로젝트를 진행할 것인지 프로젝트 방향에 대해 계획을 수립한다.

끝으로, PMI기법 활용상의 유의점은 각각의 단계에서 브레인스토밍(brainstorming)을 적용하며, 단순히(P, M, I)의 생각을 나열하는데 끝나서는 안되고 각 단계에서 산출된 생각을 바탕으로 종합적인 평가에 이르도록 하는 것이 무엇보다 중요하다.

PMI 연습

주제	1교시 강의가 오전 8시에 시작한다면 어떨까?
P	
M	
I	

Unit 10.

조직 창의성

우리는 흔히 창의성이라고 하면 개인의 능력, 예를 들어 한 예술가가 기발한 아이디어로 작품을 만드는 것을 떠올린다. 하지만 현대 사회에서 창의성은 단순히 개인의 것이 아니라 팀이나 조직 전체가 함께 만들어 가는 집단적인 성과이기도 하다. 바로 이런 관점에서 '조직 창의성(Organizational Creativity)'이라는 개념이 등장한다. 조직 창의성은 여러 사람이 함께 일하면서 새로운 아이디어를 만들고 이를 실현하는 과정을 포함한다.

예를 들어, 어떤 회사가 '친환경 포장재'를 개발하고 싶다고 했을 때 제품 개발자 혼자만 노력해서는 이루기 어렵다. 마케팅팀, 생산팀, 재무팀 등 다양한 부서가 협업해야만 진정으로 창의적인 결과물이 나올 수 있다. 이러한 협력적이고 체계적인 창의적 과정이 바로 조직 창의성이다.

01 조직 창의성의 몇 가지 특성

혁신과 창의성은 다르다

많은 사람들이 창의성과 혁신을 같은 것으로 여기곤 한다. 하지만 이 둘은 서로 다른 개념이다. 창의성(Creativity)은 새로운 아이디어를 떠올리는 능력을 의미하고, 혁신(Innovation)은 그 아이디어를 실제로 구현하고 적용하는 과정을 뜻한다. 창의성이 '생각하기'에 가깝다면, 혁신은 '실행하기'에 가깝다. 예를 들어 "무인 주문 시스템이 있으면 편리하지 않을까?"라는 아이디어는 창의성이다. 그 아이디어를 실제로 키오스크 시스템으로 개발하여 매장에 적용한 것이 혁신이다. 즉, 창의성이 혁신의 씨앗이라면 혁신은 그것을 싹틔우는 과정이라고 할 수 있다.

창의성 경영: 외로운 천재는 환상일 뿐

'창조적인 사람' 하면 흔히 고독한 천재를 떠올린다. 예를 들어 스티브 잡스 같은 인물을 생각할 수도 있다. 하지만 실제로 제품 하나가 세상에 나오기 위해서는 수많은 사람들의 노력이 필요하다. 아이디어를 구체화하고 실험하고 피드백을 받고 개선하는 과정이 모두 팀워크와 조직의 역량을 바탕으로 이루어지기 때문이다. 창의성 경영이란 바로 개인의 아이디어가 조직 내에서 실현될 수 있도록 돕는 경영 방식을 의미한다.

창의성의 역설: 소수의 힘이 중요하다

창의성은 꼭 다수에 의해 만들어지는 것은 아니다. 오히려 새로운 아이디어는 '소수'의 다른 관점을 가진 사람들에게서 나오는 경우가 많다. 예를 들어 회의에서 모두가 같은 의견을 말할 때, 한 명이 전혀 다른 이야기를 꺼내면서 문제 해결의 실마리를 제공할 수 있다. 다만 이 소수가 조직에서 존중받고 의견을 낼 수 있는 환경이 마련되어 있어야 창의성이 꽃필 수 있다.

유용성 편향: '쓸모 있음'만으로 판단하면 안 된다

창의적인 아이디어는 처음엔 어색하거나 이상해 보일 수 있다. 하지만 많은 사람들은 '이게 쓸모 있는가?'만을 기준으로 아이디어를 평가한다. 이를 유용성 편향(utility bias)이라고 한다. 이로 인해 정말 혁신적인 아이디어가 평가절하되기도 한다. 예를 들어 과거에는 스마트폰으로 사진을 찍고 SNS에 올리는 것이 이상해 보였지만, 지금은 너무나 당연한 일이 되었다. 아이디어의 가치를 지금 당장의 '쓸모'로만 판단하면 미래의 가능성을 놓칠 수 있다.

02 창의적 리더십과 조직 창의성의 요소

창의적 리더십의 역설: 통제와 자율성의 균형

창의적인 조직을 만들기 위해서는 구성원들에게 자유로운 분위기를 주는 것이 중요하다. 하지만 자유만 주고 아무런 기준이나 방향이 없으면 오히려 혼란이 발생할 수 있다. 창의적인 리더는 이 둘 사이에서 적절한 균형을 유지할 줄 아는 사람이다. 예를 들어, 구글이나 넷플릭스처럼 자율성과 책임을 동시에 강조하는 기업들이 바로 창의적 리더십의 대표적인 예이다.

창의적 리더란?

창의적 리더는 직원들의 아이디어를 귀 기울여 듣고, 실패를 용인하며, 자유롭게 의견을 낼 수 있는 분위기를 조성하는 사람이다. 또한 새로운 시도를 장려하고, 팀원들의 '다름'을 인정하고 존중한다. 이런 리더 밑에서는 구성원들도 부담 없이 창의적인 아이디어를 제안할 수 있게 된다.

조직 창의성의 촉진 요소

- 심리적 안전감: 아이디어를 냈다가 비난받지 않는 환경
- 다양성: 서로 다른 배경과 전문성을 가진 사람들의 조합
- 개방성: 새로운 관점이나 접근을 쉽게 받아들이는 태도

예를 들어, 한 스타트업이 다양한 전공 출신의 구성원들로 이루어져 있고, 자유롭게 의견을 제시할 수 있는 문화를 가진다면 창의성이 훨씬 쉽게 발현될 수 있다.

조직 창의성의 저해 요소

- 경직된 조직문화: 지나치게 상명하복식의 구조
- 성과주의: 실패를 용납하지 않는 분위기
- 소통 부족: 부서 간 벽이 높아 협업이 어려운 구조

이런 환경에서는 구성원들이 새로운 시도를 꺼리게 되고, 아이디어가 실현되기 어렵다.

03 창의성이 조직과 개인에게 미치는 영향

조직 창의성을 다룰 때 우리가 자주 놓치는 점이 하나 있다. 바로 창의성이 단순한 '결과물'이나 '특성'이 아니라, 여러 조직적·개인적 변화를 일으키는 하나의 '독립변인'(독립 변수)처럼 작용한다는 사실이다. 즉, 창의성은 단지 "창의적인 아이디어를 낸다"에서 끝나는 것이 아니라, 조직 전체의 분위기, 성과, 관계, 운영 방식, 미래 전망 등 매우 넓고 다양한 영역에 영향을 미친다. 여기에서는 창의성이 독립변인으로서 어떤 긍정적·부정적 영향력을 행사할 수 있는지를 보다 깊이 있게 살펴보려고 한다.

창의성이 가져오는 긍정적 영향

조직의 창의성 수준이 높아진다는 것은 단순히 멋진 아이디어가 몇 개 나온다는 뜻이 아니다. 그것은 조직이 전반적으로 "새로운 가능성을 받아들이고, 실험하고, 개선하려는 역량이 강해진다"는 의미다.

1) 문제 해결 능력 향상

창의성은 고정관념을 깨고 다른 각도에서 문제를 바라보도록 한다. 예를 들어 대학 축제 운영위원회가 "행사 예산이 부족하다"는 문제를 만났다고 하자. 창의성이 높은 팀은 단순히 "예산을 줄이자"가 아니라, 지역 상권과 협업하는 플리마켓 제안, 학생 재능 기부 공연 운영, SNS 미션 참여형 홍보 캠페인 같은 전혀 다른 방식의 해결책을 떠올릴 수 있다.

2) 효율성 향상

창의성은 반드시 비용이 많이 드는 혁신이 아니다. 오히려 작은 절차 개선이나 작업 방식의 미세 조정을 통해 효율을 크게 높이는 경우가 많다. 예를 들면 회의 중 발언 순서 카드를 도입하여 회의 시간을 20% 단축시키거나, 팀 내 공유 문서 구조를 통일함으로써 자료 찾는 시간을 절감하는 사례를 들 수 있다.

3) 조직의 적응력 강화

모든 산업의 환경이 빠르게 변하는 시대에, 창의성이 높은 조직일수록 새로운 기술·트렌드·수요 변화에 빠르게 대응한다.

4) 조직문화의 활성화

창의성은 곧 "말할 수 있는 문화"를 의미한다. 구성원이 의견을 자유롭게 말하고 시도해 보는 조직은 자연스럽게 활기가 생기고, 심리적 안전감도 증가한다. 이는 직원 만족도, 장기 근속률, 조직 몰입도까지 높인다.

5) 경쟁우위 유지

새로운 서비스를 먼저 시도하는 조직은 시장에서 주도권을 잡을 확률이 높다. 즉, 창의성은 곧 조직의 생존 전략이다.

창의성이 가져올 수 있는 부정적 영향

창의성은 언제나 좋은 결과만을 보장하지는 않는다. 창의성은 복잡성, 갈등, 혼란을 동반할 수 있기 때문이다. 창의성이 너무 강조되면 모든 구성원이 아이디어만 쏟아 내고, 무엇을 먼저 실행할지, 어떤 아이디어가 의미 있는지 구분하기 어려워진다. 이는 "아이디어 과부하(idea overload)"로 이어져 조직의 집중력이 떨어지고, 실행이 느려진다.

창의적인 사람들은 흔히 독립적이고 자기 의견이 강하다. 다양한 관점이 충돌하면서 갈등이 생길 수 있고, 팀워크가 흔들릴 가능성도 있다. 또 "모두가 창의적이어야 한다"는 구호가 지나치면, 누가 기획하고 누가 실행하며 누가 책임지는지가 불명확해질 수 있다.

한편 자유와 자율성은 창의성의 핵심이지만, 지나치면 규칙이 흐려져 조직 운영에 혼란이 생긴다. 예를 들어 보고 체계를 무시하거나, 일정을 준수하지 않고, 상호 의존성이 감소되는 등의 문제가 생길 수 있다. 그리고 창의적이라고 해서 모두 실용적인 것은 아니다. 너무 독특한 아이디어는 오히려 조직 자원 낭비로 이어질 수 있다.

04 제약과 창의성(Constraints and Creativity)

흥미롭게도 창의성은 무한한 자유보다 적절한 제약 속에서 더 잘 나오기도 한다. 이 현상을 “제약 기반 창의성(creative constraints)”이라고 한다.

1) 제약이 사고의 틀을 제공한다

무한히 많은 선택지보다 제한된 조건이 오히려 더 구체적인 방향을 잡도록 도와준다. 예를 들어 ‘A4 용지 한 장으로 광고 포스터 만들기’라는 조건은 모호한 “자유롭게 만들어 봐”라는 지시보다 훨씬 발상에 집중하게 한다.

2) 제약이 효율을 강제한다

시간이 적거나 예산이 부족하면 자연스럽게 “본질”에 집중하게 된다.

예 1분짜리 영상 만들기 → 메시지 핵심을 빠르게 정리. 2만 원 이하 재료로 팀 프로젝트 수행 → 창고 재활용, 주변 물품 활용 등 실험 증가

3) 현실적 창의성에 더 가까워진다

실제로 많은 조직은 자원과 인력에 제약이 있는 상태에서 일한다. 따라서 제약 속 창의성이 오히려 실무에 더 적합하다.

4) 대표 사례

스타벅스의 메뉴 개발: 원두, 우유, 시럽 등 제한된 재료로 다양한 메뉴 개발

레고: 한정된 블록 형태이지만 무한한 조합 가능

단편 영화제: 단시간·저예산으로도 높은 완성도의 작품 다수 탄생

05 아이디어 평가, 선택, 예측

창의성은 '생성(ideation)'만큼이나 '선택(selection)'이 중요하다. 좋은 아이디어를 만들어도 제대로 평가하고 선택하지 못하면 현실에 적용되지 못한다.

아이디어 평가 기준의 중요성

잘못된 평가 기준을 사용하면 좋은 아이디어가 버려지고 평범한 아이디어가 선택될 수 있다. 좋은 평가 기준은 다음 세 가지 요소를 포함한다.

① 새로움(Novelty): 얼마나 참신한가?

② 유용성(Usefulness): 실제 문제 해결에 도움이 되는가?

③ 실현 가능성(Feasibility): 지금 바로 시험해 볼 수 있는가?

창의성에 반하는 편향

여러 편향이 창의적인 아이디어 평가를 방해한다.

① 유용성 편향: "이거 지금 당장 쓸모 있어?"라는 기준만으로 평가하는 경향

② 확증 편향: 자기가 원래 좋아하던 방식에 유리한 정보만 찾는 경향

③ 안정성 편향: 새로운 것보다 익숙한 것을 선호하는 경향

이러한 편향들은 창의적인 아이디어가 빛을 발하지 못하도록 막는다.

창의적 예보(Creative Forecasting)

아이디어가 미래에 어떤 영향을 미칠지를 예측하는 과정이다. 그러나 아이디어의 성공을 예측하는 일은 때때로 전문가에게도 어렵다. 예를 들어, 팔로워가 100명도 안 되던 앱 '틱톡'이 세계적 플랫폼으로 성장한 사례나, 처음에는 비웃음을 받던 에어비앤비가 여행 산업을 재편한 사례가 있다. 결론적으로 사전 예측보다 빠른 실험과 검증이 더 중요하다고 할 수 있다.

창의성의 심리학 #10

왜 그 남자는 벽지의 페인트 색을 제대로 고르지 못할까?
그는 왜 어울리지 않는 색의 옷을 골라 입는 걸까?

과학자들이 발견한 대답은 "남녀는 색을 다르게 본다"이다.

과연 남성과 여성 중 '색을 식별하는 능력'은 어느 쪽이 더 뛰어날까?
또 '동체 시력'은 어느 쪽이 더 뛰어날까?

A. 남성
B. 여성

누군가에게는 너무나 쉬운 문제일 수 있겠지만 색을 식별하는 능력은 남성보다 여성이 뛰어나다. 따라서 문제의 답은 B다. 뉴욕시립대학 심리학 교수 아브라모브의 실험이 이를 뒷받침한다. 그는 16세에서 38세 사이의 젊은 남녀를 대상으로 색을 식별하는 능력(색채 감각)과 움직이는 사물을 보는 시력(동체 시력)의 차이를 조사했다. 우선 남녀의 색채 감각에는 다음과 같은 차이가 있었다.

- 남성: 여성에 비해 주황색을 빨간색에 가깝게 인식한다
- 여성: 노란색, 초록색, 파란색 계열을 식별하는 능력이 남성보다 훨씬 뛰어나다

색채 감각의 차이는 인류 진화 과정에서 일어난 성별에 따른 역할 분담과 밀접한 관련이 있다. 여성은 아이를 낳고 돌보는 역할을 맡아 아이와 배우자, 동료에게 먹일 음식을 마련할 때 세심한 주의를 기울여야 했다. 그래서 눈앞에 있는 식자재를 먹으면 안전한지, 아니면 위험한지 식별하는 능력이 필요하게 되었는데, 이때 가장 중요한 기준은 식자재의 '색'이었다. 결국 여성에게는 자연스럽게 색을 식별하는 능력이 발달하게 됐다.

한편 남성은 식자재를 조달하는 역할을 맡았으므로 사냥감의 숨통이 확실히 끊어졌는지 알아야 했다. 이때 남성은 하나의 색만 잘 알아보면 됐는데, 바로 피를 나타내는 '빨간색'이었다. 남녀의 차이는 동체 시력에서도 나타나는데, 이는 남성이 여성보다 더 뛰어나다. 재빠른 사냥감의 움직임에 반응하던 능력이 지금까지 이어져 왔기 때문이다. 다시 말해 남성과 여성은 능력을 진화시키는 방식에 차이가 있었다. 남성이 여성의 화장이나 헤어스타일 같은 외적인 변화에 둔감하고, 여성이 남성만큼 움직임이 빠른 슈팅 게임에 흥미를 보이지 않는 것 역시 이러한 이유 때문인지도 모른다. 같은 세상에 살고 있지만 남성과 여성은 세상을 다르게 본다.

- 남성: 점 하나에 집중해서 사물을 보는 경향이 있다. 표적을 겨냥해 공을 던져 맞히는 게임을 잘한다
- 여성: 시야가 넓다. 펼쳐 놓은 카드를 뒤집어서 같은 모양을 찾는 게임을 잘한다

- 남성: 하나에 집중하는 마니아 기질이 있어 전문직에 종사하는 경우가 많다
- 여성: 여러 일을 동시에 처리할 수 있어 오감을 활용해야 하는 직종에 잘 맞는다

- 남성: 순발력은 있으나 쉽게 좌절한다
- 여성: 지속력이 있어 꿋꿋이 살아간다

창의적 사고 훈련 10 하버드 신입생의 기숙사 게임

하버드대학교에는 기숙사에 새로 들어온 신입생들끼리 반드시 어떤 게임을 하는 전통이 있다. 바로 '범인 잡기 게임'이다. 쉽게 설명하면 탐색과 대화를 통해 20명의 그룹 속에 섞여 있는 범인 두 명을 찾아내는 게임이다. 저마다 자신의 추리를 밀면서 다수결 투표를 실시해 범인이라고 생각한 사람을 퇴장시켜 나간다. 그리고 최종적으로 범인이 살아남느냐, 아니면 무사히 범인을 찾아내느냐를 겨룬다. 이 범인 잡기 게임과 비슷한 게임은 여러 종류가 있으므로 아는 사람도 많을 것이다. 설명은 굉장히 단순하고 시시하게 들릴지도 모르지만 실제 게임을 시작하면 다들 굉장히 진지하게 게임에 몰입한다. 대화를 통해 범인을 찾아 나갈 때 범인은 당연히 "나는 범인이 아니다"라고 부인하면서 "쟤가 수상하다"라고 끊임없이 거짓말을 한다. 각 플레이어는 범인이 누구인지 모르는 상태이므로 누구의 말이 진실이고 누구의 말이 거짓인지 알지

못하는 그런 상황에서 무엇을 보고 무엇을 근거로 범인을 단정해 나갈 것인가. 이 부분에서 각자의 인식 스타일을 볼 수 있어 매우 흥미롭다.

실제로 게임을 해 본 결과, 작은 몸짓이나 표정을 유심히 관찰해 범인이 보이는 순간적인 눈의 움직임이나 마음의 동요를 간파하는 능력은 여학생이 더 뛰어났다. 반면 여학생들은 주위에 쉽게 영향을 받는다. 주위에 쉽게 동조한다는 경향도 있어서, 일단 '이 사람이 수상하지 않아?'라는 분위기가 형성되면 모두가 그 방향으로 내달린다. 요컨대 집단 심리에 쉽게 영향을 받았다.

반면에 남학생은 비교적 주위의 영향을 덜 받으며 자신의 판단을 중요하게 여기는 경향을 볼 수 있었다. 그러나 그런 남학생들은 조금 권위주의적인 면이 있어서, '얘가 이렇게 말한다면 틀림없지 않을까?'라는 사고에 빠지는 경향이 있었다.

이 게임에 외국인이 참가하면 분위기는 또 달라진다. 지금까지 경험한 미국인이나 프랑스인 등은 대부분 다른 사람의 안색에 거의 좌우되지 않았다. 일본, 한국, 중국 등 동양인은 상대의 얼굴빛을 살피는 경향이 있는데, 그들은 전혀 달랐다. 그들에게 포커페이스는 기본 소양이다. 조금은 감탄스러울 만큼 태연한 표정으로 거짓말을 한다. 그래서 그들은 애초에 상대의 표정을 신용하지 않는다. 이 또한 흥미 깊은 경향이다.

어디까지나 게임 속의 이야기지만, 이 범인 잡기 게임을 하면 외부에서 주어지는 정보를 그 사람이 어떻게 받아들이고 그 정보에 어떤 영향을 받는지 엿볼 수 있어 재미있다. 나는 어떤 정보에 주목하고 어떤 해석을 하며 어떤 영향을 받으면서 자기 나름의 결론에 도달할까? 그리고 나 이외의 플레이어는 무엇에 영향을 받을까? 그런 것들을 의식하면서 친구 또는 동료들과 함께 범인 잡기 게임을 해 보기 바란다.

하버드 신입생의 기숙사 게임

내가 범인이 아닌 이유

내가 범인이라고 생각하는 사람과 그 이유

다른 사람들이 범인이라고 생각하는 사람과 그 이유

진짜범인은?	게임 후 소감

Unit 11.

창의성 향상시키기

우리 모두는 잠재적으로 창의적인 삶을 살아가기 위해 필요한 정신적 에너지를 충분히 갖고 있다. 그러나 이러한 잠재력을 표현하지 못하게 가로막는 네 가지의 중대한 장애가 있다. 우리 중에 어떤 사람은 너무 많은 요구에 지쳐서 정신 에너지를 활성화시키지 못한다. 또는 쉽게 주의가 산만해져서 에너지를 보호하고 흐르게 하지 못한다.

다음 문제는 태만함, 즉 에너지의 흐름을 통제하는 자제력의 부족이다. 그리고 마지막 장애는 자신이 가진 에너지로 무엇을 할지 모르는 것이다. 어떻게 하면 이러한 장애를 넘어서 우리 모두가 갖고 있는 창의적인 에너지를 해방시킬 수 있는지 알아보도록 하자.

01 호기심과 관심

좀 더 창의적인 삶을 향한 첫 번째 단계는 호기심과 관심의 계발, 다시 말해서 사물 그 자체에 관심을 분배하는 일이다. 이 점에서는 아이들이 어른들보다 유리하다. 아이들의 호기심은 사정거리 안에 들어오는 모든 것을 끊임없이 공략한다. 대상이 흥미롭기만 하다면 반드시 유용하거나, 매혹적이거나, 귀중한 것이어야 할 필요는 없다.

나이를 먹어가면서 우리 대부분은 장엄하고 변화무쌍한 세상을 대하는 외경심과 경이감을 잃어버리게 된다. 창의적인 사람들은 아흔 살이 된다고 해도 여전히 신선한 호기심을 느낀다는 점에서 어린아이와 같다. 그들은 낯설고 미지의 것에서 즐거움을 느낀다. 또한 미지의 것은 무궁무진하기 때문에 그들이 느끼는 즐거움 또한 무궁무진하다. 그렇다면 우리는 어떤 방법으로 흥미와 호기심을 배양할 수 있을까?

매일 무언가에 놀라움을 느껴보도록 하자.

그 대상은 보이는 것, 들리는 것, 또는 읽는 것일 수 있다. 잠시 걸음을 멈추고 모퉁이에 주차해 있는 낯선 자동차를 바라보고, 음식점 메뉴에서 새로운 종류를 맛보고, 강의실에서 친구들이 하는 말에 귀를 기울여 보자. 그것이 다른 자동차나 음식이나 대화와 어떻게 다른가? 그 본질은 무엇인가? 모든 것을 이미 다 알고 있다고 생각하지 말자. 아니면 알고 있다 하더라도 상관하지 말자. 대상을 있는 그대로 경험하면서 고정관념이 개입되지 않도록 하자. 세상이 나에게 말해 주는 것에 마음을 열자. 삶은 경험의 흐름이나 다름없다.

매일 적어도 한 사람을 놀라게 해 보자.

구태의연한 모습에서 벗어나 무언가 뜻밖의 이야기를 하거나, 감히 드러내지 못했던 의견을 표시하거나, 평소에 품지 않던 질문을 해 보자. 아니면 평상시의 습관을 버리고, 누군가와 함께 전에는 가 보지 않았던 전시회, 음식점 또는 박물관에 가 보자. 외모를 바꾸어 보자. 편한 습관은 우리가 진정으로 관심을 두고 있는 것을 하기 위해 에너지를 축적해야 할 때는 도움이 되지만, 아직 무언가를 찾는 동안에는 미래의 가능성을 제한할 수 있다.

매일 자신이 경험한 것들을 기록해 보자.

대부분의 창의적인 사람들은 자신의 경험을 보다 구체적이고 지속적으로 만들기 위해 일기나 메모나 실험 기록을 쓴다. 아직 해 보지 않았다면 특별한 과제를 정해서 시작해 보자. 예를 들어, 매일 저녁 그날에 경험했던 가장 놀라운 일과 자신이 남들에게 보여주었던 가장 놀라운 행동을 기록한다. 며칠 후에 자신이 쓴 것을 다시 읽어 보면서 지난 경험을 되돌아볼 수 있다.

무언가에 흥미가 당길 때 그것을 따라가자.

보통 어떤 아이디어나 노래나 꽃 등 무언가가 우리의 관심을 사로잡는 순간은 잠시뿐이다. 우리는 너무 바빠서 그 아이디어나 노래나 꽃에 대해 더 이상 생각해 볼 겨를이 없다. 아니면 자신과는 무관한 일이라고 느낀다. 이 세상은 우리의 것이며, 여러 가지에 대해 두루 배우지 않으면 세상의 어느 부분이 우리 자신과 우리의 잠재력에 가장 적합한지 알 수 없다.

위의 네 가지 제안을 어떻게 하든 가장 잘 실천할 수 있을지 생각해 보고, 실제로 실행에 옮겨 보자.

02 일상생활 속에서 몰입상태 연습

되살아난 호기심은 우리가 호기심을 즐기는 법을 배우지 않는 한 오래 지속되지 않는다. 잘 알려진 열역학의 제2법칙 뒤에 숨어 있는 엔트로피는 물리적 세계뿐 아니라 우리의 정신 기능에도 해당된다. 특별히 할 일이 없을 때 우리의 생각은 곧잘 무질서하거나 혼란스러운 상태로 돌아간다. 만일 우리의 집중력을 계속해서 유지하게 해 주는 숨어 있는 창의적 에너지를 사용하는 법을 배운다면 우울함을 피할 수 있을 뿐 아니라 세상을 이해하는 수용력도 증대될 것이다. 그러면 어떻게 해야 할까? 어떻게 하면 새로운 경험과 새로운 지식의 추구를 계속할 수 있을까?

아침에 특별한 목표를 생각하면서 일어난다.

창의적인 인물들은 잠자리에서 꾸물대지 않는다. 그들은 한시라도 빨리 하루를 시작하려 한다. 천성이 명랑하고 정열적이기 때문은 아니다. 반드시 무언가 신나는 일이 있기 때문도 아니다. 매일 무언가 의미 있는 일이 일어난다고 믿고 그것을 고대하기 때문이다. 우리 대부분은 자신의 행동이 중요한 의미를 갖고 있다고 생각하지 않는다. 그러나 누구에게나 매일 적어도 한 가지 정도는 의미 있는 일이 있다. 만일 매일 밤 다음날을 생각하면서 전날과 비교해 좀 더 재미있고 흥미로울 수 있는 일을 선택하고 잠이 든다면 훨씬 쉬워질 것이다. 처음에는 그 목표가 사소한 일이라도 상관없다. 중요한 것은 습관이 몸에 밸 때까지 쉬운 것부터 시작하는 것이며, 그러고 나서 천천히 좀 더 어려운 목표를 향해 가는 것이다.

무엇을 하든 간에 집중해서 해 본다.

시를 쓰거나 집을 청소하거나, 과학 실험을 하거나, 달리기를 하거나 간에, 경험의 질은 그 일에 투자한 노력에 비례해서 향상되는 경향이 있다. 달리기 선수는 지치고 고통스럽지만 경주에 온 힘을 쏟으면서 뿌듯함을 느낀다. 또한 몰입을 가능하게 만드는 조건들은 매일의 활동들을 좀 더 즐기면서 할 수 있게 도와준다. 무슨 일을 하건 분명한 목표와 기대를 갖고, 행동의 결과에 주목하고, 성심성의껏 일하며, 흐트러짐 없이 진행 중인 일에 집중하는 것, 이런 조건들은 우리가 경험한 것들을 즐겁게 만들 수 있는 간단한 규칙들이다. 만일 피아노나 외국어를 배우기로 결심했지만 막상 하면서 실망하거나 지루한 생각이 들면 얼찌감치 포기하게 된다. 그러나 몰입의 조건을 활용하면 즐기면서 할 수 있으므로 창의적 잠재력이 확대된다.

모두가 아는 가장 일상적인 활동으로 시작해 보자.

어떻게 하면 이를 닦으면서 좀 더 즐거움을 느낄 수 있을까? 샤워를 하면서, 옷을 입으면서, 아침 식사를 하면서, 직장에 출근하면서 등등. 가장 쉬운 일들부터 몰입의 가능성을 실험해 보자. 설거지를 하면서 몰입의 조건을 어떻게 적용할 수 있을까? 이런 질문을 진지하게 생각해 보고 여러 가지 대안을 실험해 본다면 이를 닦는 일이 정말 즐거워질 수도 있다. 일상적인 활동 몇 가지에서 경험의 질을 향상하는 연습을 한 후에는 취미나 새로운 관심과 같은 좀 더 어려운 일에 도전할 준비가 되었다고 느낄 것이다. 그리고 마침내 어떤 활동을 몰입으로 바꿀 수 있는 기술을 습득하게 될 것이다.

어떤 일을 계속 즐기기 위해서는 좀 더 어려운 단계로 옮겨 갈 필요가 있다. 새로운 도전과 기회를 발견하지 못한다면 같은 활동을 계속 반복하는 것이 즐거울 수 없다. 이를 닦는 일은 아주 단순한 활동이므로 언제까지나 즐거울 수는 없다. 그렇다면 단순한 활동을 다른 일과 연결시켜 보자. 예를 들어, 이를 닦으면서 다음 날을 계획하거나 어제 일어난 일을 돌아보는 것이다. 대부분의 영역은 복합적이어서 평생 동안, 그리고 인류가 지속되는 한 고갈되지 않는다. 따라서 영역의 한계를 넓히는 창의성은 평생의 즐거움을 제공할 수 있다.

03 창의적 에너지의 분배

창의적 에너지가 일어나면 그것을 유지할 필요가 있다. 산만함이 침투하지 못하게 벽을 쌓고, 에너지가 더욱 순조롭게 흐르도록 도랑을 파고, 외부의 유혹과 방해에서 벗어날 수 있는 방법을 찾아야 한다. 그렇지 않으면 엔트로피가 집중력을 깨뜨리게 되어 있다. 종종 우리는 매우 성공적이고 생산적인 사람들의 입에서 자신이 기본적으로 게으르다고 하는 말을 듣고 의아해진다. 그러나 그 주장에는 근거가 있다. 그들이라고 해서 우리보다 더 많은 에너지와 원칙을 갖고 있는 것은 아니다. 그러나 그들은 불가능해 보이는 일을 달성하기 위해 나름대로 원칙을 발전시킨다.

아인슈타인은 무슨 옷을 입을지 결정하기 위해 드는 일상적인 수고를 제한해서 좀 더 중요한 문제에 정신을 집중할 수 있기를 바랐다. 바지와 셔츠를 고르는 일에 무슨 시간이 걸리느냐고 생각할지도 모른다. 그러나 옷을 어떻게 입을지 결정하기 위해 매일 2분이 걸린다고 하자. 그 시간을 더하면 1년에 12시간, 730분이 된다. 이제 머리를 빗고, 차를 운전하고, 먹고 등등 우리가 매일 해야 하는 다른 반복적인 일들을 생각해 보자. 그리고 각각 그 일을 하면서 걸리는 시간뿐 아니라 그 전후로 사고의 흐름에 방해를 받는 시간까지 감안해 본다.

이 점에서 어떤 이들은 모순을 느낄지도 모른다. 한편으로는 창의적이 되기 위해 경험에 열려 있어야 하고 이를 닦는 것처럼 가장 평범한 일들까지 집중해서 좀 더 효율적이고 예술적으로 만들라고 하더니, 이번에는 일상생활을 최대한 기계적으로 하면서 창의적 에너지를 보전하면 정말 중요한 문제에 집중할 수 있다고 한다. 열려 있으면서 동시에 집중한다는 것이 기능할 수 있는 이유는 정신 에너지를 사용하는 이러한 상반된 두 방법에서 차이보다는 유사성이 더 중요하기 때문이다. 우리는 어느 시점에 따라 열려 있거나 또는 집중하는 것이 더 나은지 결정해야 한다. 우리가 열려 있거나 집중하고 있거나 간에 중요한 것은 주의력을 조절하는 능력이다. 그러면 어떻게 하면 우리의 목적에 따라 열려 있거나 아니면 집중한 상태가 될 수 있도록 주의력을 조절할 수 있을까?

시간표를 지킨다.

우리의 하루 24시간 리듬은 상당 부분 외부적인 요인들에 의해 조절된다. 해 뜨는 시간, 전철 시간표, 과제 제출 마감 시간, 점심시간, 고객의 요구 등등. 만일 모든 일이 우리를 위해 움직인다면 우리는 언제 무엇을 할지 결정할 필요가 없이 자신을 맡길 수 있다. 하지만 우리가 지금 지키고 있는 시간표가 우리의 목적을 위해 최선이 아닐 수도 있다. 우리의 창의적 에너지를 사용하기에 가장 적합한 시간이 이른 아침이나 늦은 밤이 될 수도 있기 때문이다. 자신의 에너지가 가장 효율적인 시간은 언제일까? 기억해야 할 점은 창의적 에너지는 다른 형태의 정신적 에너지와 마찬가지로 시간에서 벗어날 수 없다는 사실이다.

성찰과 휴식을 위한 시간을 갖는다.

많은 사람들 중에서도 특히 성공을 하고 책임이 막중한 사람들은 '경쟁 사회'를 심각하게 의식하면서 불편해하고 초조해한다. 집에서조차 그들은 항상 마당에서 청소를 하거나 무슨 일이라도 하고 있어야 한다. 끊임없이 바쁘게 움직이는 것은 칭찬할 만한 일이며, 분명 자기 연민에 빠져서 늘어져 있는 것보다는 훨씬 낫다. 그러나 끊임없는 분주함은 창의성을 위해 좋은 처방이 되지 못한다. 하루, 1주일, 그리고 1년 중에서 단지 자신의 삶을 평가하고 자신이 여태까지 무엇을 했는지, 앞으로 어떤 일이 남아 있는지를 생각해 보는 시간을 갖는 것이 중요하다. 그런 시간에는 어떤 일도 하지 않고 어떤 결정도 내리지 말아야 한다. 오로지 묵상 자체를 위해 묵상을 하는 사치에 빠져야 한다. 잠재의식의 창의적 과정을 활성화시키는 대표적인 활동으로는 산책, 샤워, 수영, 운전, 정원 가꾸기, 뜨개질, 목공일 등이 있다.

수면 습관을 조절하는 방법도 매우 중요하다.

눈코 뜰 새 없이 바쁜 사업가들과 정치가들 중에서는 매일 밤 자신이 단 몇 시간밖에 자지 않는다는 사실을 자랑하면서 잠을 적게 잘수록 활력과 판단이 증대한다고 주장한다. 그러나 창의적인 사람들은 보통 잠을 더 많이 자며, 만일 잠자는 시간이 줄어들면 창의적인 생각에 방해를 받는다고 말한다. 모든 사람에게 똑같이 적용되는 이상적인 수면 시간을 결정하는 것은 불가능하다. 다른 일과 마찬가지로 자신에게 가장 잘 맞는 수면 시간을 알아내는 것이 중요하다. 그리고 정상적이라고 생각되는 것보다 몇 시간을 더 잔다고 해서 창피하게 느낄 필요는 없다. 아마 잠자는 동안 잃어버리는 시간은 깨어 있는 동안의 경험의 질로 보상받게 될 것이며, 있는지 알고 주의를 집중해서 일할 수 있는 것이다.

우리의 삶에서 좋은 것과 싫은 것을 가려낸다.

사람들은 의외로 자신의 감정에 대해 거의 모르고 있다. 자신이 행복한지 아닌지도 모르는 사람들도 있고, 행복하다고 해도 언제 어디서 즐거움을 느끼는지 모른다. 그들의 삶은 경험이 두루뭉술하게 지나가는 것처럼, 무관심이라는 안개 속에서 간신히 인식되는 사건의 연속으로 끝난다. 일반인들의 만성적인 무관심 상태와는 달리 창의적인 사람들은 매우 예민하게 감정을 느낀다. 그들은 항상 자신이 왜 무엇을 하는지 그 이유를 알고 있으며, 고통, 지루함, 기쁨, 흥미 등의 감정에 매우 민감하다. 어떻게 하면 우리의 감정 상태를 알 수 있을까? 우선 매일 무엇을 했는지, 어떻게 느꼈는지를 자세히 기록해 보는 방법이 있다. 하지만 우리의 감정을 알기 위해 복잡한 실험은 필요하지 않다. 나름대로 자신을 분석해 보자.

좋아하는 일을 늘리고 싫어하는 일은 줄인다.

자기 모니터링을 하면서 1주일을 보내고 나서 일기나 메모장을 들고 자리에 앉아 분석을 하기 시작한다. 여기서도 약간의 창의성이 필요하지만, 우리의 일상적인 습관을 알아내는 것은 그다지 어렵지 않을 것이다. 중요한 것은 일단 우리가 어떻게 생활하고 있고 어떻게 느끼는지를 알면 스스로 관리하기가 쉬워진다는 것이다. 아마 일을 바꾸어야 한다거나, 아니면 일에 좀 더 몰입하는 방법을 배워야 한다는 사실을 알게 될 수도 있다. 중요한 것은 우리의 정신 에너지를 경험의 질을 높이는 데 사용하게 된다는 것이다.

창의성을 유지하는 유일한 방법은 시간, 공간, 활동을 우리에게 유리하게 조절하는 기술을 통해 존재의 소모를 방지하는 것이다. 그러자면 시간을 확보하고, 방해를 덜 받고 집중할 수 있는 환경을 만들고, 그렇게 해서 비축된 에너지를 정말 우리가 하고 싶은 일에 바쳐야 한다.

04 창의적 에너지의 적용

지금까지 개인의 창의성에서 사고가 하는 역할에 대해서는 언급하지 않았다. 그 이유는 만일 동기, 습관, 개인적 성향이 제자리를 찾으면 그때부터는 창의적 에너지가 보다 자유롭게 흐르기 때문이다. 그렇다고는 해도 어떤 종류의 정신 작용이 일상생활의 영역에서 일어나는 문제에 대해 새로운 해결책을 촉진할 수 있는지 아닌지를 생각해 보는 것도 도움이 된다.

창의적 인물들은 끊임없이 놀라워한다. 마치 주위에서 일어나고 있는 일들을 이해할 수 없다는 식이다. 그들은 우리가 보기에 너무나 당연한 일에도 의문을 갖는다. 그 이유는 까다로운 성격 때문이 아니라 누구보다 먼저 기존의 지식이 부족하다는 사실을 깨닫기 때문이다. 그들은 일반적으로 인식되기 전에 문제점을 감지하고 표현한다.

르네상스의 예술가들이 창의적이 될 수 있었던 이유는 인문학자들을 비롯한 다른 누구보다 먼저 종교적 전통의 속박으로부터 해방된 인간 정신을 표현할 수 있었기 때문이다. 원근법을 사용한 그림들은 비잔틴 미술의 단조로운 계급적 질서를 무너뜨렸다. 미술에 표정, 움직임, 그리고 일상적 주제를 도입한 것은 인간적인 경험을 종교 이념만큼 중요한 수준으로 끌어올렸다. 르네상스의 예술가들은 부지불식간에 우리의 세계관을 변화시켰다.

일상생활에서의 창의성은 미래 세대가 세상을 바라보는 방식을 변화시킬 수는 없을지 모르지만, 적어도 우리 자신이 세상을 경험하는 방식은 바꿀 수 있다. 문제를 발견하는 일이 일상생활에서 중요한 이유는 우리가 그냥 지나칠 수 있는 경험에 초점을 맞추게끔 도와주기 때문이다. 이러한 기술을 연습하기 위해서 다음과 같은 방법들을 시도해 볼 수 있다.

나를 움직이고 있는 사건을 표현해 본다

창의적인 문제는 일반적으로 개인이 중요하게 생각하는 분야에서 나온다. 어른들이 불안함을 느끼는 주요 원인에는 직업, 배우자, 또는 자신이 속한 공동체나 지구 환경에 대한 문제까지 포함될 수 있다. 일시적이긴 하지만 직장 상사에게 야단을 맞거나, 아이가 아프다거나, 주가가 오르내리는 것에서도 불안감이 생긴다. 그 모든 것이 삶의 질을 떨어뜨릴 수 있다. 하지만 우리가 거기에 이름을 붙일 수 없다면 무엇 때문에 자신이 괴로워하는지 알지 못할 것이다. 문제 해결의 첫 번째 단계는 문제를 찾아서 막연한 불안감을 구체적으로 표현하는 일이다.

다각도로 문제를 바라본다

자신에게 어떤 문제가 있는지 알았으면 이제 그것을 여러 관점에서 생각해 보자. 문제를 정의하는 방식은 보통 원인을 규명하는 것이다. 우리는 충동적으로 고정관념에 의해 문제를 규정하는 경향이 있다. 예를 들면 배우자와 말다툼을 하게 되면 즉시 자신의 잘못이라기보다는 상대방의 잘못이라고 생각한다. 어느 때는 그 생각이 맞을지도 모르지만, 분명 항상 그렇지는 않다. 양쪽 모두에게 잘못이 있다고 생각하는 것이 합당하다. 중요한 것은 말다툼까지 하면서 서로 자기주장을 하게 된 동기를 이해하는 것이다. 결국 문제의 성격을 어떤 식으로 정의하는지가 효과적인 해결을 위해 중요하다.

창의적인 사람들은 성급하게 문제를 규정하지 않는다. 그들은 처음에 다각도로 상황을 바라보면서 한동안 결론을 보류하고 여러 가지 원인과 이유를 생각한다. 앞으로 어떻게 될지에 대해 처음에는 머릿속으로 생각하고 실험을 해본다. 그다음에 해결을 시도하고 성공 여부를 확인한다. 만일 그 결과가 기대하는 것과 다르다고 생각되면 문제를 처음부터 다시 재고한다.

문제가 함축하고 있는 의미를 생각한다

일단 문제를 서술했으면 이제 가능한 해결책을 생각할 수 있다. '아무개가 나보다 먼저 승진했다'와 같은 단순한 문제도 어떻게 서술하고 원인이 무엇이라고 생각하느냐에 따라 해결책이 달라질 수 있다. 해결책은 직장 밖에서 흥미를 찾는다거나, 상관을 이해하고 좋아하는 법을 배운다거나, 일에 대한 노력을 키운다거나, 아니면 위의 모두가 될 수 있다.

이 단계에서도 역시 다양한 해결책을 생각하고 여러 가능성들을 받아들이는 것이 도움이 된다. 창의적인 사람들은 최선책을 발견할 때까지 여러 가지 대안들을 실험해 본다. 또한 훌륭한 해결책을 생각하자마자 그 반대로 생각해 보는 것도 필요하다. 아무리 유능한 사람도 생각만으로는 어느 해결책이 효과적인지 미리 알 수 없다. 그래서 우선 한 가지 방식을 시도해 보고, 얼마 후 또 다른 방법을 시도해 본 뒤 결과를 비교해 보면 가장 창의적인 결과를 이끌어낼 수 있다. 신속하고 꾸준히 하는 것이 좋다.

해결책을 보완한다

창의적인 문제 해결을 위해서는 계속적인 실험과 보완이 필요하다. 선택의 여지가 많을수록 보다 독창적이고 적절한 해결책이 나올 수 있다. 창의적인 미술가들은 그림을 그리면서 기술을 변화시켜 간다. 그러면 그림은 화폭 위에서 뜻밖의 방식으로 발전하게 된다. 그들은 자신도 예상하지 못했던 결과로부터 배우고 기꺼이 더 나은 해결책을 발견할 준비가 된다.

마찬가지로 창의적인 작가들은 어떻게 끝날지 모르는 소설을 쓰기 시작하는데, 이야기가 전개되는 논리를 따라가다 보면 뜻밖의 결과에 이르게 된다. 대부분의 사람들이 정해진 방법을 따라가는 이유는 정신 에너지가 덜 요구되기 때문이다. 사실 집중력은 얼마 안 가 한계에 달하고 무너지기 때문에 언제나 창의적일 수는 없다. 그러나 창의적 해결에 도달하는 방법을 알고 있다면 그만큼 수고를 덜 수 있다.

창의성의 심리학 #11

너무 예쁘거나 잘생긴 사람은 애인이 없다거나 의외로 인기가 없다는 얘기가 있다.
그들은 어떻게 해야 인기를 얻을 수 있을까?

A. 노력해서 성격, 능력까지 갖춘 완벽한 사람이 된다.
B. 가끔씩 빈틈 있는 모습을 보여준다.

일, 공부, 운동, 요리까지 잘하는데 심지어 성격마저 좋은 완벽한 사람이 가끔 존재한다. 그런 사람은 분명 이성에게 인기가 많을 것이다. 그런데 지나치게 잘난 사람에게는 오히려 애인이 생기지 않는다는 이야기가 있다. 어째서일까?

사람은 보통 너무 완벽한 상대에게는 친근감을 느끼지 못해 그만큼 호감을 갖기 어렵다. 자신과 어울리는 사람이 아니라고 여기기 때문에 동경하는 사람은 많아도 고백하는 사람은 극히 드문 것이다.

오히려 대부분은 완벽한 사람보다 살짝 빈틈 있는 사람에게 쉽게 친근감을 느낀다. '이 사람도 나와 다를 바 없는 똑같은 인간이구나'라는 마음이 들기 때문이다. 이러한 친근감은 곧 호감으로 이어진다. 따라서 문제의 정답은 '가끔씩 빈틈 있는 모습을 보여준다'는 B다.

심리학에서는 이처럼 빈틈을 보이거나 실수했을 때 오히려 호감도가 올라가는 현상을 '실수 효과(pratfall effect)'라고 부른다. 미국 캘리포니아대학교의 심리학자 엘리엇 애런슨은 동료 연구자들과 함께 이를 실험으로 증명했다.

애런슨은 실험 참가자들에게 두 종류의 비디오테이프를 보여주었다. 두 테이프에는 학력이 우수한 학생 한 명이 상식 문제에 답한 후 자신의 이력에 관해 이야기하는 내용이 담겨 있었다. 학생은 우등생답게 어려운 문제를 쉽게 풀었고 90% 이상의 정답률을 보였다. 그런데 두 개 중 한 테이프에는 마지막 부분에 약간 다른 상황이 추가되어 있었다. 바로 학생이 컵을 넘어뜨려 새로 산 정장에 커피를 쏟는 장면이었다.

마지막 장면만 다른 두 테이프를 본 후, 실험 참가자들에게 그 학생에 대한 호감이 얼마나 생겼는지를 물었다. 실험 결과, 커피를 쏟아 새 옷을 엉망으로 만든 학생에 대한 호감도가 압도적으로 높게 나왔다. 역시 대부분은 너무 완벽한 사람보다 가끔 실수하는 사람에게 친근감을 느끼는 모양이다.

다만 주목할 점이 하나 있었다. 문제 정답률이 30% 정도이고 학력도 우수하지 않은 학생은 옷에 커피를 쏟아도 호감도가 오르기는커녕 오히려 떨어졌다는 점이다. 즉, '실수 효과'는 유능하다고 평가받는 사람이 실수한 경우에만 나타나며, 애초에 매력 요소가 적은 사람에게는 적용되지 않았다.

결국 중요한 것은 '반전'이 있느냐 없느냐다. 평소 유능하다고 평가받는 사람이라면 가끔 자신의 완벽하지 못한 모습을 드러내 주변 사람들에게 친근감을 주자. 이것이 바로 인기의 비결이다. 반대로 평소에 이렇다 할 만한 평가를 받지 못하는 사람이라면, 무엇이든 상관없으니 가끔은 주변에서 '이 사람, 의외로 잘하네?'라고 생각하게 만들어 보자.

11 한국형 원격 연상단어검사

본 검사는 연상 단어 문항에 제시된 단어들과 연관된 단어를 찾아내는 검사로서 창의성 요소 중 유창성과 문제해결에 관한 진단을 하는 도구입니다. 아래의 예시와 같이 정답을 찾아 기록하시오. (10분)

예시

No.	연상 단어 문항	정답
1	소금/ 깊다/ 거품	바다

No.	연상 단어 문항	정답	검토
1	집/ 종이/ 젓가락		
2	예보/ 그림/ 장		
3	된장/ 잠자리/ 초록		
4	묵/ 루틴/ 이효석		
5	미국/ 작업/ 스키니		
6	가을/ 나무/ 놀이		
7	자전거/ 남산/ 서랍		
8	유령/ 시드니/ 무대		
9	머리/ 포장/ 신발		
10	맥주/ 다람쥐/ 버터		
11	보리/ 낚시/ 슈베르트		
12	대청/ 바람/ 낮잠		
13	스크루지/ 혹수리/ 돋보기		
14	세월/ 숫자/ 탁상		
15	잠/ 표상/ 해석		
16	맥주/ 고개/ 차		
17	전깃줄/ 방앗간/ 구이		
18	여우/ 쓸개/ 꿀		

No.	연상 단어 문항	정답	검토
19	물/ 엉덩이/ 미운		
20	휴식/ 커피/ 동전		
21	토마토/ 소리/ 물		
22	가죽/ 이빨/ 늪		
23	인형/ 부럼/ 휴게소		
24	풀/ 뱀/ 사나이		
25	버섯/ 얼음/ 민속놀이		
26	꾸러기/ 감/ 불		
27	거품/ 깊다/ 소금		
28	술/ 열매/ 사군자		
29	가시/ 송이/ 햇		
30	효과/ 넥타이/ 천사		
31	여우/ 송이/ 황산화		
32	흑/ 조개/ 소녀		
33	지금/ 이동/ 포착		
34	하늘/ 비/ 프리즘		
35	서방/ 뿌리/ 대들보		
36	나리/ 망초/ 살구		
37	손님/ 길조/ 흥부 놀부		
38	장군/ 녹색/ 콩		
39	뿔/ 꽃/ 선녀와 나무꾼		
40	밥/ 가마/ 뚜껑		
41	보아뱀/ 야구/ 털		
42	밤/ 사오정/ 여름		
43	겨울/ 고무/ 벙어리		
44	실/ 낙타/ 선단공포증		
45	가루/ 콩/ 곰팡이		
46	마차/ 주황색/ 가을		
총 계			

Unit 12.

창의적 사고 기법

01 육색사고모자(Six Thinking Hat) 기법

육색사고모자 기법의 개요

육색사고모자 기법(Six Thinking Hats)은 영국의 심리학자 에드워드 드 보노(Edward de Bono)가 사고에서 수직적 사고뿐 아니라 수평적 사고를 기를 수 있도록 고안한 사고 기법으로, 여섯 가지 색깔의 모자를 활용하여 다양한 유형의 사고를 훈련하는 방법이다.

드 보노는 정보화 시대에 성공적으로 대처하고 미래 사회의 주역이 되기 위해서는 효과적인 사고 능력이 훈련을 통해 개발될 수 있다고 주장하였다. 그는 문제 해결 과정을 지각 단계와 처리 단계로 구분하고, 이 중 지각 단계가 문제 해결에서 가장 중요하다고 보았다. 실생활에서 발생하는 사고의 오류는 논리의 오류보다 부적절한 지각에서 비롯되는 경우가 더 많다는 것이다.

즉, 우리가 범하는 오류의 대부분은 하나의 특정한 지각 방식에 얽매여 발생하며, 이러한 고정된 사고 패턴에서 벗어나는 사고를 수평적 사고(lateral thinking)라고 명명하였다. 드 보노는 수평적 사고를 증진시키기 위한 방법으로 육색사고모자 기법을 개발하였다.

또한 그는 문제 해결 과정에서 여러 유형의 사고가 무질서하게 뒤섞여 서로의 효과를 반감시키는 현상에 주목하였다. 이에 따라 한 번에 하나의 사고 유형에만 집중하도록 하는 사고 기법을 고안하였는데, 이것이 바로 육색사고모자 기법이다.

이 기법은 사고 양상을 여섯 가지 유형으로 분류하여 의도적으로 한 번에 한 가지 사고만 하도록 유도한다. 특정한 사고를 의미하는 모자를 쓰면, 그 모자가 상징하는 사고 유형만 수행하는 것이다.

- 백색 모자: 객관적인 사실과 정보
- 적색 모자: 감정과 직관
- 황색 모자: 긍정적·낙관적 사고

- 흑색 모자: 비판적·위험 예측 사고
- 녹색 모자: 창의적 사고
- 청색 모자: 사고 과정의 통제와 종합

이처럼 특정 사고 유형에 집중하면 사고의 집중력과 정교성, 사고의 유창성과 융통성이 향상된다. 또한 개인마다 잘 활용하지 않는 사고 유형이 존재하지만, 이 기법에서는 모든 사고 유형을 의무적으로 경험하게 하여 다양한 사고의 가치를 인식하도록 돕는다.

육색사고모자 기법의 목적

일반적으로 사람들은 사고의 관성으로 인해 자신이 선호하는 사고 유형만 반복하는 경향이 있다. 육색사고모자 활동은 서로 다른 사고 유형을 상징하는 모자를 쓰고 사고함으로써 구조적으로 다양한 사고를 가능하게 한다.

또한 이해관계가 얽힌 상황에서는 감정이나 태도를 솔직하게 표현하기 어렵지만, 모자를 통해 사고 유형이 구분되기 때문에 비교적 자유롭게 감정과 의견을 표현할 수 있다.

특정 모자를 쓰고 사고하면 해당 사고 유형에 집중하게 되어 사고의 집중력과 정교성이 향상되며, 모자별 사고 활동을 통해 사고의 유창성과 융통성을 기를 수 있다. 서로 다른 색깔의 모자를 활용한 사고 활동은 뇌의 활성화를 유도하여 몰입을 높이고 사고의 정교성을 강화한다. 하나의 주제를 여섯 가지 관점에서 사고함으로써 융통성, 유창성, 독창성 개발에 매우 효과적이다.

육색사고모자 기법의 종류

1) 하얀 모자(정보사고)

흰색은 중립적이고 객관적이어서 흰색 모자는 객관적인 정보와 데이터와 연관된다. 모임에서 하얀 모자 사고의 요청은 참석자들에게 논쟁을 제쳐두고 정보와 제안에만 초점을 맞추도록 한다. 모임에 참석한 사람들은 잠시 동안 어떤 정보가 이용 가능한지 보고 필요한 것과 그것을 어떻게 얻을 수 있는지 생각하게 한다. '우리가 어떤 정보를 가지고 있나?' '어떤 정보가 빠졌지?' '어떤 정보를 갖고 싶은가?' '정보를 어떻게 얻을 수 있을까?'

2) 빨간 모자(직관과 감정)

빨간 모자 사고는 사과, 설명 또는 정당화할 필요 없이 자신의 감정을 제시하도록 허용한다. '빨간 모자를 쓰고 내가 이 프로젝트에 대해 느끼는 것은 ~입니다.' '나의 속마음은 이것이 성공하지 못할 것 같다.' '나는 이런 처리 방식을 좋아하지 않는다.' '내 직관에 의하면 가격이 떨어질 것 같다.' 빨간 모자 사고는 감정 제시를 허용하기 때문에 논의 과정에서 어떤 다른 것인 양 위장할 필요가 없다.

3) 검은 모자(논리적인 부정)

검은색은 우울하고 부정적인 이미지를 나타냄으로 검은색 모자는 부정적 측면에 대한 사고와 연관된다. 이 모자는 비판적인 판결이다. 어떤 것이 될 수 없는 이유와 이롭지 못한 이유를 제시해야 한다. 따라서, 검은 모자는 매우 가치가 있다. 이 모자는 가장 많이 사용되며, 아마 가장 유용한 모자일 것이다.

4) 노란 모자(논리적인 긍정)

노란색은 밝고 긍정적인 이미지를 나타냄으로 노란색 모자는 긍정적인 사고와 연관된다. 노란 모자는 최적화나 논리적으로 긍정적인 측면을 위한 것이다. 이 모자는 실행성 즉, 어떻게 달성될 수 있는지를 찾는다. 논리적인 근거를 갖고 있는 이점을 찾아낸다.

5) 초록 모자(창의적 노력과 창의적 사고)

초록은 야채, 풀, 풍성함, 싱그러움 등에 대한 이미지를 나타냄으로 초록 모자는 창의성, 새로운 아이디어와 연관된다. 초록 모자는 창의적 사고, 즉 새로운 아이디어를 위한 것이다. 이 모자는 추가적인 대안 생성이나 가능성과 가설을 제시하기 위한 것이다. 초록 모자는 자극과 이동(수평적 사고)을 포함하며 창의적인 노력을 필요로 한다. '이제 새로운 아이디어가 필요합니다.' '다른 대안이 없나요?' '다른 방식으로 할 수는 없나요?'

6) 파란 모자(사고 과정의 통제)

파란 모자는 사고 과정에 대한 통제와 연관되며 다른 모자의 사용을 지시한다. 파란 모자는 사용 중인 사고에 관해 생각하고 사고를 위한 안건을 설정하고, 다음 단계를 제안하며 다른 모자 사용을 요청한다. 파란 모자는 요약, 결론과 판단을 요구한다.

표 3. 육색사고모자의 모자별 사고 형태와 역할

모자 색깔(상징)	사고 형태	역할
흰색 모자 (하얀 종이)	중립적 · 객관적 사고 정보에 대한 사고	- 하얀 모자는 중립적이 정확한 정보를 담고 있다. - 연구 조사 데이터와 같은 사실과 수치의 필요성을 반영한다.
빨간색 모자 (화로의 불)	감정이나 정서의 사고 직관적 · 감정적 사고	- 자신의 직관, 느낌, 육감, 감정과 관계가 있다. - 자신의 느낌이나 감정 및 직관을 표출하도록 한다.
노란색 모자 (햇빛)	긍정적 · 낙관적 사고	- 직관주의, 논리에 바탕을 둔 긍정적인 사고를 의미한다. - 긍정적인 생각을 촉진하기 위해 사용한다.
검정색 모자 (판사의 법복)	비판적 · 부정적 사고	- 주의나 경고를 의미한다. - 논리적 사고와 더불어 판단력 및 신중함을 촉진하므로, 아이디어를 평가할 때 이 모자를 활용하면 성급한 판단과 비상식적인 일을 하는 것을 막아준다.
초록색 모자 (새싹, 생명)	창의적 · 확산적 사고	- 창의적인 노력을 요구하고 대안을 찾는 것을 의미한다. - 창의성에 초점을 맞추고 아이디어 생산과 나아가 확장을 촉진한다.
파란색 모자 (파란 하늘)	지휘자의 사고 사고 과정의 통제	- 지휘자나 사회자처럼 정리, 요약, 결론적인 내용을 제시한다. - 아이디어를 분석하면서 평가과정을 제어하고 가장 좋은 길을 선택하기 위해 사용한다.

02 육색사고모자 기법의 활용

진행 원리

① 사회자가 요구하는 모자를 쓰면서 그 모자의 색깔에 해당하는 사고를 해야 한다. 모자를 실제 쓰지 않는 경우에도 모자의 색깔이 지향하는 사고를 해야 한다. 이 기법의 활용이 익숙하게 되면 실제 모자를 쓰지 않고도 학습할 수 있다.

② 한 번에 하나의 모자만을 써야 한다. 드 보노는 우리가 사고를 잘 못하는 이유로 한꺼번에 여러 가지 많은 사고를 하기 때문에 일어나는 사고의 혼돈을 지적하면서 한 번에 하나의 사고를 하는 훈련을 통해 사람들이 사고를 잘 할 수 있도록 하고자 이 기법을 개발하게 된 것이기 때문이다.

③ '사고모자를 써라'는 지시는 곧 '곰곰이 생각해 보라', 혹은 '한 가지로만 생각하라'는 의미임을 명심해야 한다.

④ 육색 모자의 색깔별 사고 유형은 꼭 지켜져야 한다.

유형별 육색사고모자 기법의 활용

1) 아이디어 실행 계획 세우기에서의 활용

① 노란 모자 : 아이디어에 유리한 요인과 누가 이 아이디어를 지원할지를 찾음

② 검은 모자 : 아이디어의 장해 요인과 누가 반대할지를 찾음

③ 초록 모자 : 장애를 극복할 아이디어와 본래 아이디어를 개량할 수 없는지를 찾음

④ 빨간 모자: 사람들의 반응과 현재 환경이 우호 도를 탐색

⑤ 하얀 모자: 가지고 있는 정보와 필요한 정보는 무엇인지 탐색

▶ 창의적인 사고 절차의 활용

① 하얀 모자 : 우리가 알고 있는 것이 무엇인가?

② 초록 모자 : 대안, 제안 및 아이디어 탐색

③ 노란 모자 : 아이디어의 실행성, 이점 및 가치를 탐색

④ 검은 모자 : 어려움, 위험, 문제와 주의점 탐색

⑤ 빨간 모자 : 아이디어에 대한 직관과 감정/느낌

⑥ 파란 모자 : 결론

▶ 사전 과제학습을 통한 새로운 방법 모색

① 주제 선정 및 확인

② 원하는 모자를 선택하여 관련된 자료 수집(과제학습)

③ 모자별 자료를 모아 토의를 거친 후 대자보 만들기

④ 모자별 발표회

⑤ 모두가 파란 모자가 되어 새로운 방법을 모색

▶ 토의 토론 활동 시 협동기술 훈련에서의 활용

① 아동의 생활 주변의 일에서 토의 주제를 정하여 제시한다.

② 앞면은 각기 다른 여섯 가지 색깔로, 뒷면은 발언의 예를 적은 푯말을 만들어 조별로 나누어준다.

③ 소집단 구성원이 각기 하나의 푯말을 선택하여 들고, 각각의 발언에 해당하는 사고를 하여 발언한다.

④ 어느 정도 진행이 되면 푯말을 바꾸어 다른 역할을 맡아본다.

⑤ 어느 정도 사고의 훈련과 토의 기술이 습득되면 육색 발표 카드 없이 토의를 한다.

진행 절차

① 수업이나 회의의 과정에서 사회자는 수시로 이 사고모자 기법을 쓰도록 요구한다.
② 때로는 사용할 사고모자 순서를 미리 정해놓고 체계적으로 사용할 수도 있다.
③ 어떤 색의 모자를 먼저 써야 할 것인가 하는 차례는 일정하지 않다. 그러나 대체로 황색모자(긍정적 사고)를 쓴 다음에 흑색 모자(부정적 사고)를 쓰도록 한다.
④ 한 시간의 수업이나 회의 과정에서 사고모는 필요에 따라 몇 번이나 쓰도록 요구할 수 있으며, 여섯 가지 모자를 꼭 다 써야 할 필요는 없다.

육색사고모자 기법의 장점

① 논쟁을 피한다.
② 제한이나 도전을 받지 않아 자유를 느낀다.
③ 부정적인 견해를 통제한다.
④ 창의성을 위한 공간이다. 노랑 모자, 초록 모자는 의도적으로 긍정적이고 창의적인 노력을 하는 시간을 할당하게 만든다.
⑤ 토론이나 자기평가 등에 활용하면 더 효과적이다.

기법 적용 시의 유의점

① 육색사고모자 기법에서 사고모자를 사용할 때는 한 번에 하나의 모자만 쓴다.
② 여섯 개의 모자를 반드시 의식적으로 사용할 필요는 없으며 공식적으로 정해진 순서에 따라 모자를 쓰는 경우에는 미리 그 순서를 제시해 두도록 한다. 일반적인 모자 사용 순서가 있지만 주제나 이전에 고려한 적이 있는지, 누가 사고하는지에 따라 그 순서가 달라진다. 합리적으로 모자 사용 순서를 정하면 된다.
③ 창의적인 변화를 고려할 때는 노랑 모자를 먼저 사용하여 긍정적인 측면에서의 아

이디어를 생성한 후에 검은 모자를 사용하여 부정적인 면을 생각해 낸다. 초기에 부정적이 되면 창의적인 아이디어를 죽이기 쉽기 때문이다. 대체로 긍정적인 판단을 위하여 노랑 모자를 먼저 쓰고, 나중에 검은모자를 사용하는 것이 효과적이다.

④ 검은모자 사고를 매 순간마다 사용하는 것이 아니라 특정한 순간에만 사용을 한정한다.

육색사고모자 기법의 효과적 활용

1) 아이디어를 생성하고자 할 때

흰 모자 → 초록 모자 → 노랑 모자 → 검은 모자 → 파랑 모자 … 빨강 모자 순으로 활용

2) 아이디어를 판단할 때

빨강 모자 → 노랑 모자 → 검은 모자 → 초록 모자 … 빨강 모자 순서로 사용

3) 한 아이디어를 구체적인 아이디어로 다듬을 때

초록 모자 → 노랑 모자 → 검은 모자 → 흰 모자 → 빨강 모자

육색사고모자 기법의 활용 예시

한 학과에서 '대학 캠퍼스 내 일회용 플라스틱 컵 전면 금지' 정책 시행을 논의한다고 가정해 보자.

1) 하얀색 모자(정보 수집)

"우리 대학에서 하루에 사용되는 일회용 컵은 몇 개입니까?"

"타 대학의 유사 정책 시행 사례와 그 결과는 어떻습니까?"

"정책 시행 시 예상되는 비용이나 인프라(다회용 컵 세척 시설 등) 관련 데이터가 있습

니까?"

2) 빨간색 모자(감정 및 직관 표현)

"저는 이 정책이 환경 보호에 크게 기여할 것이라는 점에서 매우 기대되고 긍정적으로 느껴집니다."

"솔직히 아침에 바쁘게 등교할 때 텀블러를 챙기는 것이 번거로울 것 같아 불편한 마음이 듭니다."

"카페 주인분들이 이로 인해 어려움을 겪을까 봐 걱정됩니다."

3) 노란색 모자(긍정적 측면 탐색)

"장기적으로 볼 때, 대학의 친환경적인 이미지를 높이고 학생들에게 환경 인식을 심어줄 수 있습니다."

"다회용 컵 사용이 활성화되면 새로운 비즈니스 모델이나 학생 일자리 창출도 가능할 것입니다."

4) 검은색 모자(비판 및 위험 분석)

"일회용 컵이 완전히 금지되면 학생들이 교외 카페로 이탈하여 교내 카페들의 매출이 급감할 수 있습니다."

"다회용 컵 세척 및 관리 과정에서 위생 문제가 발생할 수 있습니다."

"갑작스러운 전면 금지는 학생들의 큰 반발을 살 수 있으므로 점진적인 접근이 필요합니다."

5) 초록색 모자(창의적인 아이디어 제안)

"텀블러 소지자에게 마일리지 혜택을 제공하거나, 포인트를 적립해주는 시스템을 도입하면 어떨까요?"

"개인 텀블러가 없는 학생들을 위해 보증금 기반의 '공유 컵' 대여 서비스를 운영해 봅시다."

“학생 디자인 공모전을 통해 예쁜 학교 로고 텀블러를 제작, 배포하는 아이디어도 있습니다.”

6) 파란색 모자(정리 및 다음 단계 계획)

“지금까지 나온 다양한 의견들을 종합해 보겠습니다.”

“노란색 모자와 검은색 모자에서 나온 주요 장단점을 바탕으로 실현 가능한 대안들을 정리할 필요가 있습니다.”

“다음 회의에서는 초록색 모자에서 나온 아이디어 중 ‘공유 컵 시스템’에 대한 구체적인 실행 방안을 논의하도록 하죠.”

이처럼 육색 사고 모자 기법을 활용하면 특정 주제에 대한 깊이 있는 분석과 균형 잡힌 의사결정을 내리는 데 큰 도움이 된다

03 강제결합법

강제결합법(Forced relationship techniques)은 전혀 관계없는 두 사물을 서로 연결시켜 새로운 기능을 만들어 내는 방법이다. 화이팅(Whiting, 1958~)이 창안하였고, 유사한 기법으로는 강제 연결, 강제 조합, 강제 연계, 무작위 사고법, 강제 연상 등이 있다.

참신한 아이디어를 얻기 위해서는 사고의 범주를 보다 넓히는 것이 중요하다. 그러나 사람들이 아이디어를 얻는 범주는 주어진 문제와 그 상황을 기초로 하여 이루어지므로 의외의 사고를 이끌어 내는 것은 쉽지 않다. 예를 들어 브레인스토밍의 경우 참석자들이 비슷한 이해관계에 있기 때문에 그들로부터 얻어진 제안들은 대부분 비슷한 내용일 가능성이 높다.

이러한 문제를 근본적으로 해결하기 위하여 전혀 다른 두 가지 이상의 사물이나 아이디어를 결합하여 새로운 것을 창조하는 활동으로 매시업(mash up)이라는 새로운 문화가 형성되었다. '매시업'은 여러 가지 재료를 섞어서 으깨면 완전히 새로운 음식이 만들어지는 것에서 나온 신조어이다. 기존 재료의 본질을 잃지 않으면서도 새것을 만든다는 속성 때문에 많은 회사들이 콘텐츠나 기업 영향력을 확산시키는 데 활용해 왔다. 매시업의 대표적인 예로는 교육과 엔터테인먼트를 결합한 에듀테인먼트, 짜파게티와 너구리 라면을 결합한 짜파구리, 오페라와 팝송을 결합한 팝페라를 들 수 있다.

강제결합법의 특징을 살펴보면 첫째, 창의적 사고 기법과 사고 성향 중에서 융통성, 상상력, 정교성과 관계가 있다. 겉으로 보기에는 전혀 관계가 없어 보이는 두 가지 아이디어나 사물을 억지로 결합시키는 강제결합법을 사용함으로써 고정된 사고의 틀에서 벗어나 새롭게 탐색하는 기회를 제공해 준다. 둘째, 강제결합법은 창의적인 성격이나 창의적 능력을 함양시키는 데 유익한 활동으로서 실제로 발명이나 특허에 관심 있는 사람들에게 매우 필수적인 사고 방법이다. 예를 들어 연필과 고무를 결합하여 '고무지우개가 달린 연필'을 만들거나, 튜브와 조끼를 결합하여 '구명조끼'를 발명함으로써 많은 사람들에게 편리한 삶을 제공해 주었다.

이와 같이 강제결합법은 아이디어 생성에 어려움을 느끼는 사람들에게 기대 이상의 아이디어를 이끌어 낼 수 있고, 중심 문제와 관련성이 낮아도 다양한 아이디어를 생성하는 데 효과적이어서 개방적 사고력을 신장시키는 데 도움을 준다. 어떤 아이디어든 자세히 살펴보면 대부분의 아이디어는 두 개 또는 그 이상의 요소가 합쳐져서 만들어지는 것임을 알 수 있다. 기존의 것들을 뒤섞거나 혹은 서로 이질적이고 성질이 전혀 다른 것이라도 이를 강제적으로 결합하면 무한한 다양성을 얻을 수 있다.

이야기 마블링 강제결합법

① 준비물로 인터넷이나 인쇄물에서 발췌한 그림이나 사진을 준비한다. 그림 또는 사진 네 장을 제시한다. 이때 공통적으로 그림 네 장을 가지고 조별로 활동하여 상호 피드백을 받을 수도 있고, 각 조별로 여러 그림 중에서 네 장을 고르게 한 뒤 활동을 할 수도 있다.

② 그림 네 장을 뽑은 순서대로 늘어놓고, 그림 순서에 따라 이야기를 쓴다.

③ 이야기를 교정하면서 보다 정교화시킨다.

④ 조원별로 발표한다.

⑤ 동료 평가를 진행하여 상호 피드백을 받는다. 동료 평가는 팀 간, 팀 내에서 실시할 수 있으며, 교사는 동료 평가지를 조원 모두에게 나누어 주고 평가 방법에 대하여 안내한다.

창의성의 심리학 #12

쿠키가 먹고 싶다. 하지만 다이어트를 위해 조금이라도 먹는 양을 줄이고 싶다. 다음 중 어떻게 포장된 쿠키를 골라야 할까?

A. 별다른 포장 없이 쿠키가 바로 보이게 들어 있는 상자
B. 하나씩 낱개 포장된 쿠키가 든 상자

이 문제에 대해서는 대부분이 B를 고르지 않았을까. 아무래도 A는 쉽게 꺼내 먹을 수 있으므로 마치 영화관에서 팝콘을 먹듯 끊임없이 손이 갈 위험성이 있다. 한편 B는 일일이 쿠키의 포장을 벗겨야 해서 먹으려면 살짝 번거로워 조금이나마 다이어트에 도움이 될 것 같다. 캐나다 토론토대학의 딜립 소만과 미국 버지니아대학의 아마르 치마는 이에 대한 의문을 실험으로 확인했다. 그들은 먼저 실험 참가자를 A와 B의 두 그룹으로 나누고, 각자에게 쿠키 24개가 든 상자를 하나씩 건넸다. 단, 각 그룹에 건네진 상자에는 다음과 같은 작은 차이가 있었다.

- A 그룹: 포장 없이 쿠키가 바로 보이게 들어 있는 상자
- B 그룹: 하나씩 낱개 포장된 쿠키가 든 상자

그다음에 연구진은 참가자들에게 받은 쿠키를 원하는 대로 먹으라고 했다. 결과에는 엄청난 차이가 나타났다. A 그룹 사람들은 평균 6일 만에 쿠키를 다 먹었다. 그런데 B 그룹 사람들은 쿠키를 다 먹는 데까지 평균 24일이 걸렸다. 단지 '포장을 벗기는 동작' 하나가 추가되었을 뿐인데, B 그룹이 쿠키를 18일이나 더 오래 먹은 것이다. 우리는 행동이 간단할수록 그 행동을 자주 한다. 몇 번의 클릭만으로 물건을 살 수 있는 인터넷 쇼핑에 빠지는 이유도 그 때문이다. 반면에 조금이라도 번거로운 과정이 더해지면 행동으로 옮기는 것을 꺼린다. 따라서 다이어트를 위해 먹는 양을 줄이고 싶다면 다음과 같이 사소한 행동을 늘려 몇 가지 번거로움을 감수해야만 먹을 수 있게 장치를 마련하자.

- 작은 숟가락으로 먹기: 입으로 음식을 옮기는 횟수 증가
- 작은 그릇에 담기: 더 먹기 위해 음식을 담는 횟수 증가
- 사 먹지 말고 만들어 먹기: 조리 과정 추가

이와 반대로 엉덩이가 무거워 좀처럼 할 마음이 들지 않아 의욕을 불어넣어야 하는 상황이라면 행동의 가짓수를 줄이자. 예를 들어 도무지 외울 마음이 들지 않는 영어 회화책은 욕실에 두고 욕조에 몸을 담글 때마다 펼쳐 보는 습관을 들이면 좋다. 두 가지 일을 동시에 할 수 있어 효율이 오르고 의욕도 솟아난다. 또 휴일에 헬스클럽을 가기로 마음먹었다면 전날 밤에 미리 운동할 때 필요한 옷, 수건 등을

챙겨 넣은 가방을 현관 앞에 두자. 이런 식으로 조금이나마 헬스클럽에 가기 편한 상황을 만들어 두면 다음 날 해야 할 일 하나가 줄어들어 수월하게 실행에 옮길 수 있다. 행동의 가짓수를 줄여서 의욕을 불어넣자.

창의적 사고 훈련 12 셰이프 게임

셰이프 게임(Shape Game)은 그림 완성 놀이라고 이해하면 된다. 세계적인 동화작가인 앤서니 브라운(Anthony Browne)이 제안한 그림 게임이다. 한 사람이 종이에 단순한 모양을 그려 다른 한 사람에게 제시하면, 그 사람은 건네받은 모양을 이용해 그림을 완성하는 것이다.
여러 사람이 함께 게임을 즐길 수도 있는데, 그룹을 이루어 각 사람이 그린 그림에 자신의 생각과 상상력을 더해 그리다가 다시 자신의 차례가 오면 그림이 완성된다.

셰이프 게임은 간단하면서도 아이들의 상상력을 자극하고 창의력을 일깨워 주기에 아주 좋은 놀이다. 앤서니 브라운도 어려서부터 즐겼었다고 하는데, 그는 『행복한 미술관』(원제: The Shape Game)에서 셰이프 게임을 간단히 소개한 적이 있고, 한나 바르톨린과 함께 협업을 통해 셰이프 게임을 소재로 한 『꼬마곰과 프리다』를 출간하기도 했다. 함께 작업한 한나 바르톨린은 『할머니 집에 갔어요』, 『친구가 놀러 왔어요』, 『장화가 사라졌어요』 등에서 코비라는 꼬마 코끼리 캐릭터로 아이들의 마음을 잘 표현한 그림책을 그려 낸 작가이다.

뭘 그려야 할지 생각이 나지 않는 꼬마곰에게 프리다가 제안한 '무언가로 바꾸기' 놀이다.

꼬마곰은 프리다가 그려준 이 그림을 들여다 보다 이런 모양의 남자 아이로 바꾸었다. 이렇게 프리다와 그림을 주거니 받거니 하는 이야기로 그림책 이야기가 진행된다.

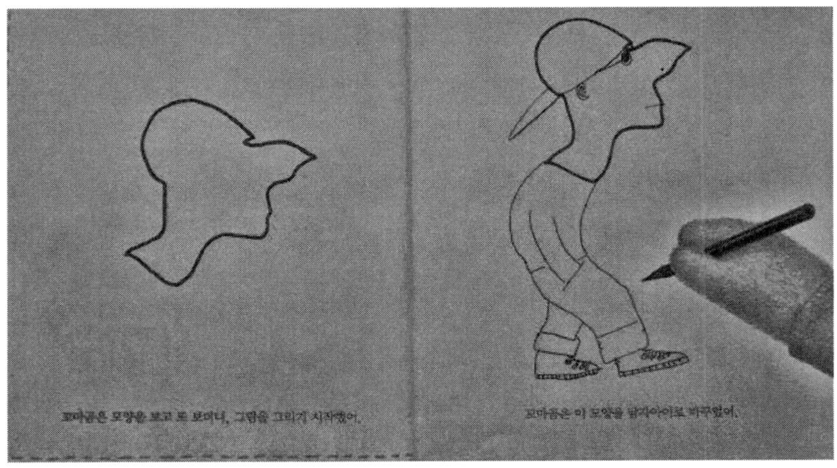

셰이프 게임은 그림 뿐 아니라 종이 조각이나 입체물 등을 보고 꾸미기 놀이로도 연장시킬 수 있는 게임이다. 끊임없이 상상력을 자극하고 창의력을 길러주는 놀이가 바로 '셰이프 게임'이다.

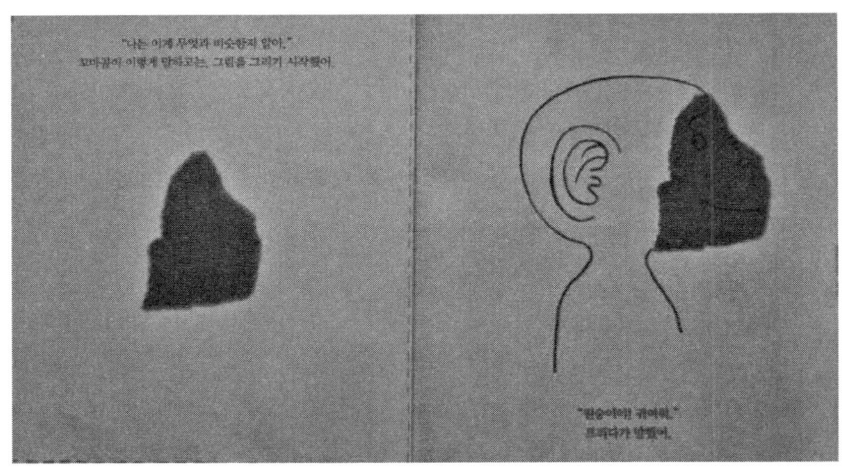

◉ 준비물: 종이, 필기구(연필이나 색연필, 싸인펜 등등)

한 사람이 생각나는 이미지를 그려 넣는다. 미션을 받아 든 사람은 생각나는 이미지를 다른 색상으로 그려 넣으면 되는 간단한 놀이이다. 그림을 다 그린 후 제목도 지어 보도록 하자. 아래 그림의 제목은 '곰돌이의 사랑'이다. 미션 종이를 받아 든 사람들은 종이를 이리저리 돌려 가면서 고민을 하곤 한다.

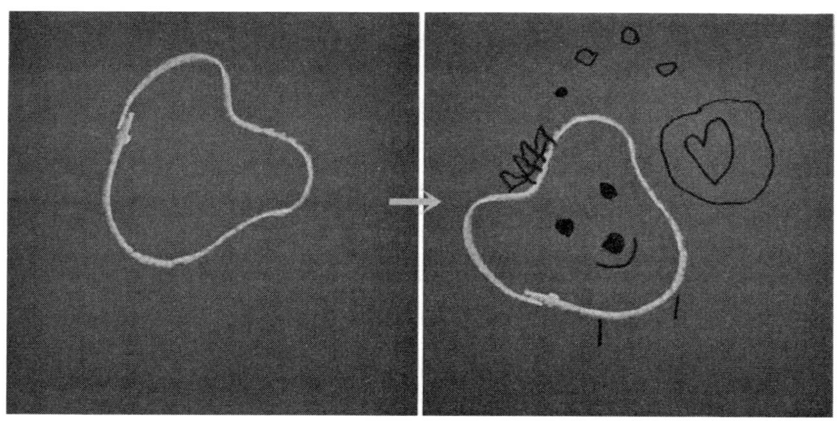

참고문헌

곽호완, 고재홍, 김문수, 김영진, 남종호, 박창호, 장문선, 최영은. (2011). 일상생활의 심리학, 서울: 시그마프레스.

경희대학교. (2017). 인간의 가치 탐색. 서울: 경희대학교 출판문화원.

교육과학기술부. (2011). 유치원 기본과정 내실화를 위한 창의성교육 프로그램. 서울: 교육과학기술부.

권봉중. (2010). 토니 부잔의 마인드맵 북. 서울: 비즈니스 맵.

권현종. (2007). 대학생 창의교육 이론서. 서울: 두양사.

김순진, 이진오. (2011). 철학수업. 서울: 학이시습.

김영숙. (2016). 쉽게 배우는 교육심리학. 경기: 교육과학사.

김영채. (2007). 창의력의 이론과 개발. 경기: 교육과학사.

김은경. (2018). 창의와 혁신의 시크릿 트리즈. 서울: 한빛아카데미.

김은경. (2020). 창의적 공학설계(제3판). 서울: 한빛아카데미.

김정섭, 강승희, 강순희. (2004). 동화를 통한 창의성 교육. 서울: 서현사.

김현우. (2024). 생각연결 토크콘서트. 경기: 지식터.

문정화, 하종덕, 박정빈, 김선진, (2019). 또 하나의 교육 창의성(제3판). 서울: 학지사.

박미연. (2019). 청의적 학교환경 척도의 개발 및 타당화. 숙명여자대학고 대학원 박사학위 논문.

박인기, 이지영, 이미숙, 김지남, 김수미. (2013). 스토리 텔링과 수업기술. 서울: 사회평론.

서울대학교 창의성교육을 위한 교수 모임. (2018). 창의 혁명. 서울: 대성Korea.com.

송인섭. (2001). 영재교육의 이론과 방법. 서울: 학문사.

신영출. (2013). 탁월한 생각의 구도. 서울: 큰생각.

양창삼. (2002). 창의성 개발과 기업경영. 서울: 도서출판 석정.

오광수. (2001). 이야기 서양미술 : 서양미술 이야기. 서울: 정우사.

유선경. (2020). 어른의 어휘력. 서울: 앤의 서재.

이민규. (1999). 발상을 바꾸면 인생이 달라진다. 서울: 교육과학사.

장재윤. (2023). 창의성의 심리학. 경기: 아카넷.

전경원. (2021). 창의성 교육의 이론과 실제(제3판). 서울: 창지사.

정문성. (2019). 토의토론 수업방법 84. 교육과학사.

정미경, 권재기, 안혜진. (2022). 창의성을 창의하다. 경기: 공동체.

정범모. (2001). 창의력이란 : 그 실체와 육성. 서울: 교육과학사.

정은이. (2002). 일상적 창의성과 개별성-관계성 및 심리·사회적 적응의 관계. 고려대학교 대학원 박사학위논문.

정정호. (2013). 디자인융합인재의 창의성에 대한 다중지능 및 사고양식 유형 연구. 홍익대학교 대학원 박사학위논문.

조연순, 백은주, 최규리. (2019). 지혜와 창의적 문제 해결력을 위한 창의성 교육. 서울: 이화여자대학교 출판문화원.

조연순, 성진숙, 이해주, (2008). 창의성 교육 : 창의적 문제 해결력 계발과 교육방법. 서울: 이화여자대학교 출판문화원.

주상윤. (2007). 창의적 발상의 원리와 기법 : 당신의 두뇌를 업그레이드하라. 울산: 울산대학교출판부.

최시한. (2015). 스토리텔링, 어떻게 할 것인가. 서울: 문학과지성사.

최인수. (2011). 창의성의 발견. 서울: 샘앤파커스.

최훈. 박의준(2011). 생각을 발견하는 토론학교 철학. 서울: 우리학교.

한순미, 김선, 박숙희, 이경화, 성은현. (2012). 창의성. 서울: 학지사.

한유미. (2018). 예비 유아교사를 위한 창의적 논리논술. 경기 ; 어가.

기요타 요키. (2020). 마음의 수수께끼를 풀어드립니다. 서울: 스몰빅미디어.

마리사 앤. (2014). 크리에이티브 데이. 서울: 컬처그라퍼.

미하이 칙센트미하이. (2003). 창의성의 즐거움. 서울: 북로드.

리자 하글룬트(2011). 생각연습. 서울: 너머학교.

리팅이, 스신위, 황즈옌, 황칭웨이. (2014). 디자인 씽킹 강의노트. 인천: 도서출판 인서트.

스티븐 로(2001). 돼지가 철학에 빠진 날. 서울: 김영사.

아우구스토 쿠리(2010). 생각의 심리학. 서울: 청림출판.

애덤 그랜트. (2016). 오리지널스. 서울: 한국경제신문.

이시즈미 간지(2015). 유대인식 Why 사고법. 서울: 머니플러스.

윌리엄 제임스(2020). 하버드 철학수업. 서울: 나무와열매.

톰 켈리, 데이비드 켈리. (2014). 유쾌한 크리에이티브. 서울: 청림출판.

하라다 다카시, 시바야마 겐바로. (2020). 쓰면 반드시 이뤄지는 기적의 만다라트. 서울: 책비

후쿠하라 마사히로(2014). 하버드의 생각수업. 서울: 엔트리.

저자 소개

김 현 우 dreamerhw@jsu.ac.kr

현재 예수대학교 교수(교직부장, 교육공학전공 교육학박사)

과학기술부 산하 정부출연연구소에서 교육훈련팀장을 맡아 국가 과학기술분야 R&D 연구책임자와 연구관리자에 대한 교육과 연수를 기획하고 진행하면서 교육학의 매력에 빠졌다. 구성주의에 기반한 학습자중심 수업에 관심을 두면서 토론중심수업, 문제중심학습, 프로젝트학습에 관한 연구를 진행하고 있다. 또 창의성 교육, AI 및 디지털 테크놀로지 활용 교육, VR/AR 등 실감형 콘텐츠 기반 교육 등에 대한 연구에도 관심을 두고 있다.

미래사회와 창의적 사고

1판 1쇄 발행 2025년 12월 30일

지은이 김현우

펴낸이 김동근
펴낸곳 **지식터**
등록 2022년 10월 19일(등록번호 제2022-000170호)
주소 경기도 고양시 일산동구 정발산로 42번길 60, 437호(장항동, 웨스턴853)
전화 031-811-8500
팩스 031-811-8600
이메일 jster22@naver.com
홈페이지 www.jster22.com
ISBN 979-11-24326-03-9 (93180)

값 21,000원